人·口·发·展·战·略·丛·书

丛书主编 沙 勇

茕茕孑立的人生
——农村大龄单身男性的生活困境

舒星宇 著

南京大学出版社

《人口发展战略丛书》总序

《人口发展战略丛书》在南京大学出版社的出版，可喜可贺。丛书的主编，南京邮电大学社会与人口学院、人口研究院院长沙勇教授嘱我为丛书的出版写序，我欣然从命。

《人口发展战略丛书》选题十分广泛，从城镇化与碳排放到消费和环境，从农民工到失独风险，从农村老年健康到农村大龄男性，从大运河城市群到流动人口融入，从农村人口市民化到城市贫困人口，等等，反映了南京邮电大学的人口学者们的广阔的研究视角和广泛的研究兴趣，也反映了这套丛书的丰富内涵。

许多研究还强调了江苏的特色，给予江苏特别的关注，既符合情理，也很有意义。江苏是我国社会经济发展最先进的地区之一，江苏所面对的许多社会经济和人口方面的问题对江苏具有现实性，对全国具有前瞻性。因此，丛书的作者们的分析和阐述同样对于全国有着启发意义，也增强了这套丛书的学术价值。

改革开放以来，随着国家的发展、社会的需要和国际的交往，我国的人口研究也是蓬勃发展，涌现了大量出色的研究成果和优秀的研究人才，推动着我国人口研究事业向前发展，并赢得越来越大的国际影响。在这方面，南京一直是我国人口研究的重镇之一，南京众多的人口研究机构人才济济，成果累累。《人口发展战略丛书》的出版则是南京人口学界的又一大成果。

丛书的各位作者来自南京邮电大学的人口研究院、社会与人口学院、地理与生物信息学院、管理学院、经济学院的科研人员，部分老师是原来南京人口管理干部学院的人口研究方面的教学科研人员。南京人口管理干部学院作为当时国家计生委的直属院校，拥有许多长期从事人口学领域的教学和研究工作的优秀学者，许多老师包括丛书的一些作者都主持完成过国家社科基金人口学课题，参与过国家计生委众多的科研课题调研，熟悉基层人口与计划生育工作，参与过各种国际合作和交流。与南京邮电大学合并后，原南京人口管理干部学院在人口研究方面的传统科研优势得以传承，并与学校计算机信息科学、物联网等特色学科实现了有机结合。比如依托大数据研究院、物联网科技园，与国家原卫计委流动人口司合作建立了"国家流动人口数据开发中心"。学校新设立人口研究院，并重新整合了社会与人口学院，人口学科研骨干在人口大数据、贫困人口研究、人口与区域发展等多个领域取得了不凡的成绩，正迅速成长壮大为国内一支人口研究的有生力量。《人口发展战略丛书》的出版正是这支人口研究的有生力量的生动体现。今后如果能将人口学与其他学科进一步融合，优势互补，发扬光大，必将为我国的人口事业做出更为卓越的贡献。

　　丛书的作者有许多都是青年俊秀，他们的成果更值得嘉许。进入21世纪以来，我国人口态势呈现出生育率长期走低、老龄化不断加剧、城市化快速发展、人口流动日趋频繁的全新的局面。随着人口新常态的到来，必然涌现出许多前所未有的新特点和新问题，需要去探索，需要去回答，成为他们所要肩负的新时期人口研究的新发展的使命，任重而道远。因此，这套丛书的出版也标志着我国新一代的人口学者正在茁壮成长，我国人口学的发展后继有人，是非常令人欣喜的。

2018 年 5 月

前　言

随着社会的发展和文明的进步，人们的婚恋观念发生了巨大的改变。落实到具体行为上，表现为初婚年龄不断延迟，初育年龄也随之延迟的现象，因此，近年来"剩男"和"剩女"的问题出现了。

中国人在历史传统中形成了婚姻匹配关系中的"梯度差"理念，即"男性向下婚配"，而"女性向上婚配"，所以，大多数在婚姻市场上受到"挤压"的男性，正是那些文化程度低、收入低、职业不稳定，或者在男性群体中处于较低社会阶层的男性。这些大龄单身男性，即人们所说的"光棍"，在中国的不同历史时期、不同的社会文明当中都有所存在和记录。他们因为各种原因，没有在应当娶妻生子的年纪娶妻生子，没有在社会"法则"规定的程序当中完成自己应当完成的社会使命。所以，在一般人的认识当中，对于"光棍"一词，多是怀有贬义的。尤其是自从美国杨百翰大学政治系的 Hudson 教授提出"未婚男性的数量增加与社会安全之间存在着某种关系"时，更加引发了国内学者对于单身男性问题的研究热情。

改革开放以来，我国出生人口性别比失衡问题持续加重，势必造成未来在婚姻市场上的适婚男女比例的失调，导致适婚男性的数量大大多于适婚女性的数量。加之人口流动和迁移的增加导致传统婚配圈在新时代发生变化，大量农村女性进入城市务工，并嫁给城里人。同时，近年来中国内地农村的婚嫁彩礼一路攀升，使一大批年轻人因彩礼问题而"婚不起"。种种社会因素的影响，会导致婚姻市场上男性受挤压的状况出现，尤其是当90后进入婚育年龄时，这种婚姻挤压导致的堆积效应就会放大，最后很可能造成最贫困最落后的边远农村出现"光棍村"。可以设想，如果一个社会大龄单身男性的数量超过社会可以容纳和吸收的限度，这些在婚配市场上受到挤压的"剩男"由于逐年堆积，很有可能诱发各种社会问题，如性暴力、拐卖人口、买卖婚姻、儿童失踪等案件的上升。

但是，当代中国社会存在的大龄单身男性之所以成为一个问题，并不是说"单身男性"容易产生问题，而是在出生人口性别比失调、社会流动性增强、传统婚配圈发生变化、现代社会婚姻成本日益高涨等综合因素的影响下，可能导致部分大龄单身男性在生理、心理或者社会方面表现出相对不完善、不健康的状态，其中一些还可能严重到产生社会失范行为。

因此，笔者通过对我国 G 省 J 市 Q 镇的 S 村进行实地研究，以个案研究的方式了解了 30 名当地农村大龄单身男性的生活、情感困境和社会失范行为，形成了基于村庄个案对比基础上的光棍问题研究，以此认识到光棍成因的复杂性及其类型的层次性。笔者试图从微观层面对贫困农村大龄单身男性进行更加细致入微的研究，扎根于研究对象的实际生活，深入发掘、研究和分析当代贫困农村社会那些受到"婚姻挤压"，那些因为各种原因而不能顺利进入婚姻阶段的男性，他们的生活、情感困境和社会失范行为情况到底呈现何种表现？和他们的"单身"状态究竟存在何种关系？他们是否有一些特殊的社会失范行为，隐秘地存在于现实生活中？这些社会失范行为是普遍现象还是个别现象？他们的父母、近亲属、邻里是如何评价他们的单身生活的？是否存在着对于贫困农村大龄单身男性的"污名化"倾向？贫困农村大龄单身男性对于未来生活的期许和愿望如何？能否通过研究，找到帮助农村大龄单身男性脱离生活、情感困境的合理途径和方法，以及预防和减少他们产生社会失范行为的措施？

本研究发现了贫困农村大龄单身男性的许多不为外人所知的生活现实，主要问题集中在两个方面：

一方面是处在大龄单身状态的贫困农村男性，他们既可能由于经济因素的作用导致单身，也可能因为单身使得他们进一步面临着手头上越来越拮据，精神上越来越孤单，导致发展能力严重不足的境况，最终呈现出贫困、压抑、生活低水平等生活现状。他们在现实生活中，缺乏自我改变和自我发展的能力，没有根本的办法解决目前生活的困境。尽管他们对于未来有些许期望，但是更多的是灰心和失望。他们没有足够的信心和能力保障自己的老年生活，因此有些人想到了收养儿童作为将来的依靠，有些则完全处于得过且过的状态。有些贫困农村大龄单身男性，存在着社会交往障碍以至于恋爱、婚姻失败，也容易进一步加剧更深层次的社会交往困境，形成双向恶性循环的过程。部分贫困农村大龄单身男性的社会网络非常局限，因而容易导致缺乏社会支持的情况出现。贫困农村大龄单身男性，为了实现组建家庭的梦想，大多数曾经在适婚年龄阶段试图寻找合适的伴侣。但是，这种追求圆满生活状态的愿望，因为社会、家庭、个人的原因，被现实无情地撕碎了。当他们个体的生活经历和情感追求遭遇严重的挑战或者创伤时，往往会产生各种负向情绪体验，如压抑、抑郁、沮丧、失败、挫折、羞涩、逃避等。这些负向情感在堆积过程中，没有合理和合适的途径能够得到宣泄和解决，并且严重影响贫困农村大龄单身男性的正常社会交往和人际关系的处理，削弱了他们的社会交往能力和社会支持网络，降低了他们再次投入到感情生活当中的可能性，使他们陷入情感困境之中。陷入生活困境和情感困境中的贫困农村大龄单身男性，因为生活困境而导致"单身"，却不一定会因为"单身"而继续处于生活困境之中。相反的，他们不一定因为情感困境导致"单身"，但可能因为"单身"累积更多的情感困境。

而另一方面是长期处于单身状态的农村大龄男性，面对现实生活的缺憾和内心的失望，又身处比较传统和保守的乡土社会，处于中国农村特定的社会秩序、原则、规范和道德约束下，处于各种风俗习惯、乡约民规的束缚中，他们对自身的评价偏低，对家庭的温暖感受不足，对社区和社会的融入感不足。因此，他们中有一些人采取了一些越轨行为和社会失范行为来"显示"自我的存在。这些社会失范行为，包括自杀倾向、偷盗、嫖娼、猥亵妇女等。这些行为，如果不引起足够重视，可能会导致他们进一步受到社会排斥，还可能引起社会治安问题，影响家庭安定和个人发展。农村社区对于大龄单身男性——"光棍"的认识也因此而进一步有"污名化"的倾向。

笔者认为以微观视角对农村大龄单身男性进行研究，了解这一群体的代表性人物在日常生活当中的具体表现，包括生活、情感方面遇到的困境，也包括他们的社会失范行为。通过这种微观个体的研究，能够更加深入地了解他们如何看待自己，了解他们在自己的家人、朋友、乡邻当中的形象，也能够更加近距离地进行观察和体会。通过实地研究，能够完整刻画贫困农村大龄单身男性这一群体的真实形象，突破以往研究重在宏观研究、重在社会结构特征探索和验证、重在原因解释等研究内容方面的限制。通过揭示这一特殊群体的生活和情感困境与其社会失范行为之间的关系，对于解决他们的现实困境问题，更加具有现实意义。

贫困农村大龄单身男性可能存在着各种各样的生活困境和情感困境，这些生活困境和情感困境既可能是导致他们长期单身的原因，也有可能是他们长期处于"单身"状态后的一种结果。这些生活困境和情感困境已经严重约束和阻碍了贫困农村大龄单身男性脱离"单身"状态，而任由这些实际上可能已经发生和存在的生活困境和情感困境继续恶化下去，可能会导致贫困农村大龄单身男性寻找其他可以解决这些困境的替代性方式和方法，因而产生各种社会失范行为。应当重点从解决贫困农村大龄单身男性的生活困境和情感困境入手，才能有效预防和避免他们的社会失范行为的发生。

目　录

第一章　导论 ………………………………………………………… 1
　第一节　研究背景和研究问题的提出 ………………………………… 1
　第二节　相关研究文献梳理 …………………………………………… 9
　第三节　研究思路和研究内容 ………………………………………… 32
　第四节　研究意义和研究创新 ………………………………………… 36

第二章　研究设计和研究方法 ……………………………………… 39
　第一节　研究策略和研究路径 ………………………………………… 39
　第二节　研究方法 ……………………………………………………… 42

第三章　贫困农村大龄单身男性的生活、情感困境 ……………… 48
　第一节　贫困农村大龄单身男性的生活困境 ………………………… 49
　第二节　贫困农村大龄单身男性的情感困境 ………………………… 70
　第三节　贫困农村大龄单身男性的生活困境与"单身"的关系 ……… 87
　第四节　贫困农村大龄单身男性的情感困境与"单身"的关系 ……… 92

第四章　贫困农村大龄单身男性的社会失范行为 ………………… 96
　第一节　贫困农村大龄单身男性不同类型的社会失范行为个案 …… 96
　第二节　贫困农村大龄单身男性社会失范行为的原因 …………… 142
　第三节　贫困农村大龄单身男性社会失范行为的影响 …………… 145
　第四节　贫困农村大龄单身男性社会失范行为与"单身"的关系 … 149

第五章　解决贫困农村大龄单身男性问题的对策 ……………… 153
　　第一节　造成贫困农村大龄单身男性的原因 ……………………… 153
　　第二节　贫困农村大龄单身男性生活、情感困境与社会失范行为的关系
　　　　　　……………………………………………………………… 165
　　第三节　解决贫困农村大龄单身男性问题的对策 ………………… 166

第六章　研究结论与讨论 …………………………………………… 172
　　第一节　贫困农村大龄单身男性的生活、情感困境 ……………… 172
　　第二节　贫困农村大龄单身男性的社会失范行为 ………………… 174
　　第三节　解决贫困农村大龄单身男性问题的对策 ………………… 175
　　第四节　本研究的不足 ……………………………………………… 177

参考文献 ……………………………………………………………… 179

致谢 …………………………………………………………………… 187

第一章 导 论

第一节 研究背景和研究问题的提出

一、研究背景

新中国成立以来，我国曾经历过几次单身浪潮。第一次出现在1950年5月中国第一部《婚姻法》颁布之后，当时《婚姻法》中的核心精神即"恋爱和婚姻"自由，使得当时的许多老百姓自我意识觉醒。许多经历过包办婚姻之苦的群众，通过法律解除了原本非自己所愿的婚姻关系，引发了波及全国的离婚潮。第二次则发生在20世纪70年代末，当时处于"文革"结束时期，原本因为"上山下乡"离开城市的大批知青开始返回城市。因此，在城市短期内积累了大规模的单身男女。20世纪80年代末、90年代初，在我国改革开放的浪潮中，个人主义、性解放等思潮也随之而来并影响了部分青年人的婚恋观念和行为，特别是在1980年我国新修订的《婚姻法》对夫妻之间适合离婚的理由进行了进一步的厘清，其中包括了"感情破裂"。这使得相当一部分人为自己的离婚行为找到了合理、合法的理由，因此也导致了所谓的第三次单身浪潮。经历了20世纪50年代、20世纪70年代、20世纪90年代三次单身浪潮之后，近年来我国的单身数量又呈逐年上升的态势。因此有专家认为，中国已经进入了第四次"单身浪潮"。

（一）中国多年出生人口性别比失调

人口研究非常关注一个国家或者地区的出生人口性别比情况，也叫作婴儿性别比，它决定着一个国家或者地区未来分年龄的性别比情况和总人口性别比情况。出生人口性别比指的是某一时期内一个国家或者地区每出生100名女婴相对应的出生男婴数量。国外学者对世界上那些出生人口性别选择非常轻微甚至没有性别选择倾向的国家进行了大规模数据调查研究，其结果显示出生人口性别比在排除了社会、政治、经济、文化等因素的影响后，一般表现为102—107的正常值范围。

2010年，我国第六次人口普查公报数据显示：大陆31个省、自治区、直辖市和现役军人的人口中，男性人口为686 852 572人，占51.27%；女性人口为652 872 280人，占48.73%。总人口性别比为105.2，基本上男女数量比较均衡。2014年的《国民经济和社会发展统计公报》数据显示，截至2014年末，内地总人口为136 782万人，其中男性人口70 079万人，占总人口的51.2%；女性人口66 703万人，占总人口的48.8%。总人口性别比105.06，也基本上达到了男女数量的平衡。但是，从出生人口性别比上却可以看出新时期我国婴儿性别比是失衡的，为118.06。回顾我国从1964年第二次人口普查时的出生人口性别比情况，发现我国出生人口性别比从1982年第四次人口普查时就超过了107的正常值上限，达到了107.2，此后一直超过正常值上限，并且逐年递增。截止到2008年，我国出生人口性别比已经达到120.56的高值（见图1）。部分省市，如陕西、安徽、湖南、湖北、广东、广西、江西、海南，多年来出生人口性别比都在120以上，面临着巨大的出生人口性别比压力。

根据第六次人口普查长表数据计算我国分年龄、性别和婚姻状态的人口数量，2010年我国30—39岁的未婚男性和女性的匹配差度达到613.9万人。《2012—2013年中国男女婚恋观调研报告》表明，在70后、80后、90后非婚人口中，男性比女性多出2 315万（国家人口计生委培训交流中心，2014）。《人口发展"十一五"和2020年规划》中也指出，由于我国多年来出生人口性别比严重偏离正常值范围，预计到2020年20—45岁的适婚男性将比女性多3 000万人左右（国务院办公厅，2006）。

1990年以来，我国出生人口性别比一直处于严重失衡状态，最严重的是2008年，当时的出生人口性别比达到了120.56的水平，这种出生人口性别比极端失衡的水平与世界上其他国家相比也是绝无仅有的。中国出生人口性别比长期处于偏高的状态，30多年来的严重失调可能导致一系列严重的后果。首先，这种严重的出生人口性别比失衡的直接后果就是未来在适婚年龄阶段可能会造成严重的"婚姻挤压"现象出现。目前的出生人口性别比失衡，意味着20—40年之后的婚姻市场上将会出现数量过多的未婚男性。尤其是1990年以后出生的一代人，即所谓的"90后"，他们的人生历程正好伴随着严重的出生人口性别比失衡的过程，因此这一批人中的男性未来在婚姻年龄会面对最窘迫的局面，缺乏合适比例的可供选择的女性对象。其次，长期的出生人口性别比失衡还将和大规模的人口流动过程相重叠，造成婚姻市场上的地域挤压现象出现。尤其是那些地处偏远、交通不便、经济落后的地区，本地适婚女性大量外流，外地适婚女性根本不愿嫁入当地，最终可能导致当地未婚男性的大量集聚，从而产生"光棍村"的现象。最后，严重的出生性别比失衡也可能会影响未来就业市场的男女平衡，尤其是女性的就业机会和就业地位。在劳动年龄人口中，男性与女性相比数量过多，可能会导致一批男性在就业机会的压力下，转移到原本以女性为主的职业领域当中，从而形成了相对于女性的"就业挤压"现象。

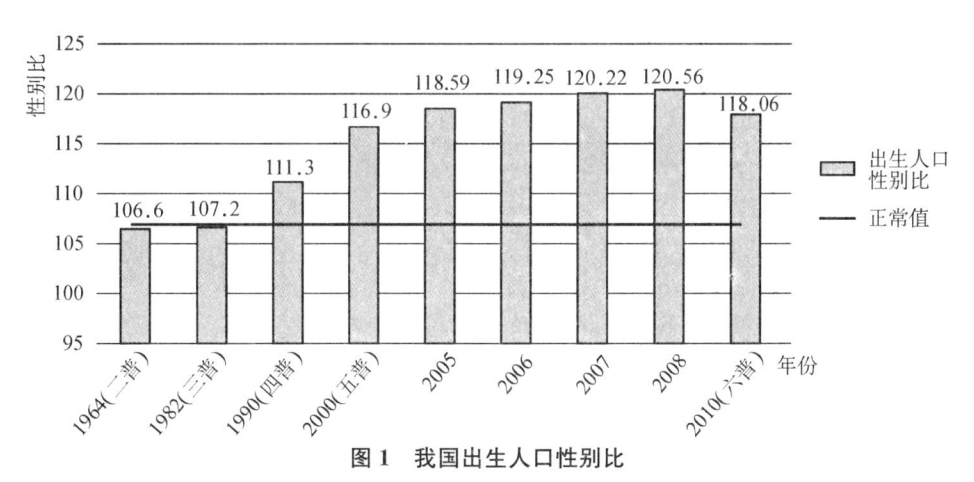

图1 我国出生人口性别比

注：数据资料来源于国家统计局普查和抽样调查结果

（二）传统婚配圈在新时代发生变化

在传统农业社会，由于受到地理环境因素的制约，交通非常不便利，人们普遍的思维模式是"固守家园"，因此农村地区的青年人，无论男女的婚配圈都比较局限，主要围绕在其居住地周边。他们的生产和生活的范围大多是以其居住地为中心，最远涉及当地的中心集镇。因此他们没有机会，也缺乏有效的行为动机去寻找地理位置相隔很远的其他婚配对象。对于他们而言，形成地理范围广泛的婚配圈是不切实际的。因此，他们往往通过亲属、朋友、媒人等关系寻找附近的配偶，获得性相对较高，也由此形成了以地缘、亲缘、血缘关系为主要影响因素的婚配圈。

在现代工业社会，由于交通设施的方便快捷，社交手段的丰富，人们思想意识的逐渐开放，传统婚配圈在逐渐被打破、重建、扩大。首先，人们意识到在婚配选择时，地域的限制已经被打破。如果一个人在自己的村庄没有找到合适的婚配对象，他可以到周边的村庄、集镇去寻找，甚至于可以跨越县域、市域、省域的限制。其次，人们也意识到以往的"父母包办式婚姻"可能会存在种种的弊端，甚至影响自己对于幸福的追求和个人权利的实现，因此也尽可能地实现了"自由婚姻"的模式。

在当代信息社会，众多先进便捷的大众传媒手段，更加丰富了年轻人之间交往互动的手段，比如社交网络、交友软件、婚介机构、电视报纸，到处都可以见到各种征婚交友的启事或者广告。人与人之间的婚配圈受此影响，进一步从自己的生活环境向外扩展，跨国婚姻的出现证实了现代人婚配圈已经随同整个世界的多极化发展，形成了全球性的"婚配圈"。同时，和以前的世代完全不同，当今世界的各种交通工具实现了现代人"坐地日行八万里，巡天遥看一千河"的梦想，地理区域和位置上对人们婚配圈的限制作用已经微乎其微。因此，在当今社会，仅仅依靠于亲属、朋友、媒人等关系寻找附近的配偶变得不太可能。

（三）规模庞大的人口流动对农村婚姻市场产生影响

伴随着世界全球化的深度发展，国家之间密切的经济、贸易和文化往来，出现了大规模的国际人口流动。同时，伴随着发展中国家自身经济的繁荣发展和城镇化加速，又出现了规模庞大的国内人口流动。因各种主动或者被动原因导致的大规模的国际和国内人口流动和迁移，导致了人口流出和流入国家或者地区的人口分布和结构的改变，可能引发很多人口问题。

中国的流动人口是在我国特殊的户籍制度条件下产生的，是指随着社会现代化程度的提高，离开了原户籍所在地到其他地方居住的人口。中国的人口流动特点主要是伴随改革开放的进程，沿海发达地区率先发展的优势形成了对于农村富余劳动力的吸引力，同时中西部地区农村经济发展水平相对较低形成了对农村富余劳动力的推动力。最终，大量中西部经济欠发达地区的农村剩余劳动力为了增加个人和家庭财富，纷纷流向东部经济发达地区的城市。2014年，原国家卫生计生委人口流动司发布了《中国流动人口发展报告2014》，这份报告对我国的流动人口形势进行了比较全面的调查。根据报告中的相关数据，截至2013年底我国拥有2.45亿流动人口，他们总体上还是从经济欠发达地区流向中心城市或者区域大城市。在中国庞大的流动人口中，有相当一大批是从中西部不发达地区的农村流入东部发达地区的女性，并且这些女性中有很多人在流入地即东部地区之后才经历了结婚或者生育过程（国家卫生和计划生育委员会流动人口司，2014）。

处在相对封闭、传统的社会环境当中的农村女性或者男性，出于寻求生存机会或者增加家庭财富的需要流动到城市成为外来务工人员后，至少可能从三个方面对于中国农村地区的婚姻市场产生影响。首先，流动人口中的未婚女性在城市可能接触到更加丰富的信息，从而彻底地改造自己的世界观、价值观、婚恋观。她们在选择配偶时的考虑因素，可能不再单纯地局限于相貌、才干、人品、家世等单一因素，而应该是各种因素的综合考量。城市生活模式和乡村生活模式的巨大差异，使得许多外出打工的农村女性在体验了更加现代化的城市生活之后，产生了对这种生活模式的向往，也产生了对原本生活模式的排斥。她们宁可在大城市漂泊，也不愿意遵从以往世代人们"嫁鸡随鸡，嫁狗随狗"的做法，即：和一个农村男性结婚然后继续回到村庄生活。最终，一些地方的适婚女青年数量减少，条件稍好一些的要么嫁到了城里，要么早就有了意中人，即使条件差一些的面对婚配对象也是挑挑拣拣。这样，对于生活在农村地区的男性来讲，无形增加了婚姻匹配上的难度。其次，在整个社会的婚姻市场上出现男多女少的情况下，农村女性流入城市，首先解决了部分城市男性的"结婚难"问题。农村女性也情愿嫁给城市人，成为城市人，顺利地转换身份，离开原本贫瘠的家乡，从而获得更好的生存和发展机会。这一点，同时也获得了农村女性的家庭支持，因为这样做也将使得家庭整体从"女儿外嫁城市"中获得各种资源、利益。因此，这样进一步加剧了农村适婚女性数量的减少，导致适婚男性数量过多。最后，大量流动人口聚集在发达地区的城市，他们大多也都是处于婚育期的青年男女，因此自然而然地扩大了自己的婚配圈，相比在家乡时反而有更多机会和可能结识心仪的婚配对象，提高了找到配偶的概率。但是，那些因为各种原因留在家乡，或者从城市返回家乡的一部分男性，则有可能丧失这种机会。

（四）婚姻成本日益高涨

在中国历史上，按照传统的礼法，男女成亲时需要"三媒六聘"，也叫"三书六礼"。随着时代的变迁，现代社会的人们逐渐将这一过程简化为"彩礼"，并且人们十分看重结婚时男方给予女方的"彩礼"价值，以此来说明男方对于女方的重视。尤其是在一些"靠儿子养老"的观念比较盛行的地区，如果某个家庭只有一个女儿，当女儿出嫁时，父母会感觉到将来年老无所依靠，从而想从男方那里获得一些经济上的补偿，作为自己的"养老金"。

但是近年来，中国内地农村的婚嫁彩礼一路攀升，尤其是一些贫困山区从最初的几万元飙涨至目前十几，甚至二十几万元的现象屡见不鲜。甚至有个别农民把嫁女儿作为改变贫困生活的手段，使一大批年轻人因彩礼问题而"婚不起"。农村地区逐年攀升的"天价彩礼"已让农民不堪重负，部分农村家庭因高昂礼金变得一贫如洗。在一些地方，流行着"一万一"的彩礼标准，意味着这样的女儿是"万里挑一"。有的地方流行"三万一千八"的彩礼标准，谐音"三家一起发"，意味着男方家、女方家和媒人家都因为这件婚事而讨得了好彩头。有的地方流行"八万八"的彩礼标准，意味着结婚使得都"发"了。更有甚者，一些地方流行"万紫千红一片绿"的彩礼标准，意味着彩礼钱要包括各种颜色的钞票，即各种面值的钞票，算下来差不多要 15 万元的起步价。

在原本就不富裕的农村家庭看来，这样高昂的彩礼费用成了顺利婚姻的"拦路虎"，很多农村贫困家庭的青年男性因此而"结不起婚"，他们的父母也可能为了给自己的孩子筹集昂贵的彩礼费用而倾其所有，甚至大举借债。根据媒体公开报道，这种现象不仅屡见于甘肃、宁夏、陕西等西北偏远山区，并且在河北、河南等地亦不鲜见（韩璐，2015）。有媒体报道山东农村适婚男女比例超 4∶1，平均结婚的彩礼费用早已远远超过当地农村家庭收入水平，一般家庭结婚就需要十几万元的彩礼钱，导致很多家庭"因贫不婚""因婚致贫"，也可能导致"因钱而婚"（齐鲁晚报，2015 年 07 月 04 日）。

一些贫困地区的男性因为无法负担高昂的"彩礼"费用，只能采取其他方式寻求婚配对象，比如近年来朝鲜新娘、越南新娘、缅甸新娘已经出现在人们的视野和生活现实当中。但是由此也引发了一些倒卖人口、非法婚姻、非法拘禁等违法问题的出现。

(五) 媒体有关大龄单身男性社会失范行为的报道屡见不鲜

近年来，我国媒体报道中出现了一些严重影响人民生活安定和社会稳定的不良案件，这些案件的嫌犯或者疑凶，大多都有一个共同特征——单身男性。如果一个社会大龄单身男性的数量超过社会可以容纳和吸收的限度，这些在婚配市场上受到挤压的"剩男"由于逐年堆积，很有可能诱发各种社会问题，如性暴力、拐卖人口、买卖婚姻、儿童失踪等案件的上升。

2015年08月16日《南方都市报》报道一名湖南籍8岁留守女童遭到同村男子强奸杀害，并被藏尸衣柜中。而犯罪嫌疑人陶某44岁，早年因吸毒离婚，至今单身。

2015年08月03日《京华时报》报道：北京市平谷区一名年过六旬的男子冯某去年年底将智障残疾人小雅（化名）骗到家中，与其发生性关系，涉嫌构成强奸罪。该男子一直未婚，曾犯故意伤害罪被判处有期徒刑5年，2011年刑满释放后，一直游手好闲，没有正当职业。

2015年初，一名50多岁的单身男性在洛阳市家中被发现死亡，法医判定其死亡已经有9年时间，尸体发现时已经形同干尸，引起当地老百姓恐慌。

2015年，淮北一名单身刘姓男子在参加完朋友儿子婚礼后，想想自己仍单身，心情顿时低落，回到家中后，产生了轻生念头，点燃自己房子企图自杀，大火起来后刘某感觉恐惧，遂从着火房屋内逃离。该男子涉嫌纵火罪，已被依法刑事拘留。

2015年8月11日，安徽亳州市谯城区十河镇后孙小庄发生一起命案，一对亲姐弟遇害身亡，其中姐姐14岁，弟弟9岁。嫌疑人是受害人的邻居孙某，今年32岁，单身，平日里跟父母住在一起。

2015年3月22日，陕西省华县一名15岁初中女生夜间去同村村民家上网，却遭对方持刀逼迫后被强奸。警方调查发现，疑犯还曾侵害同村两名幼女并录制视频。民警在李某房内的电脑桌上发现了作案用的刀具，以及10多张色情碟片。经调查，今年44岁的李某为当地一名单身农民，一直未婚，因经常在家中观看黄色录像，导致心理出现扭曲。

2014年，江西吉安刘某因强奸自己的亲妹妹被捕，刘某自辩称："自己是单身汉，找不到老婆，出去玩别的女人要花钱，玩自己的妹妹则不用花钱。"

2014年，福建龙海28岁的未婚男子林某因酒后强奸同村一名50多岁的妇女被捕，该名男子2006年曾因犯故意伤害罪被龙海市人民法院判处有期徒刑一年，缓刑一年六个月，2007年又因犯抢劫罪被龙海市人民法院撤销缓刑，决定执行有期徒刑六年六个月。2014年3月31日，林某又因犯危险驾驶罪被龙海市人民法院判处拘役两个月十五日。

《法制日报》报道：2013年9月，江西省新余市40岁的刘某被当地公安机关以强奸幼女罪拘捕。当地公安机关反映犯罪嫌疑人刘某一直未婚，由于是报案人的邻居，所以经常和邻居家的小女孩一起玩耍，小女孩也以为他是自己很亲近的"叔叔"。9月的一天黄昏，和往常一样，邻居家的小女孩及其弟弟在门口玩耍，恰好遇到了经过的刘某。犯罪嫌疑人刘某以一起玩耍的名义，诓骗小女孩及其弟弟到他家中去找玩具。进入刘某家后，犯罪嫌疑人刘某借机对小女孩实施了猥亵和性侵犯。而根据公安机关的审讯，犯罪嫌疑人刘某自己供述其利用此类借口，多次对邻居家小女孩进行了猥亵，时间已经将近一年。

同一年7月10日，《法制日报》还报道了发生在江西的另外一起案件。分宜县7月8日下午发生一起强奸幼女案，犯罪嫌疑人晏某已经被抓获。经审查，犯罪嫌疑人晏某，男，39岁，单身，7月8日下午6时许，发现受害人同村村民小芬（女，9岁，化名）一个人在家附近玩耍，就过去将小芬拉进一猪栏内，以买冰棍吃和给零花钱用为诱饵，在猪栏内强行与其发生性关系。

2013年4月，甘肃甘南张某在去金朗城小区妹妹家串门路上，突然蹿出一名男子，采取暴力手段，将张某劫持到一胡同内强奸。甘南警方经过缜密侦查，擒获重大犯罪嫌疑人吴某，并破获两起强奸案。犯罪嫌疑人吴某单身生活，整日热衷于网聊，为寻求刺激，他在手机内下载了30多段黄色视频进行观看。

显然上述这些恶性案件的犯罪嫌疑人或者罪犯，都有一个突出的特征，就是"大龄单身男性"。媒体报道的大龄单身男性的社会失范行为，不断刺激着人们的眼球和心理，也引发我们对这一群体生活、情感和社会失范行为的深入思考，是否"单身"就一定会导致社会越轨和失范行为的发生？

二、研究问题的提出

透过以上研究背景的分析，引发了研究者对中国的"光棍"问题进行深层次的思考。本研究认为，当代中国社会存在的大龄单身男性之所以成为一个问题，并不是说"单身男性"容易发生问题，而是在出生人口性别比失调、社会流动性增强、传统婚配圈发生变化、现代社会婚姻成本日益高涨等综合因素的影响下，可能导致或者造就部分大龄单身男性在生理、心理或者社会方面表现出相对不完善、不健康的状态，其中一些还可能严重到产生社会失范行为。

我们不能戴着"有色眼镜"，从"污名化"的角度看待"大龄单身男性"。毕竟"大龄单身男性"，对于他们而言只是三个社会身份的重合。我们只是希望从微观层面去深入发掘、研究和分析当代农村社会那些受到"婚姻挤压"，那些因为各种原因而不能顺利进入婚姻阶段的男性，他们的生活是什么样的？是哪些因素导致了他们的"单身"状态？在社会失范方面，是否诚如我们一直以来对于"光棍"的理解和认识？有没有来自微观方面更加细致入微的，扎根于生活实际和研究对象生活的研究证据？

基于以上分析，本研究试图要探讨的基本问题是：当今农村社会的大龄单身男性的生活、情感困境和社会失范情况到底呈现何种表现？集中表现在以下几个问题上：通过微观研究，能够揭示出大龄单身男性的实际的生活境遇、精神状态、心理行为表现是什么样的？他们在日常生活当中的生活、情感困境表现在哪些方面？受到哪些因素的影响？他们的生活、情感困境和"单身"之间的关系是怎样的？他们是否有一些特殊的社会失范行为隐秘地存在于现实生活中？这些社会失范行为和"单身"之间是否存在必然的联系？是否存在着对于大龄单身男性的"污名化"现象？他们的父母、近亲属、邻里是如何评价他们的单身生活的？他们对于未来生活的期许和愿望如何？能否通过研究，找到帮助农村大龄单身男性脱离生活、情感困境的合理途径和方法？以及预防和减少他们产生社会失范行为的措施？如何改变关于大龄单身男性的"污名化"情况？

第二节 相关研究文献梳理

一、相关研究定义

（一）农村大龄单身男性

1. 关于"大龄"的定义

大龄单身男性，即通常意义上所谓的"光棍"。既然他们属于"大龄"人群，那么其年龄必然有一个界限，或者说应当明确超过哪一个年龄界限属于"大龄"。

1) 我国法律关于结婚年龄的规定

2014年，我国对《中华人民共和国婚姻法》进行了新的修订。这次修订，没有对1980年制定的《婚姻法》当中所规定的结婚最低年龄做出任何修改。按照该法，我国公民的法定最低结婚年龄界限依然是"男性二十二周岁，女性二十周岁"。我国的《婚姻法》之所以对男女青年的最低结婚年龄做出这样的规定，是综合考虑了我国青年的生理、心理发育和成熟过程，以及当代社会的发展情况。这样的规定，既能够保证男女青年在结婚时拥有足够成熟的心理和生理基础，也能够保证他们对自己的婚姻选择是尽可能理智和合理的。只有这样，才能间接保证他们能够知晓自己的婚姻选择对于未来的子女、家庭以及整个社会意味着什么，才能保证他们婚姻和家庭的完整和可持续。

2) 关于晚婚年龄的定义

《中华人民共和国婚姻法》中只规定了结婚的最低年龄界限，对于结婚的最晚年龄没有做出任何限制，这也就是说打算结婚的男女双方只要超过了最低结婚年龄的界限，就都是可以结婚的，都可以缔结合法婚姻关系。但是，在我国计划生育政策实施的初期，在控制人口数量的压力下，曾经出台了鼓励人们晚婚晚育的相关文件。因此通常意义上晚婚的概念很简单，即结婚年龄比法定结婚年龄更晚或者推迟就是晚婚。根据相关计划生育政策的规定，如果男女双方的初次结婚年龄迟于国家法律规定的结婚年龄三年及以上时间的，即为晚婚。也就是说，如果男女双方初次结婚时，男方已经年满二十五周岁，而女方已经年满二十三周岁，就属于晚婚。因为晚婚年龄只是政策性的鼓励措施或建议，所以并不具有法律约束效力，不具有强制性。公民只要符合法律规定的结婚年龄要求，完全可以自己决定什么时候结婚。

3) 本文所指的"大龄"定义

根据上述关于法定结婚年龄和晚婚年龄的表述，结合现今我国城乡地区男性和女性的"结婚适龄期"分别是24—30岁和23—27岁，而农村地区男性普遍结婚年龄较早的现实情况，有人认为"大龄"的界限应从25岁开始，即晚婚年龄开始计算；也有人认为"大龄"的界限从28岁开始，因为一般情况下，男性超过28岁以后，在婚姻市场上已经属于"准单身期"；还有人认为应当将"大龄"的界限设置在30岁，因为目前我国青年男女的初婚年龄在普遍推迟。考虑到本文研究对象居住在偏远农村地区，因此将"大龄"的界限定义为超过 28 周岁的人群。

2. 关于"单身"的定义

"单身"一词，经常用来形容一个人当下的生活状态，本身是一个非常宽泛的词汇。从广义上讲，只要一个人当下是独自一人生活，就可以认定为"单身"状态，这样就包含了已婚单身和未婚单身两种截然不同的生活状态。

已婚单身，指的是已经结婚的成年人目前处于一个人生活而没有配偶的状态。包括在婚姻关系存续期间，由于夫妻双方长期两地分居，或者夫妻一方因各种原因离家出走导致的没有家属或不跟家属在一起生活的婚内单身情况；也包括曾经有过婚姻关系，但是由于离异或者丧偶，目前尚未再娶再嫁，仍然较长时期处于单身的情况。但是，通常情况下有过婚姻事实的男性是不会被称作"光棍"的，包括那些妻子不在身边生活、妻子长期离家出走，或者妻子已经过世但是自己有儿女的男性。

未婚单身，一般情况下，是指一个人成年以后从没结过婚，仍然是一个人生活而没有配偶的状态。如果严格区分，包括有异性同居朋友的"有性未婚单身"和无异性同居朋友的"无性单身"两种特殊情况。因此，随着时代的发展，现在也可以将没有男（女）朋友的人引申称之为"单身"。

从狭义上讲，所谓的"单身"仅仅指的是"无性未婚单身"的情况。从家庭、社会支持系统、社会网络等因素出发考虑，本研究所指的"单身"使用狭义的定义，即指那些成年以后从没结过婚，目前仍然是一个人生活而没有配偶，也没有异性同居朋友的人群。

3. 关于"贫困农村大龄单身男性"的定义

综合以上对于"大龄"和"单身"的分析，本文的研究对象——"贫困农村大龄单身男性"，将其定义为"生活在我国贫困农村地区的、年满 28 周岁的、从未有过婚姻关系的、目前没有异性同居朋友的男性"。

(二) 生活困境

所谓生活困境，指的是个体由于生理、心理或者社会等因素的影响，陷入一种自己无能为力的、生活比较窘迫或者压抑的生活状态，主要包括经济方面的困境、社会交往方面的困境、社会支持方面的困境。

通常情况下，这样的个体可能由于身体的残疾或者疾病，导致其丧失了基本生活自理能力和行为自主性,严重影响到个体的学习、工作和生活,也不能从事正常的生产、经济活动。比如,患有严重出生缺陷如脑积水的儿童,在其成年后由于智力发育受损,因此不能独立生活,必须依赖家属或者社会生存,可能带给家庭和社会巨大的生存照料负担。

也有可能由于个体的心理问题,使之不能有良好和健全的心理状态,缺乏对所面临的各种生活问题、心理压力的合理和适当的调适,因此导致不能解郁抒怀,长期烦恼、忧虑,继而发展成忧郁症状,丧失社会交往能力,也可能影响到正常的生活和工作。比如,有些人在巨大的生活事件如破产或者离婚的影响下,生理适应能力变差,导致严重的抑郁和自杀倾向,不能够再继续从事原先的工作和学习等。

还有可能由于个体受到所处环境的某些社会政治、经济、文化等因素的影响,导致其不能完成必要的社会角色转换,因此不能承担其必需的社会责任,完成其应有的社会任务。比如,在印度北方邦地区,由于受到当地风俗传统习惯的影响,女性没有恋爱和结婚的自由,其婚恋必须由家庭安排。如果女性违反了当地的风俗,有可能受到其家庭成员以维护"家族荣誉"为名实施的法律之外的严厉制裁。

上述这些情景,对于处在这种境遇当中的个体来说,往往缺乏自我能动性,缺乏改变根本命运的可能。因此长此以往,必定导致其经济上越来越拮据、精神上越来越孤单、发展能力严重不足,最终呈现出贫困、压抑、生活低水平等样态。

(三)情感困境

情感是人类对于外在环境的刺激,所产生的各种主观意识上或者心理上的感受。情感和情绪有相似之处,但是又不完全相同。情绪一般偏向于个人层次,是人对现实事物、人际交往过程、他人言行的即刻体会;而情感则一般偏向于社会层次的社会性经历带来的历时相对长久的精神体验。所以,情感包括一般常说的各种心理反应,如喜、怒、悲、恐、爱、恶、憎等。它既包含个人层面的情感,比如大家都是有情之人,亲情、友情、爱情、同窗情、战友情等;也包含了社会层面的情感,比如对国家、社会、集体的情感等。

每个人除了物质生活的基础以外,非常重要的就是情感生活。每个人每天经历的各种人与事，都带给人们不同的情感体验。终此一生，每个人都被无数情感所束缚，也必然经历很多情感体验。因此，终其一生，每个人都在人生道路上去寻求自己的情感寄托，付出自己的一些或者全部情感，或对物，或对人，丰富自己的情感经历，同时也使得个体的精神世界变得极其丰富和满足。"情"首先是被大家最认可的，尤其是在中国，有情有义之人都是很受尊重的，比如代父从军的木兰、汨罗投江的屈原、哭断长城的孟姜、苦守寒窑的宝钏，等等。

人类的情感取向，可以分为正向情感与负向情感两种类型。正向情感会使人们感到愉悦，是人对各种具有美好价值的事物产生的积极反应；与此相反，负向情感则会使人感到痛苦，是人对各种消极事物产生的不良反应。正向情感和负向情感的此消彼长，引发每个人不同的心理变化，也间接或者直接导致各种应激性行为的产生。

在现实生活中，很多时候我们发现自己的情感并不能完全得到满足。本研究中所指的"情感困境"，特指当某个人因为个体的生活经历和情感遭遇受到严重的挑战或者创伤时，就有可能导致其进入情感困境当中，受到许多负向情感的影响，产生压抑、抑郁、沮丧、失败、挫折、羞涩、逃避等一系列负向的情绪体验。久而久之，个体的情感困境可能影响其社会交往和交际的正常开展，使其产生与他人、社会、世界的隔阂感，甚至产生遁世、隐居的想法，严重的可能发展到自杀或者伤害性犯罪的产生。

（四）社会失范

社会失范（anomie）从字面上来看，意味着整个社会失去了原本应有的规范。在社会学专业领域，社会失范指的是社会群体对原本维持社会正常运行所遵行的各种规范、原则、道德准则、约定的放弃或者不再遵守。这一理论概念，历史上先后经过了两位社会学家的定义和修正，一位是迪尔凯姆，另一位是默顿。

迪尔凯姆在社会分型中提出了两种相对类型，即机械团结社会和有机团结社会。前者对应的工业革命之前的农业社会，后者对应的工业革命之后的现代工业化社会。他认为在两种社会类型的前后转型过程中，原本长期适应机械团结社会准则的人们会突然面临有机团结社会的新准则，因此会产生许多适应不良导致的社会问题。尤其是两种社会的交替阶段，社会没有确定全体成员必须遵守的规范是什么,因此是最容易产生各种社会失控的阶段。在这一阶段,人们往往不知所从,从而产生一些社会失范行为。在迪尔凯姆的著作《自杀论》一书中,他认为有一种自杀的类型叫作失范型的自杀。这种类型的自杀就是人们对以往约束自己的社会准则失去信念时,又没有产生对新的社会准则的完全顺服,一时之间可能丧失对自我行为的把控,陷入混沌和矛盾的状态之中,容易采取极端行为去解决问题所导致的。他认为西方社会在经济萧条时期和经济繁荣时期都会产生大量的自杀事件,就是因为这两个时期的前后交替使当时的人们产生了行为的失控(任方真,2008)。

迪尔凯姆之后,社会学家默顿对他的社会失范理论进行了批判和修正。默顿认为社会失范的根本性原因并不是社会转型所导致的前后两种社会准则的选择,而是因为在社会中可能存在多种社会准则,导致人们的选择困难。他认为当人们已经确定的行为目的和现存社会的合法制度性准则产生冲突时,就可能导致社会失范行为产生。同时,默顿也提出了如何适应社会失范的四种方式,即遵从、革新、仪式主义、退却主义和造反等。

本研究中所用的"社会失范"更加接近于默顿所阐述的"社会失范"的定义,即指研究对象处于特定的社会秩序、原则、规范和道德约束下,因为自身或者社会的影响,导致其不能完成正常的人生轨迹而采取的越轨行为,比如自杀、偷盗、猥亵妇女及幼女、商业性性行为、买卖妇女、赌博、酗酒,等等。

二、农村大龄单身男性的文献综述

(一)国外研究情况

目前,国外对于单身男性的研究主要集中在以下几个方面,包括对于单身男性数量和人口社会学特征的研究、中国单身男性出现原因的研究,对单身男性身心健康状况的研究、对单身男性社会支持情况的研究;社会政策对单身男性的影响研究、单身男性引发社会问题的研究等。

1. 单身男性数量和人口社会学特征研究

在单身男性即光棍数量的研究方面,美国学者 Valerie Hudson 与 Andrea Den Boer 发表于 2002 年 5 月《国际安全》杂志上的研究报告认为,到 2020

年，中国将有 2 900 万到 3 300 万名年龄在 15 岁到 34 岁之间的未婚男子（李致江，2010）。有学者（Kamann TC, de Wit MA & Cremer S, et al, 2014）对美国 472 名单身男性社会救济接受者进行横断面调查，发现大多数单身男性都是长期失业、文化程度相对较低、年龄较大的男性。

有学者对中国的单身男性进行了研究，他们认为大龄单身男性是目前中国农村广泛存在且数量比较庞大的一支新兴弱势人群，他们的数量可能达到数百万（李艳、李树茁、彭邕，2009）。也有国外学者研究认为中国农村的单身男性主要构成是一些非常贫困的男性（DasGupta &S. Li, 1999）。

2. 单身男性出现原因的研究

国外研究表明，单身男性出现的主要原因与经济因素、出生性别比因素、女性人口流动因素有关。从经济因素来看，贫困和缺乏足够可支配社会资源的男性容易在婚姻市场上成为被挤压的人群，经济实力是否足够成为男性成婚的关键，农村大龄单身男性的主要社会特征包括家庭贫困和受教育程度低（Das Gupta, 2010; DUDLEY P GLOVERK, 2005）。

有学者认为伴随中国严格的计划生育政策，中国连续多年产生了出生人口性别比失调的现象，同时还有非常严重的出生人口性别选择的问题，这些可能导致婚姻市场上的男女人口数量的不平衡，这一结果可能造成男性婚姻择偶的困难程度增加（Skinner, 2002; Klasen & Wink, 2003; Poston & Glover, 2005）。也有研究指出大量的农村女性人口向城市的婚姻迁移是导致农村地区大龄男性失婚的原因（Fan & Huang, 1998）。也有学者认为当今中国社会产生"剩男剩女"的现象，是中国特殊的城乡二元制导致的，因为许多农村适婚女性都流向了城市，因此导致农村缺乏足够的适婚女性人口。

3. 单身男性身心健康状况研究

国外对本国大龄单身男性的研究主要是该群体的生理、心理状况等方面。有研究认为一般社会都会主张结婚，所以会将个人的持续单身状态看作是一种失败的婚姻形式，并且在评价单身人士时往往给予他们更多的负面评价，因此而极大影响了大龄单身男性的自我评价和认知，容易导致他们产生心理问题（Austrom, 1984）。也有研究认为大龄单身人群本身缺乏足够的个人能力去应对和解决各种生活难题，时常处于各种对健康状态非常不利的意识形态和心理状态中（Keith, 2003）。另有研究发现单身男当中有 50% 的表现出焦虑和抑郁倾向，47%的曾经或者现在正在使用精神类药物，41%的患有多重躯体疾病，更有许多人都患有精神疾患（DUDLEY，2005）。

以上这些关于单身男性的研究大多认为单身男性是社会上人力资源和健康状态不佳的脆弱人群。这些研究通过比较不同婚姻状态的男性群体的心理健康状态，发现婚姻状态和心理健康之间存在着显著关系，婚姻状态为已婚的男性，其各种心理测量的指标均优于单身男性。那些未婚男性心理上多趋向于孤独、失意、焦虑、压力增大、适应性差、产生抑郁症状（Weiss，1981；Seccombe & Ishii-Kuntz，1994）。

4. 单身男性社会支持情况研究

来自国外的相关研究发现，单身男性与已婚人群、离婚人群和丧偶人群，社会网络相对更加不健全，获得的社会资源更少，在获得相应的社会支持方面处于劣势，因此在社会上显得更加孤立。尤其是其中的农村大龄单身男性，由于他们受到收入的限制，处在整个社会网络关系的底层，严重缺乏社会支持，主动参与各种社会活动和社会交往的频率和积极性比较低。这些大龄单身男性因被孤立和缺乏社会支持而引发相比已婚者更加强烈的孤独感和孤立感。（Seccombe & Ishii-Kuntz，1994；Keith & Nauta，1988；Zhang & Hayward，2001）。

有学者认为人们能够通过婚姻关系的建立，进一步扩大家庭成员的数量，增加社会交往途径的数量，更有可能获得来源于配偶和亲人的各种资源支持，因此获得更多缓解心理压力的能力。与此相反，未婚男性不能顺利建立婚姻关系，因此不能提高自身应对心理压力的能力（Cotton，1999）。

5. 社会政策对单身男性的影响研究

有学者研究发现，依靠税收政策来调节婚姻市场的匹配情况并不理想，有证据表明当国家税收政策根据家庭成员数量或者家庭生育孩子数量进行改变时，单身男性在家庭时间和工作时间的分配上没有太大区别，也即单身男性的某些社会学特征决定他们对于这种税收政策的不敏感性。同时也证明依靠税收来调节婚姻市场的匹配的有限性（Gelber，2014）。

6. 单身男性引发的社会问题研究

（1）性失范

Eck（2014）通过对26个未婚、中年离婚、异性恋白人男性的面对面访谈研究发现，大多数西方男性认为一个人 20 多岁时应该尝试各种新鲜事物，但是 30 多岁时应该开始厌恶无聊的事情。单身汉理论上由于没有法律和道德的约束，可以自由地追求他们想要的性伴侣数量，但是实际上成年单身汉因为成熟而不会这样。

研究者通过研究解释了男性如何在婚姻体系之外宣称本身的成熟男性特质，男性主要依赖于"像个男人"来表明自己的男性气概，尤其是当他们处于未婚状态时，这种状态隐秘地显示着他们可能不能足够地表达自己的男性气概。因此年轻单身男性往往通过一些失范的男性行为，尤其是性行为，可能作为一种补偿机制，补偿他们表达男性气概不足的部分——未婚。这种失范的男性性行为可能包括强奸、诱奸、多性伴、性暴力活动等。

（2）社会安全受到影响

2004 年，Valerie Hudson 与 Andrea Den Boer 合作出版了著作《光棍：亚洲男性人口过剩的安全意义》一书，书中涉及单身男性和社会安全的观点颇为新颖，也受到学术界的关注和讨论。两位学者在书中探讨了世界上人口最多的两个国家，中国和印度的相关情况。他们引用了这两个国家的大量历史事实，用以证明在单身男性数量过多时，是如何引发这两个国家历史上的大规模社会冲突的。通过这种跨学科的研究，他们得到了一个社会中如果拥有大量单身男性，而且这些男性又是社会上的低阶层人群时，非常容易导致社会冲突和矛盾，影响社会安全的结论。

Valerie Hudson 与 Andrea Den Boer 认为人口性别比例失调只是导致社会动乱和暴力的一种可能诱因，并不是直接原因和充分条件。数量规模庞大的单身男性，只是加剧了原本已经危机四伏的社会可能性。尤其是在某种情况下，这样的社会爆发大规模冲突的时候，这些单身男性往往可能以破坏整个社会结构和秩序的气势，积极参与暴力活动，加重社会冲突和动荡的剧烈程度。虽然两位学者的研究具有一定的局限性，也受到了很多批判，但是，不可否认的是他们的研究结果对于激发大家对单身男性这一特殊人群加强关注，也引发人们积极思考关于这一人群可能造成的社会影响方面，具有积极意义的（段青，2008）。

（3）犯罪率增高

Hudson 教授认为单身男性规模过于庞大，会导致所在社区和社会的犯罪率增高。比如，他认为中国历史上曾经发生于 19 世纪中叶的捻军叛乱是探讨性别失调和社会暴力的典型例子;印度北部和西北部的一些贫困邦的光棍数量非常多,从而导致这些地区经常出现女孩被绑架、失踪的情况,可以说明性别比失衡导致的社会后果;中世纪的葡萄牙成人性别比例大约是112/100,从而导致了这一地区不断发生的政治和社会动荡问题。在 Hudson 教授看来,如果一个国家本身资源匮乏,而且又存在着资源分配不均的状况,那么这个国家在长期人口性别比失衡作用下累积出的大量的单身男性人口,就很有可能通过暴力方式、犯罪行为抢夺资源,导致犯罪率增高(段青,2008)。

(二)国内研究情况

目前,国内对单身男性的研究相对于国外研究来讲比较多。尤其是自从美国杨百翰大学政治系的 Hudson 教授提出未婚男性的数量增加与社会安全之间存在着某种关系时,更加引发了国内学者的研究热情。加之国内自从70年代末、80年代初开始实行计划生育政策,近年来有颇多学者也关注到了国内性别比失调的问题,以及由此可能引发的单身男性增多及其可能的社会影响问题。

国内学术界最早开始关注性别比失调问题的学者是顾宝昌和彭希哲(1993),他们在研究20世纪90年代我国人口转变的情况时,发现我国生育率已经达到了较低水平,这种情况可能导致未来我国人口老龄化的进一步加剧,同时也可能导致婚姻排挤(即婚姻挤压)现象。他们认为这是我国在完成人口转变之后,伴随生育水平的下降产生的新人口问题。他们认为当时我国男青年婚姻择偶难的原因,并不在于性别比失调,真正的原因在于20世纪60年代人口生育水平的陡然增高,以及随之而来70年代出生率的急剧下降。在两位学者的研究基础上,婚姻挤压逐渐成为人口学界研究的热点。

婚姻挤压,指的是在适婚年龄阶段,由于各种因素的影响,导致婚姻市场上的男性和女性数量严重不平衡以至于匹配度较低,由此造成部分男性或者女性不能在适婚年龄阶段顺利完成婚姻关系的现象。由于婚姻挤压造成的单身男性增多,成为近年来社会学的关注和研究焦点。收集和总结国内相关研究单身男性的研究成果,对单身男性的问题研究可以汇总为以下模式(邢成举,2011)(见图2)。

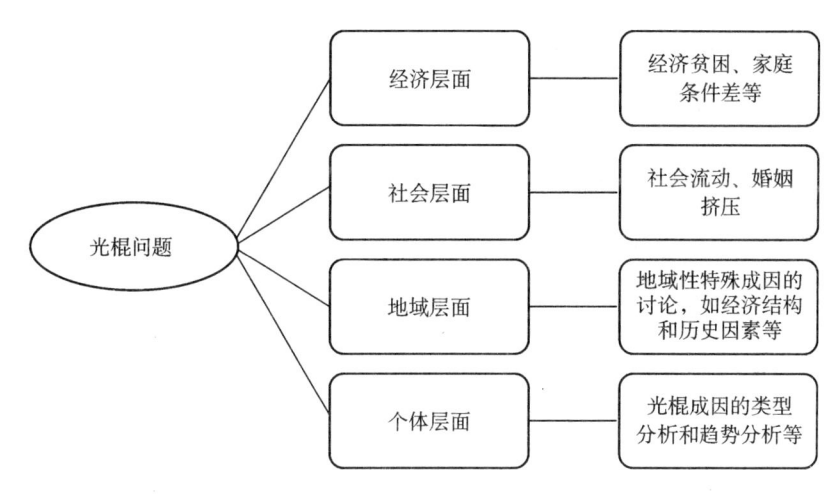

```
光棍问题 ─┬─ 经济层面 ── 经济贫困、家庭条件差等
         ├─ 社会层面 ── 社会流动、婚姻挤压
         ├─ 地域层面 ── 地域性特殊成因的讨论，如经济结构和历史因素等
         └─ 个体层面 ── 光棍成因的类型分析和趋势分析等
```

图 2　"光棍问题"研究模式分析

1. 宏观层面的研究现况

在既有研究中，从宏观层面的研究方向和内容来区分，我国对婚姻挤压造成的单身男性增多现象主要集中在以下几个方面进行了研究和论述：

1）对 Hudson 的观点——单身男性数量增多与社会安全关系的研究

有学者对 Hudson 的观点进行了系统分析，认为目前虽然我国单身男性数量急剧增多，但是并不一定会造成严重的社会安全问题。他们对 Hudson 提出的观点抱有批判或者怀疑的态度。比如，有学者认为，我国单身男性的数量可能会形成一定的规模效应，而且由于这些单身男性大多又存在着这样或者那样的生理、心理、社会问题，因此大多属于社会弱势群体。目前来看，尚没有充足证据证明这些单身男性会危及整个社会的安全，因此目前的研究大多聚焦在预测和理论化的讨论上（王晓欧，2004）。

学者时殷弘（2004）也赞成这样的观点，他认为从政治学角度看待社会问题，没有哪种社会问题是由单一社会现象演化而成的。目前我国社会出现了人口性别比失衡的问题，出现了单身男性增多的情况，这些也仅仅是一种社会现象，还不足以通过这种社会现象去预测未来的结果。究其结果本身来看，也存在着各种不确定性，单身男性数量过多，有可能会导致我们担心的社会安全问题，也有可能不会。

学者葛剑雄（2004）则完全反对单身男性数量过多会引发社会安全问题的

说法。他认为完全没有必要过度担心目前中国的出生人口性别比失衡的问题，因为情况远远没有我们想象的那么严重。他认为如果从同一年龄层考虑，这种性别比失衡情况是非常严重的，但是实际生活当中婚姻配偶的选择往往是有年龄差异的，甚至有时候有着非常悬殊的年龄差异。因此，如果从更大跨度的婚姻匹配年龄层差异角度考虑，这种担心是不必要的。

2) 对我国单身男性数量的估算研究

要了解我国单身男性与社会问题之间的关系，首先必须要解决的问题是未来我国可能出现的单身男性的数量是多少？是否会是一个无法控制的庞大群体，因此可能导致种种社会问题的出现？

为此，有很多学者从社会学、统计学角度对我国单身男性的数量问题进行了估算研究。比如蒋正华、徐匡迪和宋健为课题组长的国家人口发展战略研究课题组的2007年的数字，他们根据出生人口性别比推算，认为在理论上到2020年，20—45岁年龄段人口中，男性人口会比女性人口多出约3 000万。学者陈友华（2001，2004）计算中国20世纪90年代初30岁及以上的大龄单身男性人口为170.4万人，预测婚姻市场上过剩男性人口的具体数量可能在2015年左右超过4 700万。李树茁等（2006）预算我国的单身男性人口的比例2013年之后每年维持在10%以上，这一比例在2015—2045年间将增高到15%以上，平均每年大约产生120万受到婚姻挤压的男性。

郑辉（2005）的研究结果则发现，早在2005年，北京市的大龄单身者就达到了17万人，同期上海市30岁至39岁的未婚者也达到了14.7万人（张慧茹，2006）。一些省市的人口普查研究数据显示：北京、上海的单身男女数量已经从1990年的10万上升到了目前的100万以上。广东省15岁及以上未婚人口从10年前的占同龄人的23.8%，上升到了目前的31.9%，达到了2 003万人。

有研究结果表明，目前我国的单身人数占全国总人口的30%以上，并且会持续稳定在这一水平（海田，2007）。王跃生（2008）认为自1982年以来，中国农村的单人户性别构成以男性为主体，其所占比例超过60%。单人户的年龄结构，男性以中青年为主，女性则以中老年为主。单人户的婚姻状况，男性以未婚比例最大，女性以丧偶居多。

3) 对婚姻挤压现象的人口学因素的研究

于学军（1993）认为人口性别比失调是引起我国婚姻挤压现象的原因，并且未来可能日益严重。而王宗萍（2003）也认为出生性别比失衡是造成人口婚姻挤压现象的主要人口学因素。

很多学者认为我国出现的光棍群体主要原因是出生性别比严重的失调（李致江，2010）。他们认为随着我国计划生育政策施行以来，广大农村地区由于受传统观念的影响，使男孩的出生比严重地大于女孩，这就在一方面导致了现阶段我国一些农村地区出现了光棍群体，一些地区的农村甚至出现了"光棍村"。同时，我国部分地区群众的生育男性偏好和性别选择，严重的人口老龄化趋势，都会进一步加速我国人口婚姻挤压的程度。

改革开放以后，我国人口流动规模日益扩大，原本就已经处在严重性别比例失衡影响下的农村地区的女性适婚人口也在大量外流，使得本地男青年的婚配困难程度加剧。另一方面，随着现代交通工具的便利，人口大规模流动也使得异地婚姻形式更加广泛。大量适婚女性通过异地婚姻加入经济发达地区，也进一步加重了本地男青年的择偶苦难（康建英、朱雅丽、原新，2000；韦艳，2005）。此外，沈卫泉（1994）、陈再华（1994）和李南（1995）等人也从不同角度进行了相关研究，进一步对婚姻挤压的人口学因素进行了解释。

当然，也有学者对我国出生人口性别比偏高的问题提出了质疑，他们认为出生人口统计信息收集时，有很大程度的漏统漏报，因此根据并不可靠的出生人口性别比数值来推断男性婚姻挤压的严重程度，本身就存在严重的偏移（刘成斌、风笑天，2008）。也有学者提出了比较慎重的观点，认为性别比失调的现象应当引起重视，但是应当从整个社会的宏观角度认识这一现象及其影响，不应当以孤立的眼光审视这一现象（翟振武、杨凡，2008），并且由此得出出生人口性别比失调直接导致单身男性过多，继而引发社会安全问题（段青，2008）。

4）对婚姻挤压现象的社会经济因素的研究

郭志刚等（1995）的研究构建了研究婚姻市场问题的模型，这一模型主要由社会经济因素、性别结构和年龄结构三个组成要素。他认为这三个因素的互相影响和作用下，形成了独特的婚姻市场的变化。其中，性别结构和年龄结构是影响婚姻市场的直接因素，而社会经济因素则是影响婚姻市场的间接因素。社会经济因素主要是在引起性别结构和年龄结构变化的基础上，对婚姻市场产生影响的。

任强等（1998）以婚姻市场为研究对象，利用一般均衡理论研究我国的婚姻市场挤压形成过程。他发现，人口学因素和社会经济因素在婚姻市场挤压形成过程中均有重要作用，并且有不同的影响。他认为适婚年龄人口的年龄和性别结构发生变化时，会造成相反的婚姻挤压方向。同时，如果社会经济因素发生某种变化，由此导致的婚姻挤压方向也是反向的。但是，社会经济因素会在年龄和性别结构变化引起婚姻挤压方向变化的时候起到缓冲器的作用，即消减这种负向作用。正是在此研究基础上，对于婚姻挤压的社会经济因素研究，成为这一领域的新方向。

还有学者认为婚姻挤压实质上就是人口性别和年龄结构的具体表现所导致的，也就是说任何可能引起人口性别和年龄结构变化的因素，也会导致婚姻挤压状况的变化。目前，我国人口的性别和年龄结构一直处在不断变化的态势中，因此也导致婚姻市场的积压状态将是长期的、绝对的（陈友华、米勒，2001）。

5）解决我国单身男性问题的社会对策和建议研究

既然我国存在着数量庞大的单身男性人口，将来有可能进一步造成个人、家庭和社会的多重影响，那么针对解决我国单身男性问题的社会对策和建议研究应运而生。

邓力（2007）认为首先应当开展单身普查，将普查与抽样调查相结合，固定周期的调查与随时随机的调查相结合，这样可以全面和及时地了解单身人群的流动与需求。

毕晓哲（2009）认为光棍问题的主要研究对象来自农村，因此需要社会重视农村社会的婚姻问题。让那些贫困农村婚姻困难的人解决这一问题，这是关乎个人和家庭幸福的问题，也是和国家、社会的和谐发展密切相关的民生问题。同时，这一问题应当和农村、农业、农民问题结合，涉及脱贫致富和社会救济，是"三农"问题之中的关键。

何绍辉（2010）对辽宁某地的"光棍村"进行的调查发现，在导致农村男性婚姻挤压的结构性因素中，出生性别比失衡、婚姻梯次和年龄结构差等都具有决定性作用，而除此以外的因素，包括个人的经济条件、外表相貌、社会支持等，都是导致婚姻挤压的非结构性因素。农村青年要想顺利地进入婚姻市场，青年自身、基层组织和国家必须"力所能及"地克服和消除社会排斥机制。

唐美玲（2010）认为从社会性别看，男性婚姻挤压现象一直存在并不断恶化。"剩男"和"剩女"现象，与社会对男性和女性的社会性别建构有着密切的关系。解决婚姻挤压问题，必须以对社会性别的平等建构作为突破口。

李霁光（2012）认为应当结合当地对弱势人群开展的三次创业热潮，首先解决农村婚姻挤压男性的脱贫致富问题，改善他们的生活现状和发展难题，才能有效解决当前的婚姻挤压社会难题。

张思锋（2011）等则认为农村大龄单身男性数量增多，会带来这些群体经济发展，乃至于整个社会发展的难度增加，随着这些农村大龄单身男性年龄的增长，他们还会逐渐面临自己的养老问题，进一步给当地带来不小的社会保障方面的难题。因此帮助这一群体发展生产、改善生活、摆脱困境、校正心理，适时娶上媳妇，组建和谐家庭，步入正常人生活，才能够维护农村社会稳定，构建和谐社会（郑晓丽，2008）。

2. 微观层面的研究现况

著名社会学家李树茁等人（2006）的研究比较了初婚市场和再婚市场的区别，他们发现造成中国目前的男性婚姻挤压的主要原因来自中国民间传统的、强烈的男孩偏好意识。在这一意识的引导下，部分民众在生育过程中进行了性别选择，造成了出生人口性别比失衡，并继而导致未来婚姻市场上严重的男性婚姻挤压。这一研究率先在微观领域对婚姻挤压现象进行了研究，开启了此类研究的新方向和新空间。从微观层面的研究方向和内容来区分，我国对单身男性的研究和论述主要集中在以下几个方面：

1）对单身男性数量增多现象的原因进行的解释性研究

为什么近年来我国单身男性数量不断增多，是什么原因导致了婚姻市场上的匹配失效或者无效？很多学者对此进行了深入研究。

有学者认为我国单身男性数量增多是社会结构性因素导致的，与当代社会的迅速发展和剧烈变革密切相关，与社会变迁和城镇化发展有关，与个人主义盛行和自我意识觉醒有关（王晓欧、韩轩、及金子、李国栋，2004）。详细分析，主要有以下几个方面的因素：

第一，单身男性增多是经济压力增大的后果。

在现代社会，婚姻的本质除了感情因素以外，不可避免地混杂了经济利益因素，有些甚至直接表现为赤裸裸的"金钱婚姻""交换婚姻"。婚姻成了部分人发家致富的手段，或者一种市场投资行为。是否需要结婚，以及和谁结婚，成了人们在利益上的成本与效益分析结果（董志强，2000）。由此，单身可能演变成为经济实力欠佳,或者面对高昂的婚姻成本而不得不选择放弃的一种结果。这种选择,并不是说这些人更加崇尚独立、自由的生活方式,而恰恰是一种无奈和迫不得已的选择。尤其是那些贫困农村地区的青年男性,做出这样的选择实在是情非得已(赵晓峰,2008)。眼看婚姻成本水涨船高,而自己和家庭的支付能力非常有限,只能在激烈竞争的婚姻市场上选择退避(赵春凌,2006)。那些生活在偏远落后地区的男性,更是因为在此基础上又面临着选择对象的日益减少的局面,大多数有能力的女性,都在人口迁移流动的大潮中涌入更加适合生存的地区,他们因此只能选择成为婚姻挤压的承担者(李树茁、姜全保、伊莎贝尔·阿塔尼、费尔德曼,2006)。

第二,单身男性增多是自我选择的后果。

从社会角色的扮演来看,单身有时可能成为人们自我保护的一种选择。尤其是在面临角色冲突的时候,人们往往在权衡利弊之后选择更加适合自己的生活样态。比如刚刚步入社会的年轻人,同时面临着选择婚姻和选择事业的问题,如果选择婚姻,那么就必须考虑"机会成本"的大小。在二者无法同时兼顾的时候,有些人可能主动选择单身,用以获得事业上更多的发展机会,同时也减少了这一阶段的自我损失(于长江,2005)。

第三,单身男性增多是家庭影响力减弱的后果。

有学者研究发现,一些单身者恰恰是因为工作、学习远离父母和家庭环境,缺少了来自家庭的督促和约束,因此将更多的时间投入事业发展之中。同时,在这样的环境当中,他们也发现自我能够更好地满足自己的需求和愿望,而不必过多顾及和考虑他人的感受,生活得非常潇洒和自由。当然,并不是说这些人因此就缺乏对于性的需求。相反,他们可能会更多利用传统道德领域排斥的性关系,比如婚前性关系、非法同居关系等满足自己性需求。因为,即使这样做也没有来自近亲属的说教和他人的议论纷纷(齐麟,2013)。婚姻关系和性关系的分离,使得那些自愿单身的男女明白可以不因为婚姻也能得到性,所以更加降低了对于婚姻的渴望(陈梦飞,2008)。有一些人选择单身是因为不想要孩子,又找不到别的理由结婚。

第四,单身者形成的原因和目前青年人婚恋观的改变有关。

随着时代的发展,目前的婚姻关系已经突破了血缘和地缘关系的制约,超出了传统农业社会阶段的婚姻圈范围。有学者结合江浙沪农村社会变迁的大背景,对20世纪80年代以来江浙沪农村婚姻观念的变迁进行了考查,认为20

世纪 80 年代以来，江浙沪农村青年的资助婚姻比例越来越高，爱情因素成为最重要的考量因素，自由婚姻的形式成为农村青年缔结婚姻的主流（穆秀华，2005）。对广西 720 名未婚青年男女的调查显示，他们的择偶标准是在尽量保证双方的感情投入一致的前提下，考虑双方的文化程度、经济发展能力和家庭价值观念。因此，那些在婚姻市场上受到挤压的男性，经济贫困、身体残疾、社会适应能力差的男性成为单身者的可能性增高（张自华，1995）。

第五，单身男性增多是人口流动导致的后果。

改革开放以来，随着农村地区观念的改变，大量的女青年也加入了农民工的行列纷纷涌向了城市，结果是传统农村婚育的结构性因素被打破，传统婚姻圈解体（田先红，2009）。而新的稳定有效的因素和力量又未能及时填补、构建起来，因此进一步使得婚姻市场上的待匹配女性数量减少（杨华，2008），加剧了单身男性择偶的困难，这就造成了农村大量的光棍汉（申端锋，2006）。有人认为农村地区的大量未婚女性在家乡经济发展落后的同时，承担了促进家庭经济发展的角色，所以流动到其他地方打工挣钱，而且有极大的可能在外地婚嫁（石人炳，2006），那些留在村庄的男性年轻人不能够适应现代化对乡村的影响，而逐渐与其越走越远，因为技术、知识、学历的限制，成为婚姻市场上的"弱者"（刘涛，2008）。这些男青年的个人发展能力欠缺，因此也缺乏对于适婚女性的吸引力，使得他们在婚姻市场上受到挤压（陈占江，2005）。

2）对单身男性的人口学特征的研究

究竟是什么样的男性容易成为单身男性，受到婚姻市场的挤压？他们具有什么样的社会特征？许多学者对此进行了研究。

杜双燕（2008）认为单身者中，主动单身者大多数年龄为 28 岁到 38 岁之间，从城乡结构上看城市单身者居多，从文化结构上看以本科及以上教育程度的人居多。范晓光（2006）等认为所谓的"单身"应该是那些错过了适宜结婚的最佳年龄，尚处于未婚状态的人。大龄单身男性大多比已婚男性年龄大、受教育程度低、多从事农业活动、收入低以及健康状况差（李艳、李树茁、彭邕，2009）。贫困地区的单身男性一般属于文化程度较低、生活态度相对消极、缺乏进取意识、没有变革精神、很少外出打工、主要从事农业活动或者长期在农村生活的人，他们的个性一般偏向内向型，缺乏社会交往的经历和经验（彭远春，2004）。

3) 对单身男性数量增多带来的影响研究

单身男性数量的增多，目前带来了哪些个人和社会的影响，需要引起社会怎样的重视？是真有如国外学者所预言的那样，有着影响到社会安全的可能；还是有着其他具有"中国特色"的表现？目前的微观研究主要研究了单身男性的生理和心理健康状态，用以间接说明其可能造成的社会不良影响。

一方面，有学者认为单身男性缺乏足够的社会交往互动，社会交际能力相对较差，心理状态不稳定，情绪上容易出现焦虑和抑郁的倾向（王晓欧、韩轩、及金子、李国栋，2004；贾兆伟，2008）。其中那些曾经在情感经历中受到过伤害的个体，可能有偏执型人格的倾向，行事容易走极端，甚至因为感情受挫产生对女性的加害欲望（刘芷伊，2010）。中国社会科学院青少年研究所和中国婚姻家庭研究会的大龄青年婚姻问题调查组（1985）对北京、上海、广州、西安、重庆五个城市大龄青年的社会调查显示，婚姻问题影响到一半以上的大龄单身青年的心理稳定。

李艳等（2009）在安徽省 H 县所做的研究也发现大龄单身男性能获得的社会支持远少于已婚男性，更多的社会支持来自他们的亲戚。他们的抑郁程度显著高于已婚男性，心理福利低于已婚男性，现实社会支持的三个维度的规模都远小于已婚男性。中国农村的大龄单身男青年面临着来自社区、家庭和自身的沉重压力，有些大龄单身男性在调查中表现出对生活压力事件的过度评价，他们认为这些事件有可能会伤害他们，同时他们也认为自己没有能力应对目前的压力（李艳、李树茁，2008）。

从社会化理论角度分析认为，选择单身本身并没错，但非理性的单身选择有碍青年健康人格的生成，影响青年在群体或社会中的正常互动，并可能导致青年偏差行为的大量涌现（何绍辉、曹述蓉，2008）。因为青年人的人格养成和世界观、价值观体系的形成，需要他们在社会生活实践过程中不断完善。如果青年非理性地主动选择单身，那么至少在建构完整家庭方面是失败的，也主动放弃了进一步社会化的途径。长期处于单身状态的青年，除了情感诉求得不到满足之外，也会产生很多价值观念上的不良变化，形成潜在的社会问题。同时，部分青年人在外出打工的时候，也可能脱离家庭的束缚，基于某些原因主动选择单身。如此，单身群体的产生和扩大，相应地导致了完整家庭数量的减少，淡化了家庭的生产、消费和生育等职能，这对于整个社会而言，本身就造成了不良后果。

另外，青年人之间常常互相模仿，如果群体中的某个单身男性相对于其他男性获得了成功，那么有可能会让其他男性青年误以为此人的成功是基于他的单身身份。所以，产生了针对其他年轻人的示范效应。甚至于这个人本身的一些不良品行，也可能因此被复制和传播开来，增加了青年失范现象。

另一方面，有学者认为大龄单身男性的增多可能形成潜在的妇女需求"市场"（尹艾连，1993），助长了拐卖妇女犯罪活动的嚣张气焰（侯秀娟，1989）。有些偏远地区的单身男性，迫不得已只能选择一些精神、身体有残疾的女性，也可能产生近亲交换婚姻，导致这些地区的出生缺陷发生率增高，影响到当地的人口素质。一些经历过婚姻失配的大龄青年心理、人格容易扭曲，易于诱发犯罪。社会史专家王跃生（2001）曾经根据18世纪中国社会的未婚男性群体的犯罪情况进行研究，研究结果说明大龄单身男性的大量集聚，通常情况下会导致当地的婚外性关系的发生概率增加。

岳岭（1995）认为"光棍"的增多不利于生产力的发展，不利于社会稳定，光棍汉则无拘无束，易受自身和外来的诱惑，聚赌、斗殴、偷盗、调戏妇女等社会失范行为时常发生，增加了社会不安定因素。

郭显超（2008）也认为婚姻挤压会导致局部社区范围内的婚姻及家庭稳定性受到影响，比如独身者的养老问题、多样化婚姻形式的增多、非婚生育与私生子问题等。刘爽（2003）则认为婚姻挤压导致的大龄单身男性的增多，会导致地下色情业的发展。

杨博（2012）以西安市28岁以上的大龄单身男性流动人口为研究对象，收集农村大龄单身男性进入城市后可能产生的风险性行为信息，结果发现大龄单身男性流动人口在多个性伴侣与商业性性行为方面表现出明显倾向。

安治民（2011）的研究深入揭示了农村地区的光棍汉由于宣泄性欲，因此导致农村地区的卖淫嫖娼甚至强奸等违法犯罪的多发，同时在这些地方的买卖婚姻、拐卖妇女等现象也屡禁不止。

刘中一（2005）课题组对我国华北、东北、西北等部分省市的农村地区的80名大龄单身男性及相关人群进行的调查发现，这些研究对象及其家庭更多情况下把解决自己和家庭的困难寄托于当地政府身上，较少从自身角度出发寻求解决之道。他们可能因为一直未婚而对社会、政府心生不满，把当地政府当成了不良情绪宣泄的对象。比如，在一些大龄单身男性数量相对较多的地区，封建迷信活动也比较猖獗，那些在其他地区很少见到和听到的各种非法宗教组织也比较盛行，甚至拉拢了不少单身男性加入其中。政府一旦出面干预这些非法活动，这些单身男性往往借机闹事，成为和政府对着干的群体，破坏这些地区的社会稳定。如果不加控制，这些群体有可能演变为有组织的犯罪团伙。

3. 中观层面：对我国部分单身男性聚集地——"光棍村"的实证研究

由于我国地域辽阔，一些不发达地区受到自然环境、经济发展、交通等因素的制约，使得当地男性在婚姻市场上受到"挤压"，导致当地单身男性数量和比例增加，形成"光棍村"。

有研究者对湖北一个仅600多人口的自然村落进行了调查研究，发现该村有100多条光棍，"光棍第一村"帽子毫无悬念地戴在了它的头上。经由传闻和媒体报道拼接的图景里，这个自然村落被大山阻隔，闭塞贫穷，是落后山区欠发展的典型样本，但是研究者认为光棍村现象仅是暂时的现象，随着贫困的完全消除，终究有一天会销声匿迹（三夏，2010）。

何海宁（2007）对贵州省贵阳市牌坊村的282名光棍进行的调查显示了不同出生年代的单身男性的不同生活轨迹。其中出生于70年代之前的光棍压根就不出门，当时的婚姻属于"没有老婆的四处讨老婆"；80年代以前出生的男性出了门又回来了，他们觉得还是应该回乡娶妻，他们的婚姻属于"守住了土地，娶不到老婆"；而那些80年代以后出生的男性则思想上较为开化，比较适应城市生活，也宁愿生活在城市。他们的婚姻属于"我上门也行"，因此单身男性的数量较少。

杨华（2008）对湖南水村的光棍进行了调查，发现该村光棍占人口总数的5%，该村40岁以上的光棍由于传统婚姻圈的存在，人数较少。随着婚姻圈的瓦解和宗族势力的退却，留守在农村的那些年轻男性由于经济收入较低，社会交往能力有限，加之婚姻成本日益高涨，成为光棍的可能性增加。在当地，如果一个男子没有在28岁之前外出打工并且乘机找到配偶，那么基本上这个人就"打定光棍"了。

殷海善（2010）调查了晋西北K县G乡的光棍，发现在当地农村，25岁成为判断是否单身的年龄界限。因为，在当地民众看来，如果25岁之前还不结婚成家的话，那么以后再找到配偶的可能性就几乎不存在了。当然，如果个体的经济情况也十分贫苦的话，那么即使是在这个年龄界限以内，其成功婚配的可能性也是微乎其微。该村男子中单身的比例占到总人口的7.4%，占总户数的29.3%，庞大的光棍群带来了买婚、骗婚以及其他婚姻问题。

冯乐安（2010）等对青海省 HY 县 S 乡严重的男性婚姻挤压情况进行了调查，发现由于城乡之间经济和文化的巨大差异，农村地区的婚姻挤压现象尤为突出。当地婚姻市场已经失衡，男性婚姻挤压严重。20 世纪 70 年代以后，在严格的计划生育政策影响下，伴随社会经济的恢复和增长，我国居民的生育观念和生育行为发生了变化，生育率开始持续降低，甚至步入低生育水平国家行列。而与此同时，80 年代以来我国的人口出生性别比却开始持续升高，激化了原本就已经比较严重的男性婚姻挤压矛盾。这种情况，随着人口的惯性变化，还将持续在未来的几十年间愈演愈烈。

三、已有研究文献的不足

通过对既往研究的系统性梳理，可以发现以往的相关社会学领域的研究已经进行了关于未婚、单身男性的数量、原因、影响因素、社会影响等多个方面的研究，并且研究的方向也分布在宏观、微观和中观等各个层次，从而产生了一批具有重要价值的理论思考和经验依据。但是，不可否认的是，统揽已有研究的研究对象、研究方法或者研究理论，可以发现某些研究领域依然存在着一些不足急需弥补，还有一些研究方面有待进一步完善。通过对相关研究文献进行回顾和思考，有助于了解现有研究的现状，也有助于在下一步研究工作中厘清整个研究的脉络、方向，更助于清楚定位本研究的学科意义和价值，并且最重要的是能够为本研究奠定研究思路和框架。

（一）实地研究相对较少

以往有关于大龄单身男性的研究，从研究方式上看属于调查研究的方式比较多。这些研究过程中，大多使用了调查问卷、量表等调查工具，定量化收集调查对象有关方面的情况，并且采用了统计分析的方法来说明大龄单身男性的相关问题。比如，大多数研究中都使用了频数分析、一般统计学描述等方法。从另外一个方面而言，有关于大龄单身男性的实地研究相对数量较少。实地研究的方法，在对研究对象的研究深入性、全面性、"同理心理解"上，具有其他研究方式不可比拟的优势。尤其是对大龄单身男性，这样极其特殊的研究对象，在研究他们的行为、心理、生活现实时，调查对象受到主观和客观因素的影响而产生暂时性和临时性的变化可能性极大，因此采用调查研究，不可避免的会面临各种回答性误差，其研究结果也不能全面地展示研究对象的细节和全部。反之，实地研究的方式，能够对研究对象及其研究内容进行更加深入的观察、记录和经验，也就是社会学研究方法当中所提到的"扎根研究"，其研究结果能够比较深入、具体、详细地展示研究对象的细节和全部。

（二）微观研究证据不足

总揽以往对于大龄单身男性的研究，大多是在宏观和中观层面对其生活情况、特性特征、影响因素和社会影响进行分析和研究。这些研究主要的研究目的也落脚于分析造成大龄单身男性增多的社会结构性原因，以及大龄单身男性数量过多可能导致的综合性影响，包括其对社会诸要素，比如政治、经济、文化以及其他方面的影响。从实际生活现状来看，大龄单身男性目前的生活状态，造成最大的影响应该是对其本人而言。每一个大龄单身男性都因为自身的特殊原因导致单身状态，处于一个非常特殊的社会生活环境当中，因此也必然表现出各种不同的影响结局。这种影响，首先应当是个体化的影响，即对其个人产生影响之后，才能在更大范围波及或者扩展到其家庭、社区、社会层面。如果脱离了微观层面的研究，就缺乏丰富的证据去证明这些大龄单身男性目前遭遇到的各种问题，也就缺乏足够的证据去说明大龄单生男性的增多可能对社会带来的各种影响和问题。只有借助于微观研究，对大龄单身男性进行实地个案研究，才能以足够的时间了解和刻画该人群在其生活场景中是什么样的人，发生了什么样的事，引发了什么样的后果。

（三）缺乏对大龄单身男性生活、情感困境的研究

以往关于大龄单身男性的研究，大多聚焦于研究对象的社会人口学特征，比如年龄、文化程度、城乡分布等。而对于大龄单身男性的心理压力测量、社会支持度研究相对较少，更缺乏实地研究的质性研究结果。这一特殊群体，因为单身情况，缺乏必要的家庭支持和社会化场所，必然面临着许多生活和情感方面的问题。然而，这些生活、情感方面的问题是否仅仅表现在社会交往的局限、人际关系的简单、情感生活的孤单、心理压力的增大等方面，需要进一步通过实地研究来进行探索和验证。只有通过实地研究，才能在"价值中立"的基础上，客观地收集相关信息，科学地对大龄单身男性的实际生活情况做出描述，对其情感方面存在的各种问题和障碍做出全面的描述和科学的解释。

（四）对大龄单身男性的社会失范行为研究不足

尽管以往对于大龄单身男性的研究中，有一些研究已经提到了这一群体的"堆积效应"，他们会产生各种各样的社会失范行为，因此可能会对社会稳定和社会其他方面产生一些负面的影响。但是这些结论大多是一些推测或者建立在理论分析的基础上，尚没有实证性的研究提供这一方面的充分证据。对这一群体，还缺乏非常具体的社会失范方面的整体性描述研究，也存在着对这一群体的"污名化"认识倾向。尽管在一些媒体报道当中，我们可以或多或少觉察到大龄单身男性是社会失范行为的好发对象，但是由于社会失范行为本身是一种非常具有隐蔽性的行为，如果仅仅依靠零星资料和证据的拼凑，就不能全面深入地揭示这一群体的社会失范行为，也有片面认识的嫌疑。因此，通过对大龄单身男性的社会失范行为的实地研究，一方面可以弥补这一领域研究的不足，为其提供更加充分的科学证据；另一方面也可以比较清晰地刻画大龄单身男性的社会失范行为的细节，从而更加清楚地理解大龄单身男性社会失范行为的原因、过程和社会影响，有利于对这一群体的客观认识。

（五）缺乏非出生人口性别比失调背景下的大龄单身男性研究

大多数对于大龄单身男性的研究，都基于中国国情的特殊情况，以出生人口性别比失调作为研究的基础背景之一，将我国多年出生人口性别比失衡作为导致大龄单身男性不断增多，同时在婚姻市场受到挤压的主要原因之一。当然，不可否认出生人口性别比失调的背景，对于现阶段中国大龄单身男性的研究是不可或缺的必要背景因素，也是在预测未来我国大龄单身男性状况时的必要依据之一。但是，如果所有对于大龄单身男性的研究都集中在这个背景之下，那么势必将所有的研究结果或者至少一些研究结果的原因解释归因于这一背景，从而可能造成我们对大龄单身男性的研究仅仅局限于这一特定语境当中，使得研究成果的拓展应用受到影响，也就不能在更大范围内具有说明意义。毕竟，我们在世界上其他国家和地区也能看到大龄单身男性的问题，但是这些国家和地区却不是出生人口性别比失调的地方。因此，如果能够从非出生人口性别比失调背景下对大龄单身男性做出研究，既弥补了以往研究在研究背景方面的局限性，又能使得研究结果在更大范围内具有说明性。

第三节 研究思路和研究内容

通过对以往相关文献的系统梳理和总结,可以发现针对中国农村大龄单身男性的研究还有进一步深入开展的空间和可能。从方法学上来看,通过实地研究的方法,对大龄单身男性进行个案研究,更是可以弥补该领域已有研究的明显不足。从微观角度来揭示和重新审视大龄单身男性的生活、情感困境和社会失范行为,是能够更加深入了解这一群体现状和问题的有效方法和视角。

一、研究思路

由于中国在 20 世纪 80 年代初为了控制人口数量,开始实施了较为严格的计划生育政策,但是这一政策却与老百姓的生育意愿并不完全一致,所以受到几千年传统生育文化影响的老百姓仍然倾向于多生、生男孩。"养儿防老""嫁出去的女儿泼出去的水"等观念依然留存于老百姓心中。尤其是在一些偏远地区,由于经济落后,男性劳动力依然被当作家庭财富的主要创造者和继承者,因此老百姓在生育上的"男性偏好"非常强烈。在计划生育政策限制生育数量的前提下,那些只能生育一个孩子或者已经生育了一个女孩的老百姓,可能借助于现代医疗工具和手段,比如 B 超进行胎儿性别鉴定和选择。以上几种原因,最终导致我国多年来出生人口性别比失衡的现象出现,特别是在经济比较贫困的农村中生育 2 胎及以上的家庭中。这些出生人口性别比失衡条件下出生的男孩,数量庞大,在未来进入婚姻恋爱阶段时,将面临比前代人更大的婚配对象选择困难和压力。

我国改革开放以来,随着社会经济的发展,人们的传统观念,包括婚姻观在内也在逐渐发生改变。人们不再局限于局部环境当中对婚姻配偶进行选择,同时,选择婚姻配偶的标准也更加复杂和多样。另一方面,我国改革开放以后出现了大规模的人口流动,这是在城乡二元户籍制度和经济快速发展环境下产生的一种独特的人口移动现象。由于我国东部地区在改革开放过程中率先发展,具有相对于中西部地区明显的经济吸引优势,因此中西部不发达地区的人们为了经济目的较长时间离开户籍所在地(主要是农村)到较远地方(主要是城市)务工经商、劳动生活。最近十几年,东部发达地区在产业升级和转移过程中,更是大力发展服务业等第三产业,进一步吸引了大量的农村地区的女性进入城市务工。因此,不发达农村地区的男性在适婚年龄阶段,将面临进一步加剧的"婚姻挤压"形势。

然而在上述背景下,中国人"娶下嫁上"的婚姻选择梯度观念没有发生明显的变化。男性依然倾向从各个社会特征方面,如教育文化程度、经济情况、收入、职业、学历等不如自己或者比自身条件相对较弱的女性当中选择配偶,而女性选择配偶的倾向则完全与此相反。此种择偶观念,进一步加剧了在婚姻市场上受到挤压的大龄单身男性的择偶困难程度。

最终,上述情况将导致大量生活在贫困农村地区的男性受到严重的"婚姻挤压",不能顺利地在适婚年龄阶段在婚姻市场上寻找到合适的配偶而建立家庭,严重的甚至可能形成数量规模比较集中的所谓"光棍村"。

我国贫困农村地区的大量单身男性,大多在原本已经贫困落后的家乡或者单身独自生活,或者和其父母弟兄一同生活。他们既不能通过婚姻的方式扩大家庭成员,继而增加家庭财富;也可能因为自身的一些疾病、残疾或者其他原因,导致不能通过有效的致富手段提高家庭收入和生活水平,甚至还面临着赡养父母和自己将来年迈后的养老问题。最终,在贫困的乡村进一步处于各种加剧的生活困境当中而不能自拔。

这些生活在贫困农村地区的大龄单身男性,在适婚年龄阶段无力完成婚姻的过程和家庭的组建,也不能继续繁衍后代。他们在传宗接代观念相对强势的乡土社会,成为乡村的"异类"。他们在情感上虽然有对婚姻家庭生活的无限渴望,虽然渴望和其他人一样拥有完整和幸福的家庭生活、婚姻生活,但是这一切的追求在现实情况下没有办法得到满足。因此,他们的内心可能充满了理想与现实的巨大鸿沟和落差。这种情感上的困境始终无法得到解决和满足,最终可能导致他们心理上产生种种的内在变化和外在表现。

由于贫困农村大龄单身男性长期在生活、情感上的困境,目前的社会对这部分群体缺乏行之有效的社会性解决措施和方案。日积月累,部分个体可能借助于其他非正常的手段来实现自我欲望的满足、自我价值的实现、或者说证实自我的存在。各种社会失范行为,可能成为他们宣泄愤懑情绪、减轻心理压力、改变生活处境的方式和方法。不管这些社会失范行为是公开的还是隐秘的,是对公的还是对私的,是合法的还是非法的,是心理的还是行为的，都有可能对他们自己、他们的亲人、他们的邻里产生各种影响，产生各种"污名化"的现象，因此需要对此进行深入的实地研究和探讨。

二、研究内容

通过综合考虑，本文的研究内容主要包括以下三个方面：

（一）贫困农村大龄单身男性的生活、情感困境的情况

对于处在大龄单身状态的农村男性来说，他们在贫困农村的现实生活场景究竟如何？他们的衣、食、住、行，他们的生产生活状态如何？他们是否由于原本就处于各种生活困境当中，导致了长期单身状态，继而导致面临着经济上越来越拮据、精神上越来越孤单、发展能力严重不足，最终呈现出贫困、压抑、生活低水平等样态的生活现状？他们是否在现实生活中，缺乏自我能动性，缺乏改变根本命运的可能？他们对于未来生活的希望是什么样的？是否有足够的信心和能力保障自己的老年生活？因为单身，他们和周边人的关系，如父母、兄弟姐妹、邻里之间发生了什么样的变化？在时代剧烈变化的今天，贫困农村大龄单身男性是否陷入了生活困境当中，这样的生活困境对于他们而言意味着什么？

贫困农村大龄单身男性，大多数曾经在适婚年龄阶段，试图寻找合适的伴侣，实现组建家庭的梦想。但是，这种追求圆满生活状态的愿望，因为社会、家庭、个人的原因，被现实无情撕碎了。当他们个体的生活经历和情感追求遭遇严重的挑战或者创伤时，是否导致其进入情感困境之中？这种情感困境的现实是如何显现在贫困农村大龄单身男性的现实生活之中的？他们的情感困境是否因为受到许多负向情感的影响，产生压抑、抑郁、沮丧、失败、挫折、羞涩、逃避等一系列负向的情绪体验？这些负向情感在堆积过程中，是否能够经由合理和合适的途径被宣泄和解决？还是已经影响到了贫困农村大龄单身男性的正常社会交往和人际关系的处理？生活在相对传统的乡土社会中，贫困农村大龄单身男性的社会支持和人际关系网络是否能够帮助他们解决这些问题？这些是本研究关注的焦点问题之一。

（二）贫困农村大龄单身男性的社会失范行为及其影响

长期处于单身状态的贫困农村大龄男性，面对现实生活的缺憾和内心的期望，又身处比较传统和保守的乡土社会，处于中国农村特定的社会秩序、原则、规范和道德约束下，处于各种风俗习惯、乡约民规的束缚中，他们对自身、家庭、社区和社会的现实感受和评价是什么样的？他们是否因为受到自身或者社会的影响，不能完成正常的人生轨迹而采取过一些越轨行为和社会失范行为？这些行为的具体表现形式有哪些？这些越轨行为和社会失范行为是一种广泛存在于贫困农村大龄单身男性群体中的现象，还是个别偶发现象？对于社区和社会的影响是什么样的？他们周边的人，对于贫困农村大龄单身男性的评价又是怎么样的？尤其是那些比较极端或者隐秘的社会失范行为，在乡土社会是否引发过激烈的碰撞和反应，是否因此而改变了人们对于大龄单身男性的看法和评价？贫困农村社区对于大龄单身男性——"光棍"的认识是否因此而进一步有"污名化"的倾向？这些是本研究关注的焦点问题之二，也是最为重要的问题。

（三）解决贫困农村大龄单身男性问题的途径

通过实地研究的方式，从微观视角透视当代中国贫困农村社会当中大龄单身男性的生活、情感困境和社会失范行为的情况，固然是本研究的重要研究结果，但是最终能够为解决贫困农村大龄单身男性的问题和他们目前遇到的困难，才是本研究的应有之义，也具有更加重要的现实意义。这是因为，中国长期以来以出生人口性别比失衡为主要原因导致的适婚男性大大多于女性的情况会日益变得严重，而同时中国人"嫁上娶下"的婚恋观没有根本性的改变。同时，随着改革开放和城市化的不断推进，社会流动性进一步增强，未来贫困农村大龄单身男性的"婚姻挤压"情况会更加严重。当我们去关注老人、青少年儿童、残疾人、弱势群体的时候，贫困农村大龄单身男性这一特殊群体的困难和问题日益凸显出来，只有从贫困农村大龄单身男性的角度认真剖析他们的问题和困难，才能够研究清楚贫困农村大龄单身男性的生活、情感困境和社会失范行为的实际情况，才能为寻求解决这些问题的合理途径提供有力的支撑和现实依据。这些是本研究关注的焦点问题之三。

第四节 研究意义和研究创新

　　基于未来我国大龄单身男性数量的不断增加，本研究从微观层面，以实地研究的方法来研究我国贫困农村大龄单身男性的生活、情感困境和社会失范行为，并在此基础上分析贫困农村大龄单身男性的生活、情感困境和社会失范行为之间的关系，探讨解决我国贫困农村大龄单身男性问题的有效途径和方法。本研究通过在研究视角、研究内容和研究方法上的创新，进一步完善和充实了相关领域的研究。更重要的是，本研究着眼于社会弱势群体，秉持人文关怀精神，在学术理论建构和实践应用方面均具有十分重要的意义和价值。

一、研究意义

（一）学术理论意义

　　1. 本研究着眼于学术界瞩目已久的贫困农村大龄单身男性，采用实地研究的方式对其进行深入研究，详细描述当今贫困农村大龄单身男性的生活、情感困境，丰富了以往同类型研究的不足，以丰富的质性研究记录刻画了贫困农村大龄单身男性的实际境遇，突破了以往研究偏重于定量研究的限制。

　　2. 本研究希望通过实地研究的方式，以个案研究揭示贫困农村大龄单身男性在各种生活和情感困境之下的生存状态，特别是在社会失范行为方面的典型表现，将为贫困农村大龄单身男性在社会失范方面的继续研究提供丰富的研究证据。

　　3. 本研究是在非性别比失调地区对贫困农村大龄单身男性问题做出的研究，将积极拓展对这一特殊群体的研究视野，使其拓展到除了社会政策以外更广泛的领域，使得对这一领域的研究结果及其解释能够有更广泛的适用性。

（二）现实应用价值

　　我国目前存在的大量贫困农村大龄单身男性，不但引起了国际学术界的重视，更加引发了国内学术界的认真思考和研究。本研究力图通过实地研究，了解清楚目前贫困农村大龄单身男性的生活、情感困境，引发大家对这一群体的生存状态和生活实际的关注，在未来制定相关社会政策，包括社会保障、养老、医疗政策时能够对这一特殊群体有所考虑和照顾，关注他们的生理、心理、社会方面的福祉。

本研究也力图揭示贫困农村大龄单身男性的典型社会失范行为，以及人们对于这一特殊群体的"污名化"认识倾向。本研究并非再以"污名化"的标签定义贫困农村大龄单身男性或者传统意义上所谓的"光棍"，也不是增加大龄单身男性的"罪恶感"，而是希望以点带面，启示我们对于婚姻、家庭的重要性进行再认识。同时，也将隐匿在社会底层的关于大龄单身男性的种种传闻进行"曝光"，了解他们当中一些社会失范行为背后的故事及其个人、家庭、社会原因，有助于客观评价这一特殊群体的生存现状和需求，同时在寻求解决我国贫困农村大龄单身男性不断增多问题的途径时，有所参考和依据。

二、研究创新

（一）研究背景的创新

本研究选择的研究对象，来自我国西部贫困农村地区。但是，这一地区也是我国仅有的、少数几个非计划生育政策试点地区，当地的出生人口性别比多年来一直处于正常范围之内。因此，在这一地区研究农村大龄单身男性的问题，从研究背景上来看，突破了以往相关研究主要集中在出生人口性别比失衡地区的局限性，能够使得研究结果不仅仅局限于出生人口性别比失衡导致婚姻挤压的研究背景，能够在更大范围内具有说明性。

（二）研究内容的创新

本研究首先研究贫困农村大龄单身男性的生活、情感困境，继而研究他们的社会失范行为。在研究内容方面，弥补了以往相关研究中缺乏这一特殊群体心理、情感层面的微观研究的不足。通过实地研究，在研究内容上聚焦于贫困农村大龄单身男性情感方面存在的各种问题和障碍，以此完整刻画贫困农村大龄单身男性这一群体的真实形象，对他们的情感困境做出全面的描述和科学的解释。

（三）研究方法的创新

本研究选择使用实地研究方式进行研究，以微观视角对贫困农村大龄单身男性进行研究，了解这一群体的代表性人物在日常生活当中的具体表现，包括生活、情感方面遇到的困境，也包括他们的社会失范行为。通过这种微观个体的研究，能够更加深入地了解他们在如何选择做他们自己，了解他们在自己的家人、朋友、乡邻当中的形象；能够更加近距离地进行观察和体会研究对象的情况，同时"投入理解"；能够在最大程度上重现研究对象的生活实际，并且启发我们对研究当中发现的问题进行"换位思考"，即站在贫困农村大龄单身男性的角度来看待这些问题，突破了以往研究大多以调查研究的方式站在"局外人"的角度研究的局限性。

第二章 研究设计和研究方法

第一节 研究策略和研究路径

一、研究策略

本研究的研究策略主要使用的是描述性研究。通过实地微观描述，解答本研究的核心问题，包括：连续多年出生性别比失调导致我国适婚男性数量大大多于女性，当代中国人婚姻观念发生改变，婚恋圈不断扩大，大规模的人口流动，婚姻成本不断升高等多重因素的影响下，我国贫困农村地区的大龄单身男性是否遇到了生活和情感困境问题？他们的生活现状和情感状态如何？并在此基础上，对其社会失范行为进行案例研究。这些研究问题都是通过描述性研究，对于贫困农村地区的大龄单身男性的情况做出实地研究和描述，以此作为进一步进行解释性研究的基础。

二、研究路径

根据研究设计中所论述的研究问题和研究策略，考虑本研究应该分为以下三个研究阶段。

首先，对贫困农村地区的大龄单身男性的生活和情感现实情况进行实地研究，对其生活和情感困境问题进行实际描述；其次，对贫困农村地区的大龄单身男性的社会失范行为进行案例研究，了解这些社会失范行为发生的背景、经过和影响，以及是否存在"污名化"；最后，结合相关理论和研究结果，探讨贫困农村大龄单身男性目前的生活和情感困境与其"单身"状态的关系，与其社会失范行为之间的关系,并提出解决我国贫困农村大龄单身男性的生活、情感困境,并减少其社会失范行为的合理途径和策略。

(一)贫困农村大龄单身男性的生活、情感困境

前已述及,农村大龄单身男性是在各种综合因素影响下的特殊人群,包括其个人、家庭和社会的因素,都对其目前的生活样态产生了重要的影响。尽管有研究关注到了这一群体,对这一群体的特征进行了定量研究,对这一群体产生的原因进行了各种层次的探讨,但是现实情况是我们对于这一群体的关注仍然浮于表面。那么,通过本研究,将发现贫困农村大龄单身男性是否有很多处于生活、情感的困境之中?他们面临着什么样的生活和情感困境?这些生活和情感困境对于这些大龄单身男性有什么样的影响?最终,了解清楚当今社会背景下,我国贫困农村地区的大龄单身男性的生活、情况困境有什么样的具体问题?它们与"单身"之间的具体关系是什么样的?

(二)贫困农村大龄单身男性社会失范行为

尽管有些研究已经提出,大龄单身男性可能会导致这样或者那样的社会问题,并且也假设了这些问题可能的类型或者表现形式。但是,并没有多少研究对这些社会失范行为做出实地研究,提供大众可以知晓的有关这些方面的细节背景。本研究对贫困农村地区的大龄单身男性的社会失范行为进行实地研究,通过个案研究的形式,了解他们是否经历过一些社会失范行为?这些社会失范行为发生的背景是什么?这些社会失范行为对其本人、家庭和社会有什么样的影响?这些社会失范行为是普遍发生在贫困农村大龄单身男性身上,还是一些个别现象?人们是否对于贫困农村大龄单身男性的社会失范行为存在着"污名化"认识?

(三)解决贫困农村大龄单身男性问题的策略

通过以上两个阶段的研究,将更加清楚明了贫困农村大龄单身男性的生活和情感困境的实际情况,同时,也对他们的社会失范行为有所了解和揭示。接下来,本研究将通过探讨贫困农村大龄单身男性的生活、情感困境与其社会失范行为之间的关系,解答贫困农村大龄单身男性的生活和情感困境是否进一步加剧了他们社会失范行为的发生的问题?并且,在此基础上对解决贫困农村大

齡單身男性生活、情感困境和社會失範行為提出可行的意見和建議，提出合理的解決對策和措施。

三、本書的寫作框架

本書的研究內容和寫作框架包括以下六個部分：

第一章是導論。首先論述的是本書研究問題是如何提出的及其研究背景。在此基礎上，通過對大齡單身男性相關的國內外研究文獻進行搜索、整理和文獻綜述，總結目前已有相關研究的研究方法、內容和結果，提出目前已有研究在研究對象、研究方法和研究內容方面可能存在的不足，以便發現相關研究領域有待進一步完善和補充的方面。最後，系統論述本研究在學術理論和實踐應用方面的意義和創新之處。

第二章是研究設計和研究方法。這一部分首先論述本研究的研究策略和相關研究路徑，接下來論述本研究的主要研究內容和相關研究問題，最後介紹本研究的研究方法，包括研究地點、研究對象的選擇，研究的時間安排，研究方式和具體研究技術，包括資料收集和分析的方法。

第三章是貧困農村大齡單身男性的生活、情感困境。這一部分是本研究的重點部分之一，主要介紹整體研究當中的重要發現，包括研究對象的基本情況、研究對象的生活、情感困境的各種不同表現形式，了解研究對象在實際生活中各種生活和情感困境的背景、原因、經過，探討這些生活和情感困境與其"單身"狀態之間的關係。

第四章是貧困農村大齡單身男性的社會失範行為。這一部分著重描述研究中發現的貧困農村大齡單身男性的社會失範行為的具體案例。通過案例描述，了解這些社會失範行為發生的背景和原因，了解他們的具體行為表現，這些行為造成的影響，探討社會失範行為與其"單身"的關係，以及有關貧困農村大齡單身男性的"污名化"問題。

第五章是解決貧困農村大齡單身男性問題的對策。這一部分通過總結導致貧困農村大齡單身男性"單身"狀態的個人、家庭和社會因素，探討他們在目前的生活和情感困境之下，產生各種社會失範行為的可能性，最終提出解決貧困農村大齡單身男性問題的對策和建議。

第六章是研究結論和討論。主要針對三、四、五章的研究結果和發現，總結提煉研究發現，並且結合相關理論和研究成果。對造成貧困農村大齡單身男性生活、情感困境的原因，它们与"单身"之间的关系，贫困农村大龄单身男性社会失范的原因，贫困农村大龄单身男性生活、情感困境与其社会失范行为之间的关系，解决贫困农村大龄单身男性问题的策略和途径做出讨论，并且分析本研究存在的不足。

第二节　研究方法

一、研究地点

本研究的研究地点选择了位于我国西北地区的G省J市Q镇的S村。该村位于Q镇的东北边，距离市区中心约80公里，距离最近的中心乡镇10公里。由于该村地处我国河西走廊西端干旱区，又位于祁连山北麓，村子西部、北部、东部三面被巴丹吉林沙漠环抱，因此属于典型的大陆干旱性气候。该村平均海拔1 800米，常年昼夜温差大、降水少、蒸发量大、日照长、风多雨少、四季温度差别较大。当地有两句人尽皆知的民谣："早穿棉袄午穿纱，围着火炉吃西瓜""天上无飞鸟，地上不长草，风吹石头遍地跑"，就是对当地恶劣的自然环境的真实写照。当地由于受到特殊的地理环境制约，另有一句俗语是用来说该村曾经一度流行的一种地方性疾病的。这句俗语是这样说的："沙山、马营，膆袋皮一层。"俗语中的"膆袋皮"就是当地俗语对医学当中"甲状腺肿大"这种地方性疾病的称呼。说明该村地处西北内陆，土壤当中缺乏碘元素，曾经导致当地很多村民罹患这种疾病。历史上，一直在当地还有一句俗语"丫头不对外，锁阳（注：锁阳是当地一种知名中药材）油饼子一道菜，拖拉机开得比火车快"，也是在说当地因为自然资源匮乏，贫困现象严重，村子里的女孩如果嫁到外地去了，本村男性打光棍的就多了，所以村民相约本村女儿尽量嫁给本村人。而村民日常的饮食，也是以面食为主，没有什么蔬菜水果，最常见的反而是把内地人看着非常宝贵难得的"锁阳"当成蔬菜吃。由于地广人稀，村民平常开起拖拉机来，都是有恃无恐，速度飞快。

据该村村支书反映，S村的土地主要以大戈壁、荒漠为主，目前可耕地只有约3 600亩，人均耕地面积约3亩。由于该村所在区域内没有地面水源，只有一条依赖于祁连山高山融雪水补充水源的内陆小河流，因此河水受到季节、气候的影响较大，属于时令性河流，主要用于村民饮用和农田灌溉。村民也主要以种植小麦、玉米、土豆、洋葱等作物为生，一年一收。S村没有什么村办企业，村民要么固守家园从事农业劳动，要么去外面打工，或者在农闲时到沙漠戈壁深处挖取"锁阳"换钱，人均年纯收入不足3 000元。根据G省统计局2016年发布的《2015年国民经济和社会发展统计公报》和《G省社会发展年鉴》数据，该省农村居民2015年人均可支配收入6 936元，农民人均纯收入5 736元，中低收入户人均纯收入3 896.7元的标准，说明S村在该省乃至全国均属于非常贫困的村庄。

2014年，S村全村共有318户人家，总人口1 202人，平均每户3.78人。其中男性为620人，女性为582人，男女性别比为51.6∶48.4（以女性100人计算），总人口性别比基本平衡。由于J市曾于20世纪80年代被国家正式确定为全国农村二胎政策探索地区，因此多年来该村村民普遍执行的是"二胎政策"，即家家户户都可以生两个孩子。2014年J市出生人口性别比为103.4（兰鑫，2015），属于正常范围。村支书说："S村年平均出生婴儿少则四五个，多则七八个，大概十个左右，反正男孩女孩数量差不多。周围很少是家里有三个孩子的，基本是每家两个或者一个孩子"。

二、研究对象

本研究的研究对象为S村30名截止调查时间时年满28周岁的、从未有过法定婚姻关系的、研究期间没有异性同居朋友的男性。本文重点对其中23名研究对象进行了深入案例分析。

本研究共有研究对象30名，全部为大龄单身男性，占到S村总人数的5.0%，男性总数的9.7%，成年男性（18周岁及以上）的11.5%。其基本情况如下表所示（见表1）。研究对象平均年龄为40.6岁，其中年龄28—39岁的16人（53.3%），40—49岁的8人（26.7%），50—59岁的5人（16.7%），60岁以上的1人（3.3%）。全部30名研究对象都是汉族，没有少数民族。

研究对象的文化程度文盲/半文盲8人（26.7%），小学8人（26.7%），初中7人（23.3%），高中/中专7人（23.3%）。

研究对象目前的主要职业为务农的有12人（40%），在打工的9人（30.0%），服务业/零售业5人（16.7%），中学教师1人（3.3%），无业3人（10.0%）。

研究对象目前独居的有8人（26.7%），和自己的父母居住在一起的12人

(40.0%),同自己的父亲或者母亲居住的有 8 人（26.7%），另有 1 人与自己的兄长和养女居住在一起（3.3%），还有 1 人与自己的养女居住在一起（3.3%）。

以上情况说明，S 村目前的大龄单身男性中以中青年人为主，八成为 50 岁以下，超过半数为 40 岁以下。他们的文化程度相对较低，六成为小学或者初中文化程度，还有 23.3% 的人为文盲或者半文盲。他们中大多数人都有一份养活自己的收入，但是其中务农的占到四成，无业的也占到 10.0%。这些大龄单身男性的经济情况受到区域经济发展水平的影响，总体都不高，基本人均家庭年收入都不足 3 000 元。从居住方式上看，独居的大龄单身男性占到 26.7%，其他人都和自己的父母，或者其他亲人居住在一起。

表 1 30 名大龄单身男性基本情况

编号	姓名简称	年龄	性别	民族	文化程度	职业/营生	居住情况
1	WJX	49	男	汉	初中	务农	同母亲居住
2	ZX	35	男	汉	初中	无业	同母亲居住
3	ZQ	35	男	汉	高中	书店打工	同父母居住
4	WWF	58	男	汉	半文盲	工厂打工	独居
5	GHW	38	男	汉	高中	家教补习	同父母居住
6	HX	28	男	汉	高中	工厂打工	同母亲居住
7	TX	29	男	汉	初中	工厂打工	独居
8	MDD	38	男	汉	小学	务农	同父母居住
9	XXJ	55	男	汉	文盲	挖沙	同哥哥、养女居住
10	LF	32	男	汉	初中	工厂打工	同父母居住
11	XMW	35	男	汉	初中	务农	同父母居住
12	GX	48	男	汉	文盲	开小卖部	同母亲居住
13	LXB	50	男	汉	小学	媒人	独居
14	YL	52	男	汉	文盲	务农	独居
15	ZWG	40	男	汉	小学	务农	独居
16	CYG	45	男	汉	小学	务农	同养女居住
17	HM	29	男	汉	半文盲	工厂打工	同父母居住

续表

编号	姓名简称	年龄	性别	民族	文化程度	职业/营生	居住情况
18	XJ	29	男	汉	中专	中学老师	同父母居住
19	WYH	41	男	汉	小学	无业	同父母居住
20	HB	29	男	汉	初中	无业	同父亲居住
21	SJX	35	男	汉	初中	务农	同父母居住
22	ZZF	62	男	汉	文盲	务农	独居
23	ZTT	31	男	汉	高中	务农	同父母居住
24	YM	35	男	汉	初中	工厂打工	独居
25	LLL	42	男	汉	小学	务农	同母亲居住
26	LW	46	男	汉	半文盲	打铁	同母亲居住
27	LS	38	男	汉	高中	无业	同父母居住
28	WZM	53	男	汉	小学	务农	独居
29	RXH	42	男	汉	半文盲	无业	同父母居住
30	ZZR	38	男	汉	小学	务农	同母亲居住

三、研究时间安排

本研究的实地调查时间开始于 2013 年 7 月初，截止于 2015 年 8 月末，历时约 2 年时间。

四、实地研究过程

本研究的研究方法主要采用实地研究的方式，对 S 村的 30 名研究对象进行深入的非参与式的个案研究。具体研究过程如下：

（一）研究地点的选择

本研究之所以选择 S 村作为研究地点，主要基于在该村有许多符合研究目的和研究任务的大龄单身男性，是当地远近闻名的"光棍村"。该村地处偏远、发展落后、人均收入不高、村中大龄单身男性的个人或者家庭经济情况普遍比较差。同时，S 村位于研究者的家乡，研究过程中研究者有着天然的语言沟通优势，减少了沟通障碍。研究者也比较熟悉当地的风俗习惯，能够更深入地对研究对象进行观察和访问。S村所属的J市也是我国少数没有实行计划生育"一孩"政策的地区，有利于在非生育政策影响下、非出生性别比失衡环境下，对于贫困农村大龄单身男性进行研究和考察。

（二）获准进入

本研究在研究开始阶段，获得了"关键人物"或者"中间人"重要帮助。这一"中间人"是研究者的一位亲戚，他在乡镇当干部，因此对该村实际情况比较了解。当其获知研究者要对我国贫困农村大龄单身男性进行相关研究，主动为研究者提供了S村这一研究线索和研究地点。同时，由于经常需要驻村工作，S村村民对其也比较熟悉。在他的帮助下，研究者以"社会实践"为名，进入了S村。

（三）取得村民信任

这是此次研究过程中相对比较困难的一步，虽然因为研究者和当地村民同属于一个城市区域，但是研究者一直生活在城市，对乡村生活比较陌生。另外，尽管在大区域的语言交流上没有太大问题，但是S村有当地比较常用的一些俗语和土话，对于研究者来讲也是一种挑战。最大的困难在于，研究者是由乡镇干部带入S村的，对于相对比较闭塞的村庄而言，一个由上级"干部"带到村庄进行"考察"的大学老师，实在是一个显得那么"格格不入"的"存在"。因此，在研究开展的初期，研究者也确实遇到了经典教科书中提到的如何取得村民信任的困难（风笑天，2013）。

为了尽快获取S村村民信任，和当地村民建立友善关系就成了当务之急。起初，研究者想到的办法是利用亲戚关系，先和该村的村支书取得联系。该村村支书对研究工作非常支持，开始就带领研究者到他所熟悉的符合研究条件的研究对象家中进行了访问。但是，由于研究者的"陌生人"身份，这种意外的突然访问，并没有让调查对象打开心扉、畅所欲言，也只给研究者留下了极其粗略的简单印象。

真正和村民建立信任关系，来自乡镇组织对村民开展的一场健康教育活动的契机。当S村村支书得知研究者具有医学经验和经历时，欣然邀请研究者在这场活动中为村民开展一次健康教育活动。于是，研究者在精心准备下，在由全村村民参加的一场"健康教育讲座"上,为 S 村村民讲授了以"营养健康与疾病保健"为主题的科学知识,并且在课后为一些村民群众进行了问题咨询和解答。由此,村民才算是真正认识了研究者,对于研究者而言,也真正和村民建立了友善关系。

(四)资料记录

在连续 2 年的研究期内,研究者利用寒暑假期,以及平常业余时间,在 S 村进行观察、访问,累计在 S 村的时间超过 1 年的时间。研究期间,在进行深度访谈前征求得到研究对象的知情同意,研究者对整个访谈过程进行了现场记录,并同时做好笔记记录。在对 S 村村民的访问和观察中,也对相关信息进行了及时记录和录音。同时,在每次收集完相关资料信息后,及时将印象深刻的一些内容和研究者对此进行的思考进行了备案,形成了现场回忆录资料。

(五)资料收集、整理与分析方法

在研究结束后,对在研究期间获得的现场记录资料和录音材料,以及研究期间初步整理的现场回忆录资料进行了文字整理和核查。由于调查对象在叙述相关情况时,经常会使用当地的一些俗语和地方话,研究者也重点对这些内容进行了翻译和核实。本研究主要使用定性资料分析方法,包括对研究对象及其访谈调查内容与观察结果的描述、概括和总结。

第三章　贫困农村大龄单身男性的生活、情感困境

在实地研究过程中，S村的贫困以及其整体生活水平的低下都给研究者留下了非常深刻的印象。夏季的S村，周边的田地尚有正在成长的玉米地，所以以黄土色为基调的村庄掩映在一片"青纱帐"里，傍晚的时候有袅袅的炊烟升起在各家各户的屋顶烟囱里，整个村子里弥漫着浓浓的燃烧秸秆的味道。由于整个村落位于沙漠的环绕之中，所以没有什么绿化植被。只是在村落的四周，田地的周边，村民的房屋周边，可能种植有一排的白杨树或者榆树。由于干旱缺水，这些绿树都不甚茂盛，树冠度比较小，叶子也没有那么油绿，反而在盛夏的骄阳下散发着一些银色的光芒。而冬季的S村，则显得一片萧瑟、万籁俱寂。尤其是在大雪之后，那些古拙的屋顶院墙在周围一片白雪的映衬下，像极了塞外已经荒弃多年的西北古城遗址。

村民的房屋大多是土坯房或者砖木房，也有少数人家是砖房。房屋一般都是四合院式，大门有的是铁皮包木门，有的是铁栅栏门，有的是纯木板门。村中的道路是沙石土路，村民的房屋庭院也大都是泥土打夯，也有几户人家院子里用水泥铺了地面，看起来要整洁一些。

就是在这个村落中，那些大龄单身男性由于种种的原因，很多过着基本满足温饱的生活。没有什么其他更多的物质享受，更欠缺多姿多彩的精神、娱乐、文化生活。走进他们的生活场景中，感受到了他们面临的各种生活和情感困境。

第一节 贫困农村大龄单身男性的生活困境

一、贫困农村大龄单身男性不同类型的生活困境个案

(一) 贫困农村大龄单身男性的经济困境个案

在起初的文献研究中，研究者已经注意到贫困农村大龄单身男性有很多是由于个人或者家庭的经济贫困，导致其在适婚年龄阶段丧失了很多婚配的可能和契机。所以，在研究过程中，研究者特别注意观察和访问了S村大龄单身男性面临的经济困境。并且，研究者着重想去研究的是，在已经面临大龄单身的情况下，他们的经济困境是如何发生、发展和变化的？

1. WJX的案例

S村大龄单身男性WJX的家位于村子的西北角，更靠近沙漠边缘一些。这位49岁，一直未婚的农村大叔在初次见面的时候，给研究者留下的印象是身材比较瘦小单薄，面庞苍老黝黑。WJX的家是土坯房子，院墙低矮。进了院门正对面是正屋，现在住着WJX，西边的一间房子是堆放粮食、农机、杂物的仓库，东边的一间是他的母亲居住的房子，还连着半间厨房。院门右边的院墙下养着几只母鸡，用竹竿搭成了一个鸡舍。

WJX出生的时候，正好是20世纪60年代初期。当时我们国家正面临着非常困难的经济情况，物质十分短缺，加之连续几年的自然灾害，造成了大面积的饥荒。在那个时候，人们吃不饱、穿不暖，除了连肚子都填不饱的一点粗杂粮外，很难见到一点细粮，更谈不上什么副食品了。由于严重的营养不良，WJX的母亲没有奶水，只能任由他整天饿得哇哇直哭。他的父亲看看这种情况，难受得直唉声叹气，却无计可施，没有一点办法。在三年困难时期之后，WJX年满六岁的时候，他的父亲连病带饿早早离开了人世，只剩下了研究者眼前这一对孤儿寡母。可以想见，他们的生活因此愈发地艰难了。在采访过程中，WJX的母亲讲述了这样一件事情：在WJX上小学的时候，为了交那一元五角钱的书本费，她曾经亲自在村里到处借钱，从东家借到西家，几乎是借遍了全村，总算给儿子凑齐了学杂费，使他能够如愿以偿地走进了学堂。那个时

候，她就只有一个想法，唯一的这个男孩子能够通过读书改变命运，能够出人头地。尽管当年大家生活都贫穷，但是她没有放弃，甚至到别人地里偷过玉米、挖过土豆。眼前这位老太太，俨然风烛残年的样子，鬓发全白，岁月蚀刻的额头遍布着皱纹，满脸的皱纹就像老树皮似的一层摞一层，她的腰几乎弯成了九十度。可以想象，当年老人为了抚养孩子，付出了什么样的辛劳。老太太说："娃他爸一走，我就得啥活都干，不干不行啊！凡是农村的活什么都干，犁地、打场、割庄稼、浇水、锄草……"起初在一边还默不言语的WJX听到这儿，突然说了一句："我妈那时候到了夜里，总是躺在炕上不断地唉哟呻唤（当地俗话：意为痛苦呻吟），不停地翻身坐起，直到天亮了才能睡一会儿。"听到儿子的话，母子俩对望了一眼，眼中充满了对过去艰苦生活的心酸回忆。当时，村里的左邻右舍、乡里乡亲看到他们老的老、少的少，大都实在不忍心，伸出友爱之手，给予了母子俩很多照顾，就这样他们勉勉强强、凑凑合合活了过来。到了WJX初中毕业那一年，他以拔尖的学习成绩毕业了。在中考中，又以优异的学习成绩，考上了市里的中学。但是，这却不是这个家庭就此改变命运的时机来临，而是陷入长期贫困的开始。

因为家庭条件实在太差，没有什么经济来源，即使WJX当时考上了高中，还有可能就此继续读到大学，也可能无力负担继续的学业。当他高高兴兴地拿着招录通知书给年迈的母亲报喜时，却被生活残酷的事实所击溃。当时，他的母亲满含辛酸泪地对他说："娃，不是娘不让你去读书，去深造，实在是我们家的条件不容许。这几年的光景你也看到了，要不是乡里乡亲的帮扶我们，哪能有你的今天、我的明天？娃，你就知足吧。记着乡亲们的大恩大德，以后有条件了要知道报恩。回家来和我下地劳动吧？我也老了，地里的活我实在也干不动了，你就帮帮我吧？"看着母亲的日渐衰老，看着破败的家庭，听着这些伤心落泪的话，WJX放弃了读高中的机会。"我还能再说什么呢？只有让眼泪流了一遍又一遍，以此冲洗我心中的烦愁"，这是他对当时复杂心情的回忆。确实，看看村子里左邻右舍的房屋，再比比这一家的情况，能够觉察到贫困的深深烙印。这几年，由于出去打工的人多了，村子里有些人家要么翻修了房子，要么盖了新房，而WJX家住的还是土坯房子。这房子已经年久失修，墙面上被大风吹出了道道坎坎。母子两人的服饰也能看出他们的生活条件很不好，老母亲的裤脚处有一块补丁，WJX穿着一件在西北农村上了年纪的男性经常穿着的深蓝色中山装，戴着一顶深蓝色的帽子。后来，研究者的父亲告诉研究者这种帽子叫作"前进帽",或者"工农帽",是20世纪七八十年代流行的款式,但是在西北农村一直被保留下来,成为当地中老年男性的一种标志性的穿着打扮。

初中毕业后,WJX回家种地,照顾母亲。起初他很不适应,"望着那一望无际、面朝黄土背朝天在大田里劳动的男男女女,我心里充满惆怅、慌乱不安,偷偷哭过好多次哩",回忆起当年准备回家劳动的时候,他依然十分感慨。当时,是他的母亲开导了他,老母亲对站在田垄边发呆的他说:"娃,回吧?你都在这儿站了半天多了,以后你也会和他们一样的。时间长了,慢慢就会习惯的。哪里的黄土不埋人?你根子里就是农民,别这山望着那山高了。明天你就跟着我下地劳动,先从最简单的农活干起。你不要看着农活容易干,真要干会、干好可也不容易。七十二行,行行出状元。你的上学梦,大学梦就不要再做了。收回心、静下心,把心拢到田地劳动上来。"就是这样平常却发自内心的话语,说服了他放弃了一切不切实际的想法,开始专心务农。研究者问WJX是否后悔这个决定?他说:"我听从了老母亲的劝慰,回心转意,一门心思跟着母亲学习种田劳动的本事。从春种到秋收,从夏天的锄草、施肥、浇水,到冬天的平田整地、往地里灌粪,凡是农民懂的我都会,凡是农民该干的农活我干得不比别人差。"其实,内心里他是想通过自己的辛勤劳动,在农村的广阔天地里有一番作为。这样的付出,也获得了同村的大爷大婶们的夸赞,有个同村的大娘说过:"你别看王家小子个儿小,身体瘦小,但他到底是念过书有知识文化的人,头脑灵活好使唤。你看他年轻时候干下的农活,一是一,二是二,还真挑不出啥毛病,是个当农民的料。"

听着这些赞美夸奖的话,老母亲的脸上浮现出一丝笑容,而WJX却摊开手看了看,然后合上了双掌,脸上流露出一些无奈的神情。在那一刹那,我看到了WJX手掌上留下的一层厚茧,是劳动的印记,说明他的确在务农过程中吃了不少苦,受了不少累。研究者后来也了解到,当年为了上粮(当地俗语:意为粮食归仓或者交公粮),WJX一个人扛过将近二百斤的麻袋,几乎将瘦弱的身体累垮。为了挣钱,他冬天还去山根子底下修过水渠,几乎把双手冻坏。

在这样的艰苦生活中,WJX变成了二十七八的老小伙。他的母亲开始不断地催促儿子找对象,为他的个人大事操心。老太太找过媒人、托过各种关系,动用一切能想到的亲戚朋友为其介绍对象。也曾经有媒人领着姑娘上门来相亲,但是来了一批又走了一波。"给我介绍过的对象少说也有一个班,可没

有一个能和我 对上象的。她们嫌我们家穷，没有能结婚的房子，嫌我年龄偏大，个头矮小身体瘦弱。而且狮子大张口，要的彩礼钱吓人，我们家根本出不起。没有哪一个姑娘能看上我和我们这个家。"问到为什么没有定下一门亲事的时候，WJX是这样回答的。40多岁的他，对于婚姻还有想象，还有期待，他说过："男大当婚，女大当嫁，可能是我的姻缘未到，月下老人还没把红线给我们拴好。等着吧！急啥呢？天上总有一天会掉馅饼的，谁知道？"

其实，在他的内心深处，已经明确地把个人和家庭的贫困导致的婚姻困难理解得非常透彻了。尽管他知道出去打工可能能够获得更多的收入，而不再靠着家里的5亩多田地过活，但是为了报答母亲的养育之恩，他没有也不可能离开家太远太久。这个贫困的家庭，尽管没有什么家用电器，没有什么高档家具，却是母子二人的栖身之所，也是WJX此时的精神寄托吧？家庭的贫困，导致其丧失了结婚的机会；而没能结婚，他也只能自己照顾老人，不能离开家出外打工挣钱。因此，生活的贫困没有得到有效的缓解，只能这样维持下去。

2. XJ的案例

XJ是此次调查中文化程度比较高的，也是唯一一个有正当职业的人，他是Q镇中学的老师，村里人从小看着他长大，都亲切地叫他"大健"。

XJ的父母健在，都是典型的西北农民，不会什么其他的手艺，因此一直以务农为生。再加上父母一个患有肺病，一个患有脑梗和高血压，多年来入不敷出的生活，使得他们家的家庭条件在村子里也是相对比较贫困的。XJ工作后，有了一份收入，但是由于乡村教师的收入不高，所以生活依然过得非常拮据。XJ的家在村里的北边，也是土坯房子，从他的爷爷奶奶那辈人起，就住在这所条件简陋的房子里。屋内仅有一些必要的桌、椅、床、柜，还有一台破旧的26寸的熊猫彩色电视机。XJ的房子里有一张书桌，是他平常看书、备课用的，桌子上放着几本教科书，还有一盏铁皮台灯，一张木板单人床下散乱地放着足球、篮球、哑铃、球鞋，看得出他是一个爱好体育、爱好锻炼的年轻人。

由于都是教育工作者，所以和XJ的交流从一开始就比较顺利。从他的讲述中，研究者了解到XJ小的时候就在同龄人中显得很高，于是小学毕业后被送到了J市的体校上学，学习的专业是篮球。成年之后的XJ身高有一米九，身形健壮，五官端正，是个典型的西北汉子。在体校的时候，他训练很刻苦，还参加过省里面的青少年篮球比赛，获得过国家二级运动员的荣誉。在体校毕业之后，XJ 就回到了镇里，在中学担任体育老师，他也因此成为 S 村第一个凭自己的能力找到正式工作到镇中学当老师的人，成为 S 村的骄傲和传奇。

在 XJ 工作之后，他们的家庭境况稍微得以改善，全家人过上了相对平凡的生活。其实，29 岁的 XJ 作为中学老师，职业和身份在当地还是说得过去的。因此，他的母亲告诉研究者说："大健其实也谈过好几个姑娘了，上学的时候这个娃子就和一个女同学有过一段恋爱，但是因为性格和各方面原因，最后没有下文了，也不知道怎么回事。"对 XJ 影响最深的，是两年前结束的一段感情。在这段感情里，他和一个条件很好但是离过婚的女人走到了一起。这个女人在镇上开了一家小超市，条件也不错，有一个 5 岁的男孩。起初的一切，发展都很顺利，甚至让 XJ 萌生过强烈的结婚的念头，但是在他终于鼓起勇气向女方和盘托出的时候，对方却在几经犹豫之后拒绝了他，并且提出了分手。XJ 说："因为她嫌我光知道伺候老人，玩篮球，没有生活情趣。"其实，XJ 的母亲说："我们也知道他们两个的事情，因为我们大健要模样有模样，要工作有工作，那个女人年纪大不说，还有个'拖油瓶'（当地俗语：意为离过婚的人带着的小孩），我们也不愿意，分了好，分了再找。"村里的村民却认为："是女方嫌弃他们家条件太差了，虽然大健的工作还可以，但是收入也不高。家里两个老的还需要人伺候，又要吃药看病，负担太重……"在这以后，XJ 家里的亲戚和朋友也一直张罗着给他介绍对象，也介绍过一些长得不错、条件也不错的，但是 XJ 好像在这段已经结束的感情的影响下，产生了沮丧的情绪，对这事并不太上心，借口统统都是："她们都是乡下的，没有啥文化，我都看不上。"所以久而久之，到了现在，XJ 依然一个人单身着。

论长相、身材、工作、职业都还说得过去的 XJ 为什么会变成大龄单身男青年呢？仔细考虑，可能有几种原因。

表面上是当着镇中学老师的 XJ 对于配偶选择的要求过高，他的父母对此也有很高的期望。XJ 主观上对于配偶的选择有着"高不成低不就"的倾向，由于他的自身条件还可以，所以他希望自己能够找到一个城市的、长得漂亮的、家里条件很好的、素质又高的女孩。但是，这样的女孩往往看不上他。而他的父母也认为 XJ 已经是村子里难得的"有成就"的男孩子了，所以自然应该寻得一个配得上自己孩子的女孩子，所以在 XJ 的择偶问题上，也设置了一些人为的障碍。在了解 XJ 的生活和想法的过程中，研究者从侧面还得知了很多亲戚对他久未成婚的看法。有一位亲戚表示很无奈，希望他可以顺利地找一个适合他的女孩。当问到 XJ 什么样的女孩是适合他的呢？他回答说："不用多美，性格活泼一点，不然都会很沉闷。要会过日子，要孝顺，可能家境要好一点。家中的两个老人苦了一辈子，真的需要人好。在 35 岁之前真的可以结婚了，如果他再继续这样不放下身段或者自以为是，将真的要孤独终身了。"另一位亲戚私下给研究者说："我不是很喜欢大健，仗着自己是个老师，读过几年书，找老婆都挑三拣四的。自己又不会说话不会玩，家里面情况又不行，还老想自己能找到一个外向的、家庭富裕的、最好还是有车有房的、又能麻利干活的女人，谈何容易，整天做梦。"

在研究者和 XJ 的接的过程中，我觉得他是一个内心极度自卑又极度自尊的混合体。他人往那里一站，大模样虽然并不差，个子也的确很高，但是气质比较猥琐，没有那种男子汉高昂的风度。也许是因为多年现实的磨炼，他也变成了一个很现实、没有很多生活情趣的人了。据了解，其实找来找去，他想寻找的是有钱的家庭。因为他穷怕了，在一定的程度上找到一个家庭背景还可以的女孩可以给他带来物质的丰富，带来他未曾拥有过的一切，但是他内心的尊严又不许他找一个乡下的人，或者是虽然有钱但是素质太差的人。

但是，最深层的造成 XJ 至今未婚的原因，也正是这个家庭整体的贫困，导致来相亲的女孩往往看一眼就望而却步了。XJ 的家里还是土坯房子，工作多年并没有攒下多少积蓄，也没有能力翻建新屋，更别提买几件像样的家具了。所以，很多女孩子一到他们家，看到了他们家这样的条件都望而生畏，只是匆匆地了解之后就提出了不要再继续发展下去的要求。

当然，对于生长于农村的 XJ 来说，29 岁的年龄还不是很大，未来还有很多可能的发展和机会。但是，如果他不付出实际的行动来改善家庭生活的情况，如果他的家庭生活的困境不能得到很好的解决，这样经历一次次的打击之后，多少会对他的心理造成一定的影响，甚至可能会使他怨天尤人、自怨自艾。就像 XJ 的母亲现在的态度，"在前一两年的时候，我们对于他的婚事真的非常地着急，因为村里像他这么大年纪的男孩子，好多都结婚生娃了。人家的娃娃都会满地跑着打酱油了，我们怎么不着急呢？但是，这种事情急也没有用，经过了这么多次的相亲，都没有成功的，可能是他的缘分没有到吧？"一直在采访的过程中没有多发言的 XJ 的父亲也附和着老伴说："随缘吧？已经不着急了，实在不行就打一辈子的光棍算了。"看得出老人其实还是很希望 XJ 能够早日成家结婚的，他们也因此有点自责和气愤，自责自己没有给 XJ 的人生大事帮上更多的忙，气愤为什么当着镇中学老师的 XJ 还是找不到对象。

面对 XJ 一家，研究者的心里也感慨良多。其实，大健是个很努力也很节省的人，甚至可以说在整个村子的年轻人当中，是比较有出息的。但是，面对家庭的贫困，社会的压力，经济的压力，生活的压力，让一个原本优秀的男生无法得到爱情，也在他心里留下深深的遗憾，让他只能为现实所迫，只能梦想有一个人可以改变他的命运。其实，如果能将自己的态度和姿势放低一点，如果能将眼界看远一点，何尝不是一种知足呢？这样，也是会得到幸福的。诚如有人说过："现在的社会，车子可以贷款，房子可以首付。只有感情不能预订，也不能预支。"对于 XJ，也许只有真心的对待感情，不要附加其他经济因素的困扰，他才可能拥有真正的幸福，这就是所谓的"靠人不如靠己"。

（二）贫困农村大龄单身男性的社会交往困境个案

社会交往是人的社会属性的具体表现，一般指的是人们在特定的时间和空间范围内，进行的各种物质和精神层次的交流往来。社会交往构成了人与人之间联系和互动的基础，也是社会成员之间密切关系，形成社会共同体的手段和方式，即整个社会进行有机联结的基础。在中国贫困农村地区，由于生存空间、居住空间、活动空间的限制，村民之间的社会交往成为一种主要方式。在此次调查过程中，研究者发现由于部分贫困农村大龄单身男性独身生活时间过久，甚至产生了社会交往障碍。虽然在村庄生活中不可避免需要进行人际关系之间的往来，但是这些人却大多数时间生活在自我私人的生活空间当中，沦陷于社会交往困境之中。

1. LLL 的案例

LLL 是个有些智力残障的人，40 多岁的年纪，身形矮小瘦弱，右边的嘴角有一点歪斜。他和他的母亲生活在一起，一个非常破落的小院子，只有两间屋子，一间是他们的卧室，一间是厨房。房间内布置得极为简单，窗户上还残留着几条去年冬天为了防风保暖钉上去的塑料膜碎片。屋内光线很昏暗，以至于每次去 LLL 家调查，研究者和他们母子两人总是坐在小院子的木头墩子上。

据 LLL 的母亲讲述，LLL 的遭遇和现况是很悲惨的，也非常可怜。在他 1 岁多一点的时候，有一天发高烧，父母就带着他去村里的医生那里打退烧针。可是打完针就退烧了，没几天又会发烧，就又去打针，这样陆陆续续一个多月的时间。不知道究竟是什么原因，也许是退烧针用的过量了，也许是高烧的原因没有搞清楚所以没有治疗彻底。从那以后，LLL 就和同龄的其他孩子相比发育得迟缓一些，走路、长牙都迟一些，身高、体重也差一些。由于他一直不会说话，到了 3 岁的时候，父母带着他到市里医院检查，医生检查说是 LLL 的耳朵听力比较差，由于没有早期治疗矫正，语言功能也受到了影响，将来需要大人对其进行康复锻炼，尤其是语言功能还有恢复的可能。但是最严重的就是 LLL 的大脑发育不足，可能有中轻度的智障。当时，LLL 的父母听到这样的诊断，几乎丧失了活下去的勇气。因为，这意味着未来这个家庭和孩子的不幸可能会延续一生。但是，"每当看到娃娃的眼睛，亮晶晶的，我都养了他 3 年多了，苦就苦点吧，也要把他抚养成人"，LLL 的母亲回忆说，痛苦的眼泪沿着老人干枯的脸庞留下来，老人赶紧擦起衣角擦了擦。

　　从那以后，虽然家里也很贫穷，他的父母还是东拼西凑，带着 LLL 去市里的医院检查、治疗，但是都没有什么起色。按照医生告诉他们的办法，他们大声给 LLL 讲话，让他用小手摸着大人的喉咙感受声音的振动，每天都进行着康复训练，直到有一天 LLL 发声喊出了一声"妈妈"。提及当时的喜悦，老人的脸上浮现出笑容，看得出当时老人对此有多么激动和高兴。可是，祸不单行的时候总是不期而遇，在 LLL 快 10 岁的时候，他的父亲因为胃癌去世了，只留下了母子两人相依为命。"那个时候苦啊，我在地里干活，还得用麻绳把他拴住，怕他跑丢了。他又不会好好说话，一着急就只会'哇哇'乱叫。反正就是饥一顿饱一顿，那么样就过来了。"老人轻描淡写地说着往昔的艰辛岁月，似乎这一切都是她应得的磨难一样。就像在黑暗陋室中，老人还供奉着一座观音像一样，对待自己的孩子也是这样的一种信仰。

　　虽然，LLL 有听力和语言的障碍，还有中轻度的智力障碍缺陷。但是，等到成年后，他依然为了母子两人的生计开始做些农活，但是收入很少。直到有村里的人从外界得知，近几年沙漠戈壁中的锁阳开始在外面的市场上成了畅销产品，那些村民也开始积极投身到挖锁阳的活计时，LLL 的母亲便托人带着 LLL 在挖锁阳的时节去给别人帮工，到沙漠深处去挖锁阳。在挖锁阳的时候，都是别人找到锁阳的位置，然后指挥 LLL 去挖，将近要将沙子挖下去一米多，才能把鲜锁阳取出来。挖锁阳，给他们带来了一些收入，也给 LLL 留下了黝黑的皮肤和皲裂的双手。

　　研究者让 LLL 带着，去找带他挖锁阳的人了解相关情况。这个人也是 S 村人，他告诉研究者，LLL 是个特别内向的人，平常看着就呆呆的，也不会说话，更别说开玩笑了。他们其他人说起什么好笑的事情，他也听不太懂，看到别人笑了就跟着笑笑。"村里人对他还可以吧，知道他有些残疾，也没有欺负过他，就是有时候逗逗他。他哪里有什么好朋友，说话都说不清楚。更别说找女人了，哪个女人愿意嫁给这样的傻子啊？"说到这儿，他戏谑地拍了LLL的肩膀一下，结果LLL眼睛里面竟然有一星亮光闪过，并且嘴里不断喊着："女人，女人！"挖锁阳的人又赶紧说："那给你找个老婆好不好？""好啊，好啊！"原来，在潜意识里面，他还是或多或少知道"男大当婚、女大当嫁"的一些道理，只是不知道如何去表达这样的情感或者感觉罢了。

夜幕降临，晚饭过后，LLL的母亲坐在小院里搓麻绳，LLL拿着一个干葫芦往里面灌水，然后把水倒在地上，再灌水，再倒出来。老母亲眯着眼看到了，随手拿起身边的扫帚扔了过去，嘴里喊着："断头鬼，水是这样玩的吗？尽浪费钱，赶紧睡觉去！"LLL答道："玩，玩，睡觉！"老母亲不好意思地看着研究者，说："长不大的娃，光想着玩哩！还指望他找媳妇，哪家的女子能看上他？平日里连个说话的人都没有，只有自己胡倒腾。哪天我走了，都不知道他怎么办呢？当下里，只有我们母子两个人慢慢熬了……"说完之后，那种长久深重的寂寞和孤独，弥漫在小院的上空。

对于LLL来说，后天智力的残疾造成了他没有什么社会交往能力，只能依附于亲人的照顾和村邻的帮助。研究者没有能够更加深入地去探索LLL的心理世界，因为他的意识和思想基本上停留在自己封闭的世界当中。偶尔能够表现或者流露出来的一些情感，也不能去判断其倾向。他表现出对于女性或者结婚的一些兴趣，可能是受到自己的力比多驱使，也可能是受到周遭环境的影响而习得，但是无论如何，在这样的家庭环境和社会交往能力的限制下，这些都是不太可能实现的，但是结果也许还未完全确定。

2. HM的案例

HM和上文提到的LLL家相距不远，情况也比较类似。这家有两个孩子，HM的妹妹，比他小三岁，现在已经出嫁，也有两个孩子了。HM今年有29岁，长相一般，但有一米八二的个子。目前，HM在镇里一家木料场打工，听说待遇还不错，每个月能挣800块钱。他平常住在厂里，周末和节假日的时候就回来和父母一同居住。他家的生活条件还不错，父母甚至给他盖好了新房，留给他结婚用。

在村子里大家都叫他"老虎"，一是因为他长得实在是很魁梧；二是村里人普遍认为他有点傻。因为在当地话语中,"虎"也有"傻"的意思。据 HM 的父亲介绍,他们夫妻生孩子比较早,在还没有领取结婚证的时候,就已经怀孕了。那个时候,HM 的母亲才刚满 18 岁,由于没有什么经验,怀孕了还在地里干农活,导致了早产。而且由于当时生活条件比较差,所以没有很好地照顾好 HM,以至于后来发现 HM 的智力比别人略差点,"有点傻",但是也没有到医院检查,至今也不知道是什么病。HM 上学只上到了小学三年级,实在跟不上,就辍学在家了。

初次来到 HM 家,他并不在家。他的父亲告诉研究者,由于是周末,他去他妹妹家帮忙带孩子了。他的父亲说:"HM 特别喜欢小外甥,只要有空就去和小孩子玩。"正说话间,他的母亲已经把 HM 带回家来了,同时来的还有他抱在胳膊上的小外甥。看到陌生人,他很茫然,不知道发生了什么事情。研究者主动对他说:"这是谁家的小孩啊?"HM 眼睛一亮,回答道:"我的小外甥,好看不?"研究者笑着说:"嗯嗯,好看,好看!"于是,他才放松下来,脸上露出了笑容。看得出来,他的确非常喜欢小外甥。而且,对于其他的小孩子,他也一样抱着十分喜欢的态度。邻居也说 HM 会经常逗自家的小孩子玩,甚至有的时候路过别人家门口,如果看到小孩子,也会停下脚步问同行的人"这小孩漂亮不?"有些村民认为,HM 这样的表现是因为其智商有限,只能和小孩子在一起玩耍。"小时候,我并不知道他脑子有问题,因为都是他带着我们一群小孩玩耍,感觉和我们一样。""他很善于交际,和我们队的人都能聊得很欢,所以大家都蛮喜欢他的。但我爸妈又不让我们和他走得太近,怕我们跟他学。""小时候别人都喜欢欺负他,耍他。"还有一个村民说:"有一天,我在家里正做饭呢,他匆匆地跑到我家,拿着他妹妹和他外甥的合照来给我和我哥看,并问我:'好看不?'""他真的蛮搞笑的,我不知道是因为傻,还是因为不懂。"

大多数被访问的村民都认为 HM 的性格很好,待人和善,只是说话说得不怎么清楚,头脑也不怎么灵活。研究过程中,有两件事情给了研究者很深的印象。有个村民回忆说:"HM 其实还是个很勤奋的人哩!有一年冬天下大雪,村子里面的路都被雪堵住了。响午我刚起来,就听到门外面有动静,出去一看,HM 一个人在路上扫雪的呢!我看着他就想笑,心里想着他真是憨啊,这么大冷的天,这么厚的雪,一个人扫到啥时候?后来一想其实他蛮勤劳的。"另一个村民回忆说:"前段时间,我爸在家找火柴,没找到,正好见到他从我家门口经过,我爸就问他:'老虎,你家有火柴吗?'他插着双手对我爸说:'买去!'我和我爸听后一直在笑。说实话,其实他给我们带来了很多快乐,我们周围的人见到他都会和他吹嘘几句,因为他讲话讲得不清楚,我们大家都捉弄他、嘲笑他。"

HM留给研究者的印象是一个非常可爱、童趣、善良、和善的人,但是即使是这样,他也依然遇到了婚姻的难题。因为,大多数人并没有认真对待过HM,只是把他当成身边一个可以开玩笑和愚弄的对象而已,谁也没有认真考虑过他的感受和需要。诚如一个村民说的"HM和别人讲话的时候偶尔会说别人憨,因为他不承认自己傻。"其实,HM的智商并没有大家所想象和认为的那么低,只是因为他的智商略有不足,所以不善于和人打交道,甚至还有着童趣的倾向,所以一般的人不能和他达成对事物的一致理解。在大多数时候,他没有完全的社会交往能力,见到其他人,基本上都默不作声,除非遇到那些能和他玩在一起的小孩子,才能天然地显现出他的本性。而HM最近这几年,早就到了该结婚的年龄,因此他的父母和村里人给他介绍了几个女的,但是都见了一面就和人家分了,主要的原因也是其社会交往困境。

现在的HM每天生活很平静,天天按时上下班,周末回家带小外甥。他对于婚姻,还是有着比较明确的渴望的。因为他的母亲说:"他对找对象还是有心的,别看他平常不说话啊,一听说别人要给他介绍对象,他就急忙去献殷勤。现在邻居们见到他都会问他什么时候结婚,他会吹牛说'快了'"。因此,看得出来,HM的家境还不错,他自己对婚姻和恋爱也有比较明确的倾向,只是因为没有良好的社会交往能力,甚至在多次相亲失败之后丧失了对社会交往能力的再学习和再掌握,因为一直游离在普通村民的社会交往圈之外,更谈不上能够顺利地去和适婚女性进行正常的交往、恋爱。

3. TX的案例

TX今年29岁,是此次调查中比较特别的一个案例。因为,他家原本的院子和房子,被一道矮墙分隔成了两个区域。比较大一些的那边,住着他的父亲,比较小的这边住着TX自己。他的父亲这几年来一直在县城的一家单位当门卫,因此并不常回家。所以,基本上整个院子里面显得很荒废,甚至有点杂草丛生的感觉。问及TX为什么要这样与父亲非常生分地分开居住,他说这个原因要从他小时候说起,当然也和他现在依然处于单身状态有关。

TX大约6岁的时候,他的父母亲因为感情不和协议离婚了,从此母亲远走他乡，而他一直跟着父亲一起生活。他的父亲那个时候又要种地，又要到沙漠里面挖锁阳，所以经常没有时间来照顾他，也就比较缺乏对他的管束和教育，当然更谈不上有多少关爱了。可以说，少年时代的 TX 几乎是吃百家饭长大的，因为有时候他的父亲没有时间给他准备饭食，或者胡乱对付的时候，他就会到邻居家或者其他村民家里"混饭吃"。慢慢地，他的学习成绩变得很差，直到学校老师找上家门，他的父亲才知道自己的儿子在学校的糟糕表现。可是，当时他的父亲没有能够从自身或者家庭方面寻找原因，而是非常气恼地对 TX 动手打骂。根据 TX 自己的说法："我小的时候，他打我可凶了，不问青红皂白，拿起身边的家伙什就打。条把（当地俗语：意为扫帚）、竹竿、木板、鞋底、苍蝇拍子……有一次把我双手捆起来，吊在房梁上用床刷子抽，结果把床刷子都打断了……"说这些的时候，依然看得出来 TX 对父亲的愤恨和不满留存至今。结果，TX 最终没有在这种打骂教育之下成才，反而在初中二年级就开始了他的第一次离家出走经历。当然，被他父亲找回来后又是一顿"胖揍"。这以后，他多次离家出走去打工赚钱，也被抓回来好几次，可是消停不了几天就又跑出去了。到最后，他的父亲只能不了了之，基本上就不太管他了。其他人更没有什么办法能够引导他、教导他，一切就都由着他了。那时候，也算是他的新生活开始的时候，因为毕竟没有父亲严格的管教和打骂了。初中毕业以后，TX 没有继续上学，而是选择了在镇里面打工，"什么都干过来了，给餐馆端盘子，超市当保安，汽修店当学徒……"现在，他在镇上的粮食储运站当搬运工，也是个临时性的工作。虽然收入不高，但是勉强可以维持自己的生活，而他的父亲也不需要他照顾，自己找到镇里的一家单位"去给人家看大门"了。

TX 在外闯荡的这些年，也交过几个女朋友，有些还是家里亲戚帮他介绍的，但是一直都没有谈成，到现在他也没有个女朋友，还是单身。原来，TX 在谈恋爱的过程中，最终都会面临两个非常相似的问题。一个问题是，TX 的脾气不好，可能源自青少年时代的遭遇，他是个"非常急躁，非常容易动怒的人"。尽管和父亲的关系不好，可是他父亲依然托人介绍过女孩子给他认识，结果是因为一件小事他"就吼了几嗓子，人家女孩子害怕了，觉得我的脾气不好，就再也不肯谈下去了。其实，那个姑娘还挺好的……" TX 如此说。另一个问题是，每每要谈婚论嫁的时候，就需要得到他父亲的同意和认可，这样才能得到父亲的经济支持。结果，TX 的父亲对他谈过的那些女孩都抱着不同意、不认可的态度,要么嫌弃对方长相不好、要么觉得家里条件不行,总是非常严厉地拒绝TX。虽然他也力争过,可是他的父亲感觉是个非常执拗的人,没有一次通融过。因此,几次三番之后,他和父亲的关系越来越糟糕,就起意不和父亲住在一起,少受点管束。他说:"我小的时候他都不怎么管我,还经常没理由地打骂我,现在我要谈朋友、要结婚了,他又来指手画脚,百般刁难。反正他看到我也觉得难受,我也不想看到他,还不如在院子里砌起一道墙,大家彼此看不见,就没关系了。"原来,院子里的这堵墙的来历是这样的。

问及TX今后的打算,他说已经联系上了二十多年没有见过的母亲,打算开春去找母亲。他的母亲已经嫁人了,还生了一个女儿,好像嫁的不算太远,就在临近的一个市。为什么想去找这个对于他而言非常陌生的母亲,是因为他觉得生活很苦闷,总是没有温暖的感觉,想去母亲那里看看什么情况。"她对我好,我就想办法待在那边不回来了。她要是对我不好,从此就再没有任何联系了,反正以前也是她先不要我的。"说这些话的时候,TX的语气里流露出的是对亲情的一丝向往,而更多的是恐惧。尽管他想获得足够的家庭和亲情的温暖,但是童年的家庭缺憾和遭遇,却造成他苦苦追求,不得满足的现状。

一堵矮墙,隔阂了父子之间亲情的交流,也使得父子关系进一步恶化。有一个暴脾气的父亲,自己也是一个暴脾气的儿子,又是在单亲家庭长大的TX,从外表上看,带着一些市侩的气息,有点像"小混混"。可能从小受到家庭背景的影响,加之父亲经常对他打骂,他又较早步入社会,他的言语比较粗鲁、行为比较放肆,脾气也比较急躁,这样就很难和女孩子很好地沟通、交往。在多次恋爱失败之后,如今的TX似乎有点人际交往的障碍。邻居的话证实了这点,"我是从小看着这个娃长大的,小的时候还经常到我们家吃饭呢!就是没娘管,娃娃受了不少苦。他老子又经常打他,他就往外跑,如今也跑野了,也不和我们多说话了。亲戚朋友们也从来不会主动问起他,就算说上话也是那么几句客套的问候语。大年初二,我还叫他到我们家来吃饭,他吃完了啥也没说就走了,说是去镇里转转。这个娃娃是糟掉了(当地俗语:意为变坏了)"。

(三)贫困农村大龄单身男性的社会支持困境个案

社会支持包括物质、精神方面的支持,个人通过与身边其他人之间的社会交往,往往可以获得各种社会支持。这些社会支持使得个人能够有效辨识自我身份，并且从他人及其社会中获得各种有效的资源支持。这些资源能够帮助个人在社会性生活中得到物质、精神和其他方面的支持。一个人的社会支持网络越多，那么能够获取相关资源的途径和数量也就越多，其身心发展也就越健康和顺利，面对各种个人和社会性风险的可能性也就越高。

对于贫困农村大龄单身男性而言，单身的生活状态，导致其不能够组建自己的新家庭，因此可能在自己的长期单身生活状态中缺乏必要的社会支持，尤其是来自伴侣、亲人和家庭的支持，从而导致一些问题的发生和出现，导致适应环境变化的能力下降。

1. GX 的案例

GX 的家很好找，就在 S 村的中心位置。他家将临村道的一面墙拆了，改建成了一个小卖部，GX 就是小卖部的老板。到小卖部的时候，他刚刚收拾好小卖部，整理好了货品，擦亮了柜台。由于是大清早，还没有什么村民来买东西，知道研究者的来意后，他想了想，开始和研究者交流起来。原来，不久之前，他的小卖部被贼光顾了，柜台的抽屉被撬开，钱都被偷走了。他的母亲难过得抱头痛哭，因为舍不得那些钱。"那你现在肯定对那些小贼是恨死了吧？""恨有啥用啊？我这个人看得开，我还安慰我妈呢，就是丢钱消灾，就当自己花掉了吧？钱是身外物，还会有的，我们人都没事就好！"研究者对他的生活态度很讶异，因为在调查之前，研究者已经从村干部那里知道 GX 是个残疾人，生活还是比较艰辛的。但是现在，研究者不但特别佩服他的心胸和面对生活的态度，而且更加关注有关他成长的故事和现在的生活状态。

GX 一出生就带有先天残疾，没有双脚，可能是由于他的母亲在怀孕期间接触了农药，也可能是因为他的父母是姑表兄妹近亲结婚，和医学上的一种出生缺陷——短肢畸形非常相似。当年很多人都奉劝 GX 的母亲丢弃他，要不然就是一辈子的累赘，可是他的母亲坚持不放弃，终于含辛茹苦地把他拉扯大了。如今，GX 膝盖以下的裤子便是空空的裤管，每天行走都是靠着上身支撑在两张小板凳上往前走，行动非常不方便。GX 还有一个哥哥和妹妹，家庭负担很大，所以他小学没上完就辍学了，以便能够将家里的钱集中用于培养其他两个孩子。目前，他的哥哥和妹妹已经独自成家，而且都不住在村里，所以只剩下他和老人在一起。家里人已经预知他一生的孤独和凄惨，所以很早就做了打算。考虑到将来没有哪个正常姑娘愿意嫁给自己的残疾儿子，所以老夫妻两人将攒了一辈子的积蓄为他开了一个小卖部，希望他可以以此谋生。最近还在小卖部里面添置了一台麻将机、一台牌九桌，为村里的老人们提供休闲娱乐的方式，以便可以招徕到更多的顾客。

其实，开着小卖部的 GX 的社交圈说广也不广，说窄也不窄，周围住的村民都熟悉他，因为经常到小卖部来买东西，因此和他都算得上是"朋友"，彼此相处得都很好。每每问及 GX 是个什么样的人？或者让村邻评价一下 G，大家对他都是止不住地夸奖，懂事、诚恳、耿直是大家对他一致的评价。有村邻评价说："GX 他人好心也好，加上大家对他或多或少的有一点同情，因此我们这里，不管老人还是小孩，男人还是女人都对他很好。"有个正在上初中的小姑娘说："这么多年来，他的小卖部装修了一遍又一遍，不变的依旧是他憨厚的笑容。每每去他那买东西，他都会亲切地问我：'丫头，放学回来了啊？又来帮你妈妈买盐啊？'诸如此类，都是一些嘘寒问暖的话，人挺亲切的，就像是我们家的大伯。"村里一个干部说："GX 是个挺乐观的人，我们好像还没有在他的脸上看到过自卑或者绝望。他经营他的小卖部可认真了，每天过得很悠闲、积极、乐观。无论对谁，他总是那招牌式的笑容。正是因为如此，我们村还有周围的人，谁也不会看不起他，大家都对他称赞有加，甚至还有人时不时地尝试给他做个媒呢，可惜因为他的残疾都没有成功。"

午饭时间到了，GX 热情地邀请研究者到他家去吃个饭，他说："老师，到我家吃个饭我们再聊一会儿吧？平常也没人和我说这么多话，您别嫌弃我们乡下人脏啊？"研究者非常乐意去他家再看看，再听听他的故事。于是跟随他绕过小卖部的货柜，从后面进了他家。家里面收拾的还是很干净的，他的老父亲已经过世，老母亲还健在。看到研究者来了，老人很拘谨。于是 GX 请他的母亲到小卖部照看一下，说自己做好饭再叫她，老人听了有点释然，对研究者点点头，说："坐下，坐下"，就到小卖部去了。GX 说要开始做饭炒菜，研究者说："这样吧，我帮您，这样我们可以一边做饭一边聊天啊？""那怎么行？伙房（当地俗语：意为厨房）里面脏得很，油烟子大。""没关系，没关系，我就给您搭把手，主要还是您做饭。"看到研究者执意如此，他只好同意了。其实，他的老母亲早已经把午饭需要的面和好了，菜蔬也洗好了，并不需要再做什么，只是他来加工就可以了。于是，研究者和 GX 边说边走进了厨房，他拄着小凳子，将身体挪到了一张小桌子上，然后开始烹饪。没有双脚的他整个人在一张小桌子上，然后左手撑在他的那张小板凳上，右手在翻炒着锅中的菜。那一刻，研究者被震撼到了，看呆了眼，伫立良久。直到他回头看到了，并冲研究者露出了浅浅的一笑。研究者径直走上去问他："平时做饭也是这么辛苦吗？"他说："平时都是我妈做饭，这几天她关节炎犯了，躺在床上很多天了。所以我就要做饭，中午做好她看店，我们交换吃饭和看店。"闲聊了一会儿，看着他将面条煮好，将热乎乎的菜装进了大碗，研究者赶紧帮他把这些端到小院的饭桌上，而GX说他去替换他的母亲。从他家的厨房到小卖部很近，正常人步行二三十步就可以到了，但对他而言却是困难重重，看着他双手手肘熟练地支撑在他那两张小板凳上，左边小板凳往前进一步，右边跟上一步，是一步步挪动过去的。可以体会得出来，在GX的生命中，坚强已经不是什么赞誉，而已经成为他自己的一种习惯了。

不一会儿，他将小卖部暂时关了门，和母亲一起过来了。研究者和这对母子坐在一起吃饭，不时聊上几句。问起他以后有什么打算，是不是一直经营小卖部？他说："我也挺满足现在生活的，安逸、舒适，小卖部会一直开下去。以后条件更好点了，再把小卖部里面的麻将房扩大一点，开一个小点的麻将馆，给我们村里的这些老人打打麻将，推推牌九。"年复一年，日复一日，如今的GX已经快要接近五十知天命的年纪了，他在每天重复的小卖部生活中度过了生命中大部分的时光。虽然他的外貌也算得上是眉清目秀，脑袋也很聪明，可是先天的残疾让他至今孤身一人。研究者听完后，问道："那以后人生伴侣上的打算呢？"他听完还不好意思地说："我这双腿不方便的残疾人哪个姑娘愿意跟我啊？这些年也相亲过好多次了，也请人给我介绍过对象，人家一看我的情况就不同意了，没有成过。有一次介绍了个寡妇，本来觉得还可以，结果人家最后也放弃了。唉！这辈子是没指望结婚这件事情了，不想了……"GX摇着头，呢喃地说道，花白的头发映衬着他的无奈和悲伤。"如果还有机会呢？""不过我这个人实在，哪个姑娘愿意跟我，我一定倾尽全力照顾她一辈子，我不介意她是残疾还是什么，只要她也不嫌弃我就好了。关键是我腿脚不方便，整日里连村子都出不去，干着急也没有用啊！"说完这些，他的老母亲背过身子，偷偷擦拭了一下眼角。"大妈，您是不是特别担心GX啊？"老人迟疑了一下，说："唉！咋不担心呢？我日下里经常想的就是他以后的生活要怎么办？小卖部赚的钱并不多，刚刚能过日子。他老子走了，他哥哥常年在外打工，妹妹又嫁在他乡有了自己的家庭。现在还有我和他做个伴，等到我也走了，他就真的孤零零一个人了……""妈，您别担心了，现在还好有个小卖部，将来再不济还有政府的最低社会保障金呢！你愁啥哩？""能不能生活得下去我不知道，就是连个和你说话的人都没有了，你咋办呢？病了、痛了都没人问候咋办呢？"老太太的一番话，将母子间的对话带入长久的沉默之中。看着 GX 眉头有点紧缩，询问了才知道老太太现在的身体也一年不如一年了，经常发病在家卧床休息，说不定哪天就走了。他这辈子都可能注定不能成家，身边的确没有一个知心的人陪他走完人生这条路，一切的一切都需要他孤身一人面对，这已经成为母子之间共同的担心，也让研究者开始思考像 GX 这样的大龄单身残疾男性的生活未来。

GX 是一个淳朴善良的男人，老天却剥夺了他和正常人一样该有的权利，如果他可以正常走路，或许现在的他正在城市打拼，或许已经有妻子儿女围绕身边。研究者对他有一种由衷的同情和佩服，是因为他是一个自强不息的人。他并没有因为自身的严重残疾，而消极地对待生活，或者仅仅靠着最低保障过日子。他也没有因为上天抛弃了他就自暴自弃，悲天悯人。而是努力认真地经营他的小卖部，赡养家人，和睦邻居。但是，作为生活在贫困农村的大龄单身男性，作为一个残疾人，他的未来还是堪忧的，尤其是他的母亲最为担心的 GX 将来的养老问题。更深层次地去讲，像他这样的残疾人，不但需要考虑养老问题，目前他们的身心健康、医疗保障和救助，以及身体的康复和训练都应当得到保护和帮助。或许，上帝关上你的一扇门，一定还会为你开一扇窗，GX 目前这种自信积极的人生观正是那扇窗吧？

2. YM 的案例

YM 今年 35 岁左右，初中文化程度，身高大概 170 cm，看上去是一个很老实的人，很憨厚。他的皮肤很黑，短头发，有点轻微的谢顶。YM 的父亲在他初中时因为车祸去世了，不久之后母亲因为思劳过度，也因病离开了人世。目前，就他独自生活，至今单身，从未有过女友。他在隔壁一个比较大的乡镇的面粉加工厂工作，每天都骑车往返二十几里路。

研究者第一次来到 YM 的家的时候，他刚从工厂下班不久，外衣上还残留着一些白色的面粉屑。看到村主任带着一个陌生人走进家门，他显得很茫然，也很紧张，在得知研究者的来意后，他才释然了，点点头说："我们家现在就我一个人，我在 XX 镇的面粉加工厂上班，日子就这样，凑合过了！"再问他什么问题，好像也是心不在焉的样子，顶多微微一笑，并不作答。由于天色已晚，也快到吃晚饭的时间了，研究者和他约定下次再来拜访，就离开了 YM 家。但是，再次访问 YM 时，他却拒绝了参加此次调查。因为，他觉得自己的生活很简单，没有什么值得深究的地方，因此研究者只能依据对他的邻居和其他村民的调查访问来描述这个人及其生活。

对YM的情况，大多数被调查的村民都反映对其人并不十分了解。因为，自从他成为孤儿以后，勉强读到了初中毕业，就到工厂去打工了，平常也见不到他人影。一个村民说："可能是YM从小失去了父母，又一直单身，连个媳妇也找不下，缺乏家庭的温暖，独得很（当地俗语：意为非常孤僻）！"另一个邻居也说："没媳妇与有媳妇差别大了，做饭没人做，洗衣没人洗，各方面都照料不到。有媳妇就不一样了，媳妇都做了。现在什么都得他自己弄，没人收拾家里。平时我看YM吃饭也是胡对凑，想做了就做点面条，不想做了就吃挂面。有的时候就买点馍，喝点开水，随随便便将就吃一点。"村里的干部也说："年下节日里，我们村里还组织社火队，要到城里去演一演的。刚开始的时候，还想着把YM叫上，一起排练，让他和大伙儿多接触接触。可是他总是这样或者那样的借口，借故不来。久而久之，我们也不叫他了，个人有个人的活法，他就是那样一个人！"

从这些信息中，大概可以看出YM作为一个缺乏家庭温暖的大龄单身男青年的一些特点。他文化程度不高，家庭条件差，性格孤僻，社会交往能力差，同时社会交往圈子小。除了为人憨厚，没有什么特别的优点，是个典型的老实人。他的日常生活并没有获得更多的社会支持，即使在日常生活照料方面，也是独自支撑，勉为其难，很有些无奈的味道。虽然村里人也试图同他保持近距离的友善接触，邀请他参加乡村的有关社区活动，但是由于长期的单身生活，他的社会适应能力已经变差，反映在他拒绝了各种参与正式和非正式的活动的机会，因而也就没有很多机会认识异性。最终，这种缺乏社会支持的生活导致他可能处在一种强烈的孤独感中，使得他的性格也变得愈加孤僻，他可能不得不在现实生活中独自忍受各种环境风险因素导致的困难，因此产生各种精神空虚和苦闷的症状，经常性的焦虑和压力在其身心健康方面造成了很多损害，比如食欲减退、睡眠质量变差等，他和周边其他人的生活联系也会越来越少，感到自己被社区和社会排斥。

3. SJX的案例

在此次社会调查之前，研究者也对贫困农村大龄单身男性的各种单身原因进行了深入的文献回顾和研究，但是从来没有想到会有这样一个案例的出现。如果借用一句现代流行词汇来表述，应该称之为"奇葩"。这个案例的主人公叫 SJX，今年 35 岁，住在 S 村东南角上。听村干部介绍，他家情况一般，家庭人口多，关系复杂。为什么先要给研究者打这个预防针？带着这样的疑问，研究者来到 SJX 家进行访问。

SJX 一家现在有 9 口人居住，除了 SJX，还有他的父母、哥嫂和他们的四个孩子，其中两个侄女，还有一对双胞胎姐弟。他还有一个姐姐，已经嫁到别的地方去了。因此，堂屋的大房间住着他的哥嫂一家 6 口人，他的父母居住在东厢房，比较小的西厢房住着 SJX。家里面的情况很一般，没有什么贵重的家电、家具，最好的摆设就是堂屋他哥嫂房间那台大彩电，据说也不经常看，只是经常在吃饭的时候看看新闻，就早早关掉了。"因为费电，那么大的彩电，多浪费电啊！"SJX 的母亲这样说道。研究者去调查的时候，SJX 的哥嫂带着一对双胞胎到新疆打工去了，要到天冷的时候才能回来。所以现在一对老夫妻帮忙照看着两个上学的女孩子，而 SJX 负责家里的农活和杂事。

正在 SJX 家的时候，隔壁家的一个小孩子过来找两姐妹玩耍，于是两个小姑娘征求奶奶的意见，老人答复说："现在有老师来问问题，你们就出去玩一小会儿就回来，别跑远了。和别人玩的时候，别欺负人家，让着点。人家家有钱，咱们家穷，不许带他们到家里来，家里太差了……"听着老人对孩子的嘱咐，却听得出来老人对自己家庭境遇的一种埋怨。一旁的老头看着有外人在，自己的老伴还在絮叨这些，就"哼"了一声，结果老太太当即就开始数落老头："怎么了？我说的不对吗？嗓子里咯痰了出去吐去，别在这阴阳怪气的！那你们聊，我先去李姐家说句话了……"于是，老太太给研究者告假出了家门，老头也冲研究者尴尬地笑了笑。看得出来，这一家人当中老太太比较具有权威地位，是个拿主意的人。后来研究者也从其他村民那里获悉，SJX 的母亲在村里是有名的"难缠"，脾气非常不好，鸡毛蒜皮的事情也会和别人吵架吵得不可开交。有村民说："他们家打架的情况没有，吵骂是家常便饭"。于是，村里人大都对其敬而远之，实在没有令研究者想到的是，这也竟然成为她的儿子 SJX 至今仍然单身的一个原因。

根据 SJX 的说法，原本家里条件就一般，但是母亲重男轻女的思想很严重，觉得只有男孩多才能使家庭人丁兴旺，摆脱贫困的境遇。因此，自己在生了第一个女儿以后，又生了两个儿子才罢休。一家生了三个孩子，这在政策原本只容许农村家庭可以生两个孩子的当地，也是不多的。所以，家里人口多，小的时候就经历了不少受穷受累的事情。及至姐姐出嫁、哥哥娶了嫂子，SJX自己也长大成人后，这种情况才稍有改善。但是，SJX的哥嫂接连生了两个女儿，触犯了母亲的禁忌，所以他嫂子就遭殃了，常常被母亲念叨是个"不会下蛋的母鸡"，以至于二人经常发生口角，又牵涉到父亲、哥哥和他，引发一系列的家庭大战。"村里人也拿我们家当笑话看呢！"SJX愤愤地说道，明显对母亲的霸道和愚昧有很多不满，"我哥刚结婚四五年，连着生了两个女儿，可是我妈不满意啊！哥哥和嫂子只好把女儿放在家里，到外面躲计划生育生小孩。不妙的是起初又怀了两个女孩，当然是打掉了，后来怀了男孩，可是又是龙凤胎。我妈有点犹豫，因为她不知道从哪里听来的歪风邪气，说是龙凤胎不吉祥，会克父母，一直强烈要求我哥嫂把孩子流掉。但是，最终嫂子为了摆脱母亲的唠叨，决定把孩子生下来。所以嫂子家就有四个孩子，最小那个是男孩儿。现在我哥他们两口子都躲到新疆打工去了，也是免得我妈对两个双胞胎有意见。我就怕我一结婚，我妈也这样唠叨我，所以不是我不想结婚，关键是别人知道我们家鸡飞狗跳的这种情况，也不敢嫁过来，更不用说我也怕像我哥嫂那样结婚了反而不得安生。现在这样过也凑合了……"

原来，SJX一直单身的主要原因就是因为本身家庭的不和睦、不和谐，自己母亲的强势导致了他对婚姻的恐惧。因为家里穷，越穷越生，就为了生男孩儿而导致了一系列家庭矛盾。这样的家庭环境，导致他不愿意结婚，他不想未来的自己也过这种生活。现在的他，即使想结婚了，想有一个温暖的家，过着简单的家庭生活，不想再一个人飘荡；即使本人也比较着急，开始担心自己会孤独终老，但是却一直犹豫着。因为，他认为结婚只是增添另外一个女人来他家受气，他怕左右为难，像哥哥那样，当母亲找嫂子麻烦时，只能在一边待着一句话也不敢说。一边是母亲，另一边是妻子，而且母亲是个嘴皮子厉害的人，帮谁都不是。他怕这种纷争，觉得婚姻并不一定会给这个家庭和他本人带来幸福。一旦面对目前的家庭环境，他的社会支持状态濒临崩溃，因为家庭是社会支持系统当中最基础的一环，这样的家庭环境打碎了他对婚姻的美好梦想。所以，他对婚姻不感兴趣，只是谈谈恋爱，没有谈婚论嫁，即使遇到过要跟着他的女生，他也选择了逃避，理由是"给不了女方幸福"。

4. ZZF 的案例

S村有一个外号叫"小红"的男子，是个哑巴，现年60多岁了。他瘦削的面容，眼睛有点发黄，满脸镶嵌着一道道深沟似的皱纹，邋遢的胡子乱七八糟的长着，给人的第一印象就是一个缺乏家庭关爱，没人伺候也没有人管，生活一塌糊涂的老人。其实他是有完整的名字的，叫作 ZZF。可能村里人都爱戏弄他，觉得一个男子叫"小红"这个女性化的称呼很是可笑，渐渐地，他的全名倒被人们淡忘了，或许他自己都忘记了他的全名了。由于他不能顺利地进行语言表达，所以大多数研究者想要了解的情况，都是听村里人转述的。

听村里人介绍说，小红生下来就是个哑巴，父母早亡，于是跟着大哥生活。由于没有什么特长和生活技能，他也没有上过学，就在家里帮助大哥做农活，平时以编制柳条筐、柳条篮子为生。由于那个时候，当地农村有很多家庭使用那种用红柳枝编织的篮筐，甚至城里用这种篮筐的也比较普遍，所以他每天没事的时候就在编柳条，然后由他大哥帮他拿到集市上去卖。卖来的钱都帮他一分一毫地积攒起来，还给他立了一个银行的户头，帮他把钱存起来，说是娶老婆用的。他大哥在世的时候，也托人帮他物色了好几个对象。可是那些女孩大都见一面就不了了之了，因为嫌弃他是个哑巴，而且没有正经工作，更没有属于自己的一栋房子。久而久之，他也放弃了结婚的念头，人也愈发变得懒惰起来。原本一两天就能编好的篮筐，现在一个礼拜也没有编好。更加没想到的是，原本能够依赖的大哥，早几年前因为癌症去世了。他大嫂也因为乡下没有什么可以留恋的事物，就搬到城里去跟着女儿女婿一起过了。村支书告诉研究者，前年"小红"大哥的儿子从城里回来，想把乡下的房子重新翻修，可是又不能违背父亲的遗愿，把这个哑巴叔叔赶出去。于是，就把房子分三份，东边的两份拆了重建了新洋房，只留下西边破旧而残缺的一间屋给哑巴叔叔居住。ZZF 无力反驳也不能反驳，生怕侄子连这一间小房子也不留给他住。他侄子也不管他的死活，更不允许这个哑巴进入他的新洋房。

原本 ZZF 的大哥会把他编好的柳条筐拿去卖，现在就算是有编好的篮筐，都没有人帮他去卖了。他自己估计连集市在哪儿都不知道，更不用说这几年随着时代的发展，机器加工代替了手工编制，而且人们已经不太使用这种柳条编织的篮筐了，致使他的生活更加无依无靠。如今，ZZF 的生活变得非常的拮据，原本每天还可以吃上肉的他现在连基本的米面都成问题了。村里人说："偶尔晌午有太阳的时候，还会见到他开始出来溜达。遇到正好吃午饭的人家，他就在那比画着，人们心里都明白，也同情他，都会留他吃个午饭。他会吃好多好多，感觉要把下顿或者下下顿的午饭都吃了……""他常年窝在家里，只有当村里哪户人家有喜事或者丧事的时候,他才会走出家门,去别人家蹭着吃喝一顿喜(丧)酒。"直到如今,ZZF还是只身一人,冰冷的房子里只剩下了这个哑巴,那幢房子里也就再也没有什么声音。有的时候,村里的喜事丧事场面上如果没有出现"小红"的身影,人们都会怀疑他是不是死在家里了,只是没人敢去他家询问。因为唯一通往他家的路已经荆棘丛生、杂草遍布,只能远远地望见豪气的洋房旁有个破旧的小屋。

"小红"这个哑巴的一生是悲惨的,他和其他一些身残志坚的人不同。有的残疾人自食其力学修自行车,有的给小餐馆老板打工端盘子,都过着自给自足的幸福生活。甚至同村的GX残疾情况比他严重,也依然能够对生活抱有信念而努力生活。但是他,由于家庭环境的原因,没有受到过什么文化教育,也没有什么生活技能。在大哥去世以后,就失去了完全的依靠,从而对生活失去了信心,过着得过且过的日子。他仅有的近亲属,即他的侄子和侄女,都因为各种原因不愿意继续赡养负担他的生活,因此他逐渐没有了社会支持,和这个社会世界慢慢脱节。也许,正像村支书所讲:"他需要勇敢一些,敢于和这个社会接触,试着容纳这个和他不一样的世界。或者说,他坚持编他的篮筐,试着自己找别人帮他卖,他就能好好地生活下去,过着和我们一样的生活。"但是,这一切,又只是一种建立在对这个无助的大龄单身汉的同情和幻想的基础上。生活是残酷和现实的,依靠别人生存的人注定是个失败者,这也是他大龄单身的原因之一。

第二节　贫困农村大龄单身男性的情感困境

大凡社会人,总因个人境遇的不同,产生各种不同的心理和情感反应,喜、怒、哀、乐、忧、思、悲、恐不一而足。在这些心理应激和情感体验中,贫困农村大龄单身男性因为生活环境的相对封闭性,个人问题的相对特殊性,缺少了各种倾诉渠道和社会支持的可能性,往往容易陷入各种情感困境当中不能自拔。尤其是这种个人的情感体验和其他生活问题的困难相叠加时,更加容易产生出种种难以寻求到完美解决办法的心理冲突和情感障碍,影响到他们的心理健康和情感健康。

第三章 贫困农村大龄单身男性的生活、情感困境　　71

一、贫困农村大龄单身男性不同类型的情感困境个案

(一) 贫困农村大龄单身男性的心理健康困境个案

1. WZM 的案例

WZM 是该研究的研究对象之一，但是当研究者打算登门拜访，了解其相关情况时，却受到了预先的警告。村干部对研究者说："这个人，脑子有些和别人不一样。不知道整天想啥哩，都是些歪理论，老师你和他聊天的时候可得注意些，不要和他天上地下地乱聊，不然他愈发不知道个上下尊卑了！"当研究者打算详细了解一下原因时，村干部却说："你也别问了，我给你讲也讲不清楚。你去了，见到这个人就知道了……"带着这份狐疑，研究者来到了WZM 位于村子东边的居民区。刚到门口，村干部就朝屋里喊起来："小狗，小狗，来人看你了，快出来！"接着，就听到一阵啼嗒声，一个五六十岁、花白头发的人一边喊着"马上来了！"，一边跑了出来。"城里来的老师，来你家了解了解情况，看看你的生活"村干部介绍着研究者的来意。他眯着眼睛抬头打量着研究者，点点头说："快请进来，屋里坐！""算啦，就在院子里聊聊吧，你那屋里，狗窝一样，人家老师怎么进去啊？"村干部奚落地说着，一边带着研究者进了院子。可能这句话伤到了 WZM 的自尊心，他跟在后面进来，也不说话了。研究者说："不妨事的，那我先到屋里看看，外面宽敞一点，在院子里聊也好！" WZM 听了，这才点点头说："屋里也没啥看的，老师想看就看看吧！"进了屋子，光线真的非常昏暗，一时间竟没有看清楚屋内的陈设。稍微停了一会儿，才看清楚这是两间房，外边一间大一点，摆着一张床、一张方桌、一个农用三轮车；里面一间小一点，大约是被当成了储藏间，放着乱七八糟的一些东西。和 WZM 一边闲聊着，研究者一边退出了屋外。这时，他拿出来几张马扎（当地一种简易的木质小板凳），招呼研究者一起坐了下来。这时，研究者这才看清楚，原来 WZM 虽然是个农村人，却把花白的头发留了很长，还挽成了一个发髻，乍一看好像一个道士。略显黝黑的脸庞上，一双挺大的眼睛流露出一丝不羁的感觉。详谈之后，研究者发现原来生于农村长于农村的WZM，真的有一颗和其他村民不一样的心，这可能和他的生活经历有关。

WZM 是村子里为数不多 50 岁以上，有着小学文化程度的人。他年幼的时候，虽然家庭条件一般，但是父母勤劳能干，日子过得尚且可以，生活也算

稳定，所以送他读了小学。小学毕业时，由于比他大七岁的大哥准备要结婚，家里面需要资金给大哥盖房子，所以就没有让他再继续把书读下去。但是，父母仍然非常照顾他，平日里也不让他做什么活计，所以他就自己找些书报杂志阅读。没有想到的是，他偶然一次读了一本有关道教的书籍，竟然一下子对黄老学说产生了浓厚的兴趣，从此一发不可收拾，到处收集道家的书籍、文章来读。由于本身文化程度不高，只能自己消化琢磨那些晦涩、深奥的学说和理论，所以渐渐地就产生了一些离世索居、飘渺于世的想法。拿别人的话讲，"他成了一个和平常人不太一样的人，有的时候感觉'怪怪的'"。遇到什么事情、什么人，WZM总是拿出一副说教的态度，用那些在村里其他人听来是"不伦不类、乱七八糟"的言论来和其他人争辩。听村里人讲："他具备别人不常有的思维能力。总之，就是很聪明吧！但做事总爱钻牛角尖。"大抵也是说他难于沟通，不能和周边人进行正常和有效的交际和交往。和他熟悉的人都觉得他是一个不善与人交往、连自己的亲人也觉得他和亲人之间也显得那么地不善言辞。但是这些在WZM看来，是自己道学高深，没办法被一般人理解。所以，慢慢地，这种不能够被他人所理解的心情，竟然养成了他更加内向和狂傲不羁的性格。他之所以留着道士一样的发髻，也是表明自己的与众不同、特立独行。

在别的同龄人陆陆续续都已经开始准备谈婚论嫁，忙着找媳妇和生孩子的时候，他还在一门心思地沉浸在自己的研究爱好中。据说，在他二十几岁时，他就开始大门不出了，天天待在家里面，也不知道要干什么，只是专心钻研着"养生、气功、炼丹、长生、算命、卦象、易经"这些非常玄奥的东西。父母看到他根本不可能自己主动去找对象，也没有办法，只好托人说媒。但是，这只是"剃头担子一头热"，WZM自己根本对此不主动、不积极，因此每每相亲总以失败告终。同村人看他似乎钻研得有点"瓜（当地方言'呆傻'的意思）"了，偶尔遇到他，都开他的玩笑，笑话他年纪大了还没娶妻生子之时，他就公开地嘲笑他人，"娶个农村的婆姨有什么好的？"语气里似乎带着一丝"燕雀安知鸿鹄之志"的意味。快30岁的时候，他终于顿悟了，向自己的大哥借了钱，带着自己的作品——据说是关于如何长生的一篇研究报告，要到北京去申请国家专利。村民说："临走的那天WZM可高兴了，到处逢人就说自己的研究搞成功了。马上要到北京去了，到时候就有大钱了，可以在北京买房子娶城里女人了。"在村民疑惑和惊奇的眼神中，他丝毫没有感受到任何别人对他的举动的讥讽与诧异,毅然踏上了前往首都北京的征程。就在此事在村里人记忆中渐渐模糊的时候,他带着一个行李箱和一副憔悴的面容回来了,结果当然是什么也没有申请成功。据说,这次失败透顶的北京之行对WZM的打击非常大,他回家就把自己关在家中七八天,茶饭不思。当他再次出现在他人的视线中时,似乎已经换了副面容;没有了往日的自负,变得甚至有些谨慎和内敛。有人说他想不开,得精神病了,于是就更加引得他人的讥笑。有些时候,在别人茶余饭后,也总把他当成一个玩笑,一个谈资。久而久之,人们都渐渐不愿再和他有任何往来。他的生活似乎又恢复了像往日一般的宁静。有些人则以为他将会消失在这个村子里,消失在别人的生活中。

然而,老天似乎并不怜悯这个内心早已伤痕累累之人。他的父母因为交通意外去世了,只留下他和自己的哥嫂一起生活。在办完父母的丧事之后,WZM变得更加"神神叨叨",也更不爱和别人交流了。过了一段时间的平静日子,似乎一切又开始正常之后,他的哥哥看着弟弟的日子过着一天比一天消沉,自己又不能帮到任何多余的忙,考虑到弟弟的年龄已经很大了,于是琢磨着给弟弟找个媳妇过正常日子,不再被别人冷眼旁视,也有个人能和他一起照顾弟弟。WZM的大哥说:"其实这样做,我才能安心,也可以给父母一个交代。"可是,经历了一次又一次的相亲,其结局不是嫌他家里不够富裕,就是嫌他精神不好,反正就是极不顺利。于是,这件事便又渐渐无人问津了,累计如今,WZM依旧是个大龄单身"光棍汉"。

纵观WZM的过去到现在,依然过着朴素的、自给自足、时常接受哥哥嫂嫂救济的生活,生活也就变得有些淡然了。从以前的傲慢不羁、甚至有些自负、思维敏锐到现在的孤僻,不难发现导致这一切的原因莫过于他的内向的性格和经受不住挫折的心态。但是,执拗的WZM依然没有放弃"求仙访道"的志愿,依然执迷于自己的"研究"。村干部说:"今年夏天最热的时候,我还看到他顶着个大日头,戴着草帽,披着棉袄去种菜。我都担心这个人别真的疯了!"没有人理解WZM,也没有人能够和他进行沟通,WZM带有偏执特性的性格特点,决定了他在人生道路上,在乡村的狭小生活空间中,必须以冷漠和封闭面对不能够被别人理解的想法和特立独行的行为。也许,这是他对自己的一种心理保护。

2. WYH的案例

WYH的家相比村里其他人家,尤其显得矮小、破败。尽管村里大多数房子都是修建于20个世纪八九十年代的土坯房或者砖木房，只有零星的几家住着楼房，但是在那一片砖木房中，WYH家的房子也显得比较低矮。院子四周的院墙还是土坯的，已经被风雨侵蚀的坑坑洼洼。在村干部的招呼下，一个大约40多岁的精瘦男性和一对老夫妻走出来，站在屋檐下等待着研究者。研究者进到WYH家里，发现他的家里只有两间房，是一大一小两间套在一起的。大房间没什么家具，只有几条长条板凳、一张吃饭的桌子、一张土炕。小房间也只有一张木头板床。院子里没有用水泥铺好地，在这样一个下雨天来访问他，看得到院子里都已经满是些烂泥。屋子里也没有像村里其他人家用砖头铺地，只是夯实了的土地。

WYH今年41岁，无业，在村里属于典型的"懒汉"。在前往WYH家的路上，村干部已经大致介绍过了他的相关情况。WYH是家里面的独生子，所以尽管家庭情况一般，可以说比较清贫，但是他依然享受着父母对他非常多的关爱。用村主任的话说，"他为啥打光棍？为啥没女人看上他？都是懒的。整天价啥活都不干，庄稼也不会拾掇，重的拿不动，轻的不愿拿。都是叫他老子娘惯出了一身'懒骨头'！"

WYH初二就不上学了，因为实在也没有学习的兴趣。"每天上课对我来讲都是像听'天书'一样，一到考试的时候，我就特别绝望，因为肯定考个大零蛋！"说这些的时候，WYH忍不住笑了起来，看来他丝毫没有觉得自己不好好学习有什么过错。他在家里待着，到了农忙时节，跟着父母去地里干活，结果竟然一副"书生样"，才干了一天半就再也不肯去地里干活了，嫌脏嫌累。父母心疼他，觉得他年龄小，这些农活对于他来讲也委实重了些，就找了WYH的一个舅舅帮忙。他的这个舅舅是个货郎，就是骑着三轮车，拉着一车从城里的批发市场批发来的廉价生活用品，小到针头线脑、锅碗瓢盆，大到小型家电、农机器具，专门到一些地处偏远的村庄走村串户去卖货。所以，WYH的老娘就让自己的哥哥带着他去当"卖货郎"。按理说，这个工作和干农活相比，不是非常辛苦，更多的是要"嘴上讨巧"，能说会道会推销东西。可是，干了没两年，WYH就又打道回府了，按他的原话讲："当个'卖货郎'。太丢人了，走村串户的，为了块儿八毛的还要和那些大姑娘小媳妇争来争去。而且我觉得也挣不了多少钱，每天光蹬三轮车，就得浪费掉不少力气，结果一天才挣几块钱，实在是不划算……"就这样，WYH又在家里待了下来。父母看着这样也不是长久之计，就托人给他在城里的糖厂找了一份临时工，希望他能安心上班。结果干了没三年，他在厂里组织的年度体检中，被查出得了肺结核，厂里也不希望其他工人受到传染而影响生产，就借故辞退了他。而这也正合WYH的心意，"你不知道糖厂工作多辛苦，每天都要把收来的'糖萝卜'用铁锨翻来覆去地在水池子里面翻洗好几遍，比翻地还要累人！"原来，还是因为觉得辛苦就再也不肯去上班了，正好得了生病的这个由头，就更有理由"踏踏实实"地在家里"养病"了。

自从他由于肺结核生病在家，就再也没有主动出去打过工，也从来没有帮父母到地里去干过活。整天就是"吃了睡，睡了吃，啥活也不干，我们也拿他没有办法！"WYH的母亲无奈地摇摇头，对这独生子一点办法也没有。时间一晃，WYH都快30岁了，父母又张罗着给他找对象，可是对方一听说是这样一个"四体不勤"的人，又有肺结核，就都"黄了"。而WYH丝毫没有着急，反而更加自由、散漫，并不着急找对象。平日里，经常和村子里的一些大叔们聚在村部活动室那张小桌子上打打牌、打打麻将，赌点钱。没有钱，就问他父母要，要不到就到处去借，"能借几块是几块，人是个好人，也没啥其他的毛病，就是懒得很。有的时候看着可怜的，那么大的个人了，借钱借的几块钱，就借给他了！"周边的邻居这样说道。

调查结束的时候，研究者试探性地问WYH："你还想着成家呢？"他回答说："想啊！怎么不想？等我把病养好了，就去城里找个工作，攒点钱娶个媳妇！""那你什么时候打算去找工作了？""这谁说得上，得看情况了……"看来，未来的一切，对于WYH来讲还是那么不确定。他的懒，是他的父母的溺爱造成的，也更加是由于他本人心理不成熟，太过于依赖父母造成的。尽管如今，WYH的父母也已经年逾六旬，但是在WYH的眼中，似乎还有着无限可以依靠的机会，因此他永远缺乏自己养活自己的动机和努力。在城市里，有着一些好逸恶劳、坐吃山空、尽情"啃老"的年轻人。没有想到，在遥远的乡村，也有同样的情况发生，实在令人感慨！

（二）贫困农村大龄单身男性的情感处理方式困境个案

1. GHW的案例

高中文化程度的GHW，调查时38岁，未婚。他的家庭经济情况在S村属于比较好的，住在一个干净、整洁的院落里，还用砖头砌了一围小花池。四间砖瓦房也收拾得非常干净，不像其他人家室内光线比较昏暗，一进门是那种比较明亮的感觉。GHW的父亲曾经在部队工作过，复员后就到了市里的地质调查队工作，现在已经退休了，所以有一份稳定的退休工资维持家用。GHW的母亲是个家庭妇女，和他的父亲是两姨表兄妹的关系，因此他的父母属于"近亲结婚"。GHW出生时就有双腿残疾，双腿略有弯曲，不能直立行走，加之他的父亲经常要到野外去做地质调查工作，一走就是几个月，所以他的母亲一直在村里养育GHW，没有跟随父亲到城里去生活。站在研究者眼前的GHW，除了双腿不能长时间站立弯曲外，长相还能说得过去，五官端正，方脸大眼睛，头脑灵活，双手自如，听村干部介绍他能在家干一些轻微的力所能及的活计，每年寒暑假的时候会到市里做家教补习的工作，平常依旧住在村里。

因为父亲有工作的关系，GHW生活在一个温暖且经济相对殷实的家庭。虽不富有，但小日子过得有滋有味，其乐融融。上小学后，和其他健康的孩童相比，GHW不能奔跑跳跃，不能参加体育活动，因此给他幼小的心灵蒙上了自卑的阴影，同时也失去了同龄孩子的活泼好动，唯有扬长避短，在学习上狠下功夫，超越其他同学，从而不被同学们嘲笑小看。"除了看书、学习，我还能做什么，所以小时候在班里学习成绩一直挺好的！"说起这些，GHW的脸上洋溢着一些自豪和骄傲。就这样，年复一年，从小学升中学上高中，GHW一直都是学习上的拔尖者，特别是考上市里的重点中学后，他更是把全部精力用在了学习上。但是，随着年岁的增长，GHW的病也在加重，腿更加疼痛，也比以前弯曲多了，走路也更加困难起来。尽管这样困难，但是他依然坚持克服，在学习的道路上顽强拼搏，积极进取。GHW说："我知道，这是我唯一能走的路！"十二年以来的小学、初中、高中学习中，每门功课，他都以优异的成绩走在了其他同学们的前面，取得了令人刮目相看的成绩。功夫不负有心人，在1996年的高考中，他以全市第一名的成绩，被一所重点大学录取。正当一家人沉浸在无比欢乐和喜乐之中时，晴天一个响雷，把他的梦惊破了。在入学面试时，他因为身体残疾不合格，被无情地取消了入学资格。面对如此沉重的打击，GHW被彻底压垮了，"想想自己辉煌的前程，一夜之间被毁得干干净净，我只能唉声叹气老天对我的不公。"GHW这样回忆。于是他思前想后，痛苦异常。万般无奈之下，给家中留下一封遗书，到镇里一家旅馆登记了一间房，准备就这样默默无声地了却一生。好在苍天有眼，他的举动被亲人们及时发现，经多方劝说，晓之以理、动之以情，再看看父母悲愁的面容，

GHW 的心软了下来，最后很勉强地给他们写下了今后不再轻生的保证书。"从此以后，就给我这个半死不活的人头上戴上了紧箍咒……"他在无奈当中，勉强接受了命运的安排。得知 GHW 的遭遇，朝夕相处六年的老师同学们，对他的处境非常同情，可又无可奈何，只对他说了一句话"坚强起来，面对现实，快乐地活下去，不要再干傻事了。"GHW 回忆说："当时我面对老师同学们的衷心教诲，无言无语，只有默默地流泪。"从此以后，他中断了和一切同学朋友们的联系，闭门谢客。好在父母十分同情理解他的心情，为他买了好多小说、书籍，希望他能借此消磨时间，平复心情。GHW 一天除了吃饭睡觉，就是整日和书为伴，沉迷于那些虚幻的故事中，一天又一天地打发这无聊而又苦闷的日子。"孩子那个时候可苦了，白天愁眉苦脸，晚上唉声叹气！"GHW 的母亲说道。这样长期处于人世隔绝的日子，没有常人所有的社交活动，没有同学，没有朋友，其实是一种度日如年的生活。怎么办？再这样长期下去，等待他的也只有郁闷而死了。

在万般无奈的情况下，GHW 的父母想到找他的老师谈谈，或许能有办法化解开这种矛盾，能说服、开导、教育、帮助他，使他回头是岸、起死回生。父母背着 GHW 又一次找到他的老师，把他从高考落榜后这几年来的情况变化详细向老师叙述了一遍。GHW 的老师听过所有这一切情况后也感到十分惋惜和同情，沉思默想了一番后说："我给你们出个主意，试试看能不能起作用。如今，不但市场竞争非常激烈，同学之间的学习竞争也十分激烈，父母对孩子的学习越来越重视，也抓得十分紧。大家都想望子成龙，让孩子在高考中考出好成绩，考上一所好大学，以便将来好就业找工作。除了每天的学校正常学习外，在课余还找家庭老师，给他们的孩子开小灶补习功课。我现在正好带着几个高一的学生在补习数理化，恰巧学校最近派我到别的学校去进修。你们的孩子学习好，脑子灵，数理化学得又好，也是他的强项，补习他们的功课应该是没有任何问题的，也是完全能够胜任的。当然这个补习工作是要付报酬的，这样既解决了你孩子的吃饭看病问题，还能得到一些经济收入。年轻人在一起互相交流，共同研讨，活跃了思想，开阔了视野，有共同爱好、共同语言，相同的乐趣，这样日子过得快乐有趣味，生活也相对的充实。有了这个不是工作的工作，小 G 整天就不会胡思乱想，自己折磨自己，也不会再抱怨自己是个多余的废人，只能白吃饭，浪费国家的粮食……"老师的一番话，好像在 GHW 的父母面前点起了一盏明灯，让他们的心豁然开朗了起来。GHW 的父亲说：

"当时,我们就觉得这个法子可能行,我们的孩子有希望,有救了。现在回头看看,真是要感谢老师的教导,谢谢老师的救命之恩,他的金玉良言我们没齿难忘。"从此,GHW在父母亲的帮助下,在市里租了一间小房子,与这些求知若渴的同学们朝夕相处,教书育人,走上了做家教工作的路。这样既解决了家长和同学们打开知识大门的愿望,每天也充实了他的生活乐趣,增加了他的生存希望。由于这是GHW唯一能做的事情,也是唯一觉得自己还有价值的事情,所以带家教认真负责,对同学们不懂的难题不厌其烦地讲解演示,直到大家听懂会做才放手。通过这样辛勤地耕耘,所带的这批学生,在高考中成绩都比原先有不同程度的提高,有的甚至考上了重点大学。同学们为了感谢他对他们付出的辛勤劳动,都带着各样礼物来看望感谢他。"那时的我好像又回到了上高中那些年与同学友好相处、打闹嬉笑的年代,心中充满了自豪与幸福的欢乐充实感!"GHW由此终于知道自己还有一定的社会价值,也放弃了原来轻生的念头。通过他的家教学生们之间的相互传播,他也有了一定的社会认可度,受到了社会上的尊敬,受到了要求补习的同学和他们家长的欢迎认可。有一些家人和同学甚至主动找到他,和他接洽,联系要求补习初高中各学科的家长、学生络绎不绝。"我们租的那个小屋,出来进去的家长学生接连不断。邻居们都窃窃私语,经常议论,感叹地说'你不要看他们家养了一个残疾娃,本事可大着呢!还有这么多的娃娃家长来求他,真比我们养的健康娃娃还管用,有本事。'"GHW的母亲说起这些的时候,显得非常高兴,"听着这些褒贬不一的话,多少年来压在我们心中的石头终于被搬开了。GHW的脸上也头一次露出了笑容"。GHW说:"其实,还是要自己想办法,从事家教工作,让我的生活充满了快乐、幸福。我感到了自身的价值,不再是一个废人,凭我自身的知识,不但能教书育人,为他人传授知识,创造美好的前程,幸福的未来,而且还能得到丰厚的经济收入,自己养活自己。我虽然身残但我志不能残,我也有两只手,不在家中吃闲饭,我要挑战自我,立志做一个像张海迪那样对社会有用的人!"

就这样,年复一年日复一日,从高中毕业到被回家吃闲饭,再到做家教,直至今日,整整走过了二十个年头。GHW说:"细想想,生活是充实有意义的。可我也从一个年轻小伙奔到了中年人。这期间,父母经常不厌其烦,一次又一次地给我做工作,提个人的婚事。甚至以死相逼,苦苦哀求我,要我放弃独身一辈子的念头,要我不为自己想,也要为年老的父母想想!"GHW的母亲说:"再说我们家是一脉单传,他又是独子。找不上个好的对象,就是找个条件差,相貌一般的对象,只要能生孩子就行。不孝有三,无后为大,为了延续我们G家的香火,给我们G家传宗接代,就是再找个残疾人也行啊?!"听到母亲这些话,GHW的眼神黯淡了下去,无奈地叹了口气。这些叫人心寒的话,对于GHW这样一个本来就比较敏感的人,可能听多了也是欲哭无泪,寝食难安。他说:"说实话,我都快奔四十岁的人了,对我的个人问题想过没有?不想是假的,不管是正常人还是残疾人,人人都有七情六欲,都想着能成个家,不枉活一生,白来世上一趟。而且如今父母健在,每月收入两千多元,加上我做家教的收入,合起来也有四到五千元,虽不是小康之家,但过个一般日子也不存在多大问题,再娶个媳妇多添一口人,凑合着过日子,我想问题还是不大。我想结婚后,生个一男半女,为家中添个一钉半铆的,以了却父母的心愿……"可见在GHW的心里,还是希望能够结婚成家,组建家庭的。可惜这样的希望,却多次落空,GHW说:"在亲朋好友的多方介绍下,谈婚论嫁的人到我家来了一批又一批,好多来相亲的一看我那武大郎的身材,走路弓着腰就着腿(当地俗语:意为腿不能伸展开)的样子。二话不说,连坐都不愿坐,一个个就相继离去了。"眼望着一个个扭头离去的相亲者,GHW受到的打击一点一点击溃了他原本的一点自信,"我的心也一点一点地凉了下去,慢慢地我变得绝望了起来,不想再考虑个人婚姻问题了。"直到有一天,在亲戚的介绍下,一个媒婆领着一个双腋下夹着拐杖的女性来相亲,彻底击碎了GHW对婚姻残存的一星希望。据GHW说:"当她拄着双拐,吭哧吭哧地走进我家的门,听着那拐子砸在地上的声音,我的心都在流血。我都不敢看那个女的,只能看着窗外的天仰天长叹。我心里想着我的命咋就那么苦?难道我是个瘸子就要给我配个拐子才合适?我都这样在生活上不能自理,时时需要别人的扶助帮忙了,难道还要一个瘸子去伺候一个拐子?这不是天大的笑话吗?"说这些的时候,GHW的声调都提高了几度,面部的肌肉由于情绪紧张有些抽搐,一旁的父母面面相觑,不敢多言语一声。相亲过程中不断发生的一幕幕可悲可叹的情景,让GHW彻底灰心丧气,绝望至极。他不再相信未来,也不敢想象像他这样的残疾人能不能够获得爱情,有没有婚姻。

"我痛苦地反复思考,听着那些相亲姑娘冷嘲热讽的刺耳话,'瘸子残疾人还想找对象,真是癞蛤蟆想吃天鹅肉,等下辈子吧?'再想想医生对我说的话,'你这个病是由于近亲结婚带来的,随着年龄的增长将会越来越严重,等到最后的结果就是双腿完全残废，不能站立，连坐都不能，你的后半生将会在床上度过。回想着这一切的前后，我下了决心，不能昧着良心做事，从今后不再谈婚论嫁的事，不能做既害自己又害别人，丧尽天良、天地不容的事。我已经成了社会的包袱，就不能再做对不起社会的事。一切打击、折磨、痛苦就自己承受，自己酿的苦酒自己喝，何必要人陪呢？"这是 GHW 对研究者"你对未来婚姻和家庭还有什么期待？"的回答，是一种彻底拒绝和否认的回答。也许已经看开了这一切，也看淡了这一切，目前的 GHW 思想开朗了许多，痛苦的受伤的心也平静了许多。"现在我虽然大门不能出，二门不能迈，整天与家人为伴，与电脑为伍。但我并不感到孤单，社会没有忘记我，政府也没有忘记我。每月我还享受 250 元的残疾人生补贴，每年交 80 元的社会医疗保险，有大病、住院就能享受一定比例的报销。只要父母健在，吃喝拉撒就有人照顾。可以说，我没有后顾之忧。只要不死在父母之后，幸福的生活就会向我招手。我虽然是个残疾人，但我身残志不残，在这个世界上活一天，就高高兴兴，快快乐乐一天。尽我所能，做一天对社会有用的人。愿做一只红蜡烛，燃烧了自己，照亮了别人。尽我所学的知识，努力认真负责地做好家教，为在我这儿补习的同学们创造一切条件，教书育人，为大家打造探索知识的平台，提高他们的学习成绩，使他们都能够考上理想的大学，成为社会有用的人才。目前，这就是我对一切的希望和期待了！"

　　结束了对 GHW 的访问，研究者心情也久久不能平静。GHW 是不幸的，因为身有残疾制约了他的发展，也不能结婚成家。但是，他也是幸运的，因为他刻苦努力终于有了自己的事业，也证明了自己的社会价值。唯一遗憾的是，他的婚姻情感经历的波折和遭遇，将其带入了一种苦难的情感处理方式境遇之中，他在内心已经怀疑、拒绝和排斥与之相关的一切，否定了未来的各种可能性。研究者的访问调查，一不小心戳开了他貌似愈合的情感伤口，结果才发现那是一个永远不可能得到修复、在继续渗出血滴的伤口！

　　2. LXB 的案例

　　50 岁的 LXB 脸庞黝黑，脸上很少带有笑容，更多的是充满皱纹、严肃的面容。矮矮瘦瘦的身躯略显苍老，稍稍有点弓腰，但是衣裳穿得很整洁。当研究者来到他家的时候，他已经得知了今天要接受访问，所以特意穿戴的很整齐，一身深灰色的中山装，头上还戴着一顶和衣服差不多颜色的"前进帽"。村干部给研究者介绍他真正的名字叫"LXB"，但大家都习惯叫他"孩儿"，他是村里最有名的"媒人",撮合了不少人的姻缘。研究者感到非常好奇,他自己是一个媒人,为什么自己却仍未婚一直单身,是身体原因?家庭原因?抑或是其他的原因?研究者事先做了很多猜测,但仍摸不着头脑,所以研究者对他的故事感到非常有兴趣。

  LXB也是一个苦命的人,在他十几岁的时候,他的父母就都去世了。他们家原本不是当地人,是从内蒙古那边迁过来的,所以在村里也没有什么近亲属。只有他和姐姐相依为命。他们姐弟俩没上几年学,自从父母离世后就都辍学了,一直以来就靠种点地来维持生活。可以想象姐弟俩肯定吃了不少的苦,他的姐姐更是以极大的勇气支撑着这个家,一直生活在这个村子里。那时候家家户户都很闭塞,很少有人出去打工挣钱,都是在家种地,种多少得多少,除了能养活家里人,剩下的也只能够交地税了。所以,LXB在村里人的介绍下,到镇里一家面馆当学徒,既能够学到一些手艺,也能够分担家里的经济负担。等到了LXB的姐姐到了出嫁的年龄,村里的媒人也就不自主地找上门来,本以为找一个好的人家嫁了,这样也好帮助弟弟一把,将来帮他筹点钱找个媳妇成个家,可是一切都不像原本想得那么简单。他姐姐嫁了一个不但丑而又穷的男人,以他们的条件也根本不能提高家境经济水平,帮助到LXB什么。他姐姐连自己的家都顾不好,哪儿还有钱有心思去照顾他。就这样她姐姐嫁了出去,只能偶尔回来看看他,他偶尔也会去她姐姐那儿。

  可是,让谁也没有想到的是,LXB在面馆当学徒的这段日子,由于聪明能干,竟然被店主的女儿看上了。两个年轻人,一个在后堂帮厨,学着和面、拉面、炒菜、做饭;一个在前台服务,收拾桌椅、收银、招呼客人、端茶送水。只有在下午面馆生意少、几乎没有客人的时候,两个人在一起摘菜、洗菜、准备原材料,或者有时候一起去集市上采购一些货物的时候,能够有机会交流几句,拉几句家常。即使是这样短暂的机会,两个青年男女间的情愫却在慢慢滋生、壮大。终于,"纸包不住火"的时候到了,面馆店主发现了两人之间的事情,知道了他们在谈恋爱,气急败坏之下,将LXB赶出了面馆,要求他和他的女儿之间切断一切联系。可是,年轻人的热情和冲动不是仅凭一句话就能够冷却和击溃的。LXB依然和店主的女儿暗通款曲,偷偷摸摸谈着"地下恋爱"。LXB说:"当时年轻,不知道轻重,也觉得他父亲可能是嫌弃我穷,所以觉得还有机会翻身,先把恋爱谈着,等着将来日子好过了,她爸就没啥意见了!"可是,他根本就不清楚面馆店主反对他和他女儿之间的恋爱关系的真正原因是什么，还在茫然不觉的进行规划，憧憬着未来美好的一切。"直到有一天，她爸让人把我叫到面馆，要和我谈谈我俩的事情我才知道真正的原因。我原以为老头子同意我俩的事情了呢！还兴冲冲地买了一瓶酒，提了两盒糕点去的，结果没想到就这样谈崩了，我们也就没有再发展下去了……"LXB 的眼中流露着对往事不堪回首的苦涩。原来，面馆店主一家人都是穆斯林，尤其是女孩的父母都是非常传统和信仰虔诚的穆斯林。按照他们的习俗，是不能和外族人，尤其是和不信仰伊斯兰教的汉族人通婚的。"当时她爸说了，除非我改换'教门'，入了伊斯兰教，并且不再吃猪肉，才有可能答应我们在一起。我想都没想就拒绝了，我当时觉得这个事情根本就不是阻碍我们在一起的原因，他还是嫌弃我穷！"所以，尚在年轻气盛阶段的 LXB 在自尊心的驱使下，没有同意女孩父亲的提议，也放弃了最后可能使两个人在一起的机会。起初，两个年轻人还是没有在乎什么，还在勇敢地抗争，但是当女孩的父亲邀请了家族的长辈和亲人非常郑重地给女孩说了利害关系之后，女孩也不得不放弃了最后的挣扎。LXB 说："她们家人说了，如果她非要和我在一起，就要把她驱除出教门，和家族断绝关系，他的父母也不再认这个女儿了。"所以，女孩最终惧怕和屈服了，彻底地和 LXB 一刀两断，没有再联系过。这件痛苦往事的经历，留给两个人非常大的心理伤害，据说这个女孩一直到 40 多岁才嫁人，而 LXB 也一直单身到现在。

从那以后，意气消沉的 LXB 经过长时间的思考，醒悟到"发生在自己身上的不如意和不幸不应该再发生在其他人身上，我要让每个人都得到幸福"，因此就开始在村里做起了"说媒拉纤"的事情。到现在，LZB 在村里已经是很有名的"媒人"了，经他介绍和撮合过的姻缘有二十几对，他走到哪里都会收到村民的尊敬，因为他给村民解决了很大的一个难题。仅凭那三寸不烂之舌，使得原本外村女孩不愿嫁进来的 S 村，也有了一些嫁进来的外村女孩。只不过，"现在这个说媒的事情也不好做了，现在的年轻人想法都不一样了，我们老人说啥也不太听了。家里没个好房子，没个好经济，你再说得好也没有用，不像以前了……"LXB 这样评价自己目前的"事业"。这么多年以来，他从来没有为自己说合成一门亲事。LXB 说："我自己是再没有那个方面的打算了，找个合适的人实在是不容易，我觉得我自己一个人也挺好的。这些年依靠'说媒'和种地攒了一些钱，都交给我姐了，她有两个娃，我还能帮衬她一些。将来我老了，这两个娃要能记着我的好，就帮我养养老，实在不行就进养老院去了!"

LXB究竟是信仰爱情呢？还是失望于爱情？如果说他信仰爱情，那么他应该明白世界上肯定还会有一个合适他的人在等着他，努力寻找肯定会得到属于他的幸福，而不应该放弃自己。如果说他失望于爱情，那么他就不应该那么殷勤地为别人的"爱情"操心，成全了那么多男女的姻缘。也许，正是以往的痛苦经历给了他矛盾的心情，使得他对待自己和他人的"爱情"陷入了完全分歧的态度。曾经，他无能为力挣脱出自己爱情的困境，因此将这种期望和愿景投射到了他人身上吧？

3. HB 的案例

HB，男，今年 29 岁，无业。据村干部说，他也有交往过几个女朋友，但都没有结果。他的家庭是一个单亲家庭，HB 的母亲在他 3 岁的时候因为生病去世了，家里只剩下父亲。早些年，为了给 HB 的母亲看病，HB 的父亲花去了家中所有的积蓄，并且还借了很多外债，因此家里的境况也是非常困难。HB 的父亲至今未再娶亲，因为怕继母对他不好，所以一直以来，一个人既当爹又当娘把 HB 抚养成人。由于背负着母亲最后的嘱托，所以 HB 的父亲对其管教甚是严格。在访问的时候，面容清秀的 HB 有一些痛苦的情绪，他说："我小的时候，我爹打我打得可凶了。我也是个比较倔强的人，经常顶撞他。所以两个人一句话不对头，他就随手捡起什么东西开打，扫帚、刷子都打断过。我小的时候有一次贪玩，没有好好看书，考试考了个不及格，我偷偷把试卷上的考分给改了，结果被他发现了。哎哟，把我打惨了！我都不敢想呢！那一天是把我用麻绳捆起来吊在门框上打的，用的是他自己的皮带，着实了往我身上抽啊……"调查者问道："你有没有为此记恨你的父亲呢？"HB 此时不以为然地说道："小时候记恨过，特别讨厌他。他打完我，我就偷偷地抱着我妈的照片在被子里面哭，偷偷地往他杯子里面吐吐沫（当地俗语：意为口水或者唾液），呵呵！后面我也长大了，慢慢地他也不打我了，现在我也就忘掉这些事情了，就是有时候还是觉得有些怕他。"

由于深知父亲的不易，其实 HB 小时候上学还是很用功的。据他的一个小学同学说，上学时候他很聪明，学习成绩也是很好的。但是在 HB 上初中的时候，HB 的父亲因为长期辛劳，导致身体不好，出现了比较严重的风湿性关节炎的病症，需要在家休养，无法外出打工赚钱。当时 HB 家的外债虽然已经逐渐还清，但家里也并不是很富裕，只能维持日常的生活开销以及 HB 上学所需的费用。他的父亲一有病,就无法外出赚钱了,家里的积蓄也不多,所以他无法继续上学,只能辍学,出去打工赚钱,补贴家用。HB经人介绍,在镇里的水泥厂里开始上班。当时HB还未满18周岁,每天在家和厂之间来来去去。当时厂里面效益还不错,常常需要加班,HB每天都要忙到很晚才能回到家。回家后,也在安顿好父亲之后才能休息,每天很是辛苦。而如今,他已经在工厂里面干到了车间主任,工资比以前也高了许多,据他自己说每年年底还有奖金发放。而且HB的父亲在家经过几年的休养,身体也已经好了很多,如今在家里能够做一些家务活,还能干一些农活。表面上看,今天HB家的情况与以前相比,已经改善很多了,可是他却一直没有找到对象。

　　HB的父亲现在对他儿子的婚姻大事很是关心,通过好多人在给HB介绍对象。HB的父亲认为,儿子至今没有找到媳妇,都是他造成的,因此非常悔恨和内疚,觉得自己没有完成妻子的遗愿,照顾好儿子。HB的父亲说:"无论如何,我要在走之前,给他说下一门亲,要不然我到了下面怎么给老婆子交代呢……"而HB则对父亲过于热衷为自己找对象感到有些无奈,却又无计可施。因为无论他内心对父亲介绍对象这件事有多大的反感,多么不赞同,甚至于排斥,但是毕竟这么多年父子相依为命,他还是比较孝顺的孩子。大多数情况下,尽管HB说自己都不想去相亲,可是每当他的父亲用期望的眼神看着他时,嘴里念叨希望他能早些结婚时,HB都不忍拒绝父亲的要求,所以依然每次都会听话地去相亲。听他的父亲说,以前给HB介绍过一个女孩子。那个女孩子是临近乡镇的,家里条件挺好的,相过亲后女方对HB感觉也还不错,可是HB跟她相处了几天之后,不知道什么原因,女孩子就跟HB"吹了",而且没多长时间之后,女孩就跟另一个男的"闪婚"了。"我也一直以为上一次的婚事能成的,可惜最后没成。我一直问HB到底是啥原因?他也不肯好好回答我。我猜兴许是两个人在相处的时候,那个女娃儿多少给HB脸色看了,因为她们家条件好些。我们家HB因为那个女的,多少受到了一些伤害和刺激,所以之后我再介绍的那些女孩子,HB都跟她们相处几天就没下文了。"说到这里,似乎从HB的父亲言辞之间能发现他还是觉得是因为自己家里条件不好,导致了HB婚姻上的不顺利。按照HB自己的说法,似乎也印证了他父亲的想法。他说:"因为上一次的那个女孩家里面的条件比我们家好一些,她有个哥哥考上大学后毕业留在省城的报社里面当记者了。其实她们家也没好到哪里去,只是有她哥哥的帮衬,家里面置办了一些家用电器啥的,逢年过节的时候她哥哥经常给家里面寄点钱、带点东西啥的。女方家里希望自己的女儿找一个家里条件比较好的，希望女儿以后的生活会好些，所以嫌弃我们家条件差，不同意将女儿交给我。我自己也知道自己家里面的状况，所以只能无条件地选择分手。还有就是我自己也很忙，没有空余时间陪伴女友，女友受不了这样的交往，所以最后以分手结束。"这是HB在起初访问时，对自己至今单身的解释。调查者间接了解了他自己对理想对象的要求，其描述是："我现在有想结婚的打算，可是并没有找到合适的对象。我希望能找到一个温柔、大方、孝顺、个子高点的女生，皮肤最好白一点。"周边人都觉得，其实他对理想配偶的标准还是比较高的，但是他自己却认为："我找对象的要求并不高吧？不需要女方的学历有多高，不需要女方家条件有多好。因为我本身的学历不高，而且因为以前家里条件不好时，有女方家不同意把女儿交给我，所以没能结婚。现在，我也不会因为同样一个原因，把自己的终身幸福因为家庭条件而拒之门外。"HB现在希望有一个孝顺他父亲、体贴他、长相不错的女的交往，可是还没有找到，他更希望找到一个自己有感觉的人。

　　情况了解到这里，研究者似乎明白了HB至今单身的原因，但是又觉得太过于表面和简单。难道就是因为家境一般，或者就是因为要求有点高吗？在多次去S村实地调查的过程中，研究者逐渐和HB熟谙了起来，而且令研究者也没有想到的是，偶然一次在村民的口中，研究者获知了一个意外的消息。有一次晚饭后，研究者和几个村民在村小卖部门口聊天，其中一个村民非常神秘地说："你们知不知道HB的秘密啊？"大家都非常好奇，研究者也一头雾水。然后在周边人的催促下，他欲言又止："他可能不喜欢女的啊，具体情况我也不清楚，他不经常在村里，就是有些风言风语的……""难道，HB至今未婚还有其他原因或者隐情吗？"研究者似乎有点明白了他单身的原因，于是带着这个疑问，研究者利用多次机会，想了解到HB至今单身未婚的真正原因。直到有一次，和他一起吃饭，喝了一点酒，HB才终于坦诚说出自己的秘密。当然，按照HB的说法，这个心中的秘密也是一个非常沉重的"负担"，压在心中已经很多年了，无人知晓也无人可以诉说，今天说出来也有一点"解脱"的意思。原来，他至今没有找到对象的原因是因为他从工厂打工开始，也就是青春期时就逐渐发现了自己对女孩子没有任何感觉，他喜欢的是同性。研究者至今还清楚记得第一次和盘托出事实真相的时候，HB欲言又止的样子。在几经思虑之下，他好像鼓足了巨大的勇气，在确定研究者会为他保守秘密，并且不会看不起他后，终于告诉了研究者事实的真相——他是一个"同志"。而且，目前他已经有自己的"朋友"了，所以他的父亲为他安排的各种相亲活动，他只能是应付应付，其实都是没有任何结果的。他不想伤害父亲，也怕别人知道了事实的真相会伤害到自己和家人，因此从来没有人知道他的"秘密"。他只管按照父亲的指示去相亲，却从来没有真正地去和一个女孩子交往。他起先告诉研究者的那些择偶的标准，以及至今未婚单身的原因，都不是真正的原因。

事情还要回到他小时候经历的父亲对他的严格管教上，因为被父亲打骂怕了，所以他特别渴望得到理想当中的父爱。所以渐渐地，在HB心中，那些文质彬彬的、书生意气的男性充当了理想父亲的角色。直到青春期的时候，他在打工的工厂当中遇到了生命当中的第一个同性性启蒙对象——一个同车间的，年龄比他大五岁的男性。"我也记不清楚当时是怎么发生的，就是觉得自己对那个人特别有好感，能够和他走得很近，关系很好。我们一起上班，一起吃饭，休息的时候一起开玩笑、打牌。有一次朋友聚会，我们都喝多了，因为时间太晚了，而且我家远，就住到他家去了。然后，就发生了……"说起这些的时候，HB的眼神依然很困惑，好像至今也不明白自己为什么会喜欢同性。"时至今日，再也回不去了。我对女孩子也没有啥感觉，还是觉得男的好一些。"HB继续说道，"现在，最关键的问题就是我爹还想着给我找个媳妇呢！我也没有办法给他明讲这些。不然，他知道了肯定把我打死。要不然，也要被村里人说死的。就这样先混着吧！实在不行，我只能逃到外地去打工了。只是，我爹的身体还是不太好，我也实在没有办法了……"说到这里，他如释重负地叹了一口气。

听完HB的故事，知道了他真正单身未婚的原因后，研究者不想过多地按照教科书去分析或者评判HB是先天的同性恋，还是后天环境造就的，抑或是二者结合的类型。只是对于他的未来，以及他所处的环境有所担忧。毕竟，他生活在一个依旧非常闭塞和传统的乡村里，村民们对于"同性恋"，并没有什么亲切、宽容和科学的认识。如果，有一天他的秘密大白于天下，那么对于他和他的父亲来讲，将会是一场劫难。他行走在亲情和爱情的交错之处——因为亲情，他不能明目张胆地表达自己的爱情观而伤害亲情；因为爱情，他也不能完全顺从于亲情安排之下的婚姻，对爱情委曲求全。HB的故事，也许揭示了大龄单身男性未婚单身的一种非常特别的原因。这种原因的形成，有着非常复杂的家庭、文化和社会原因，站在价值中立的立场，无法评判其对与错，更重要的是需要进一步分析其影响。

第三节 贫困农村大龄单身男性的生活困境与"单身"的关系

一、贫困农村大龄单身男性经济困境与"单身"的关系

贫困家庭的青年男性，本身在婚姻市场上处于资源获取的劣势地位，尤其是在当今社会，女性的配偶选择标准非常看重男方的家庭背景和经济水平的情况下，贫困家庭的男性在婚姻市场上非常缺乏竞争力，特别容易成为"失婚"人群。

此次调查也发现，即使在贫困的S村，"彩礼"钱也在不断增加，超出了一般家庭的承受能力。不论通过什么方式进行的婚姻联系，女方家庭都会非常认真和仔细地考察男方家庭的经济情况和致富能力。这一方面可能是出于对自己家女儿的一种保护性策略，即希望自己的女儿能够嫁到一个衣食无忧的家庭，不必为了温饱问题整日操劳，不必再过"面朝黄土背朝天"的日子，能够通过婚姻脱离"苦日子"；另一方面，也可能是嫁出女儿的家庭采取的一种补救性的措施，因为自己的家庭将会由于嫁出女儿而造成劳动力的减少，从而也意味着家庭财富生产和积累能力的下降。在这两种原因的影响下，本身已经属于贫困农村的S村村民，在婚嫁问题上更加看重经济因素的决定性影响。他们轻易不会将自己家的女儿嫁给经济条件差、生活条件艰苦的家庭的男性，即使可能有很多爱情的成分在里面，也会因为理性选择而拒绝贫困家庭的男性。因此，贫困农村大龄单身男性的经济困境，有相当大的可能使其成为"单身"男性。

从另一角度看，贫困农村的大龄单身男性，则可能因为自身不同的努力和际遇，出现完全不同的两种生活状态，既有可能依旧处于经济困境之中，甚至比之以往更加严重；也有可能完全活出另外一种完全不同的生活。前一种情况，大多数出现在传统农业社会中。因为在传统农业社会，家庭劳动力是非常重要的生产力资源。家庭人数的多与少，决定了这个家庭未来在农业生产或者

其他经济活动方面可能做出的贡献力大小。因此,婚姻的结果,即生育能够不断增加家庭财富的制造者,尤其是生育更多的男性子嗣和后代。这种情况,在生产力依然比较落后的,生产关系依然偏向于传统农业社会的S村显得格外明显。所以,在S村的贫困家庭的未婚男性,其本身就可能是因为家庭贫困而导致婚姻困难,而这种长久的未婚状态,则可能进一步加剧这种生活困境的状态,形成一种恶性循环。

但是,也有部分贫困农村的大龄单身男性,并没有因为家庭贫困导致单身而丧失自我前进的动力,反而继续对于生活抱有积极的态度,相信总有"拨云见日"的时候,所以通过自己的努力在不断改善生活困境的严重程度。比如在S村,31岁的ZTT也是因为家庭贫困一直没有找到合适的对象,但是他勤奋好学,最近几年依靠当地农科所农业专家的帮助,在自家土地上种植一种改良甜瓜,为农科所提供这种甜瓜的种子,已经连续几年取得了丰产,也获得了很好的报酬,家里的生活条件也比以前有所改善,成为众人夸赞的对象。这说明"单身"并不是决定未来是否仍然处于经济困境的唯一因素,只是一种可能因素。

二、贫困农村大龄单身男性社会交往困境与"单身"的关系

人之所以具有社会属性,其本质原因和表现就在于人类是一种社会群居性动物,人与人之间必然发生各种层次的交往互动关系。从不同的角度,可以把人的社会交往划分为不同的形式,比如个体交往与群体交往;直接交往与间接交往;竞争、合作、冲突、调适等。而所谓的社会交往能力,则指的是个体进行社会交往活动的能力。现代科学研究表明,社会中总有一些人因为各种原因,导致其社会交往能力变差,容易产生社交恐惧症(social phobia)。这种社交恐惧症也叫作社交焦虑症,往往表现为个体对参与人与人之间的正常社会交往活动的不适,尤其是在社会交往联系渠道相对较多的情况,或者是在比较陌生的环境中,这种不适感会更加明显。患有这种心理疾病的人,究其根本是惧怕自己不具备完成正常社会交往程序所应有的基本素质和能力,因而担心社会交往失败后对自己可能造成巨大伤害(刘兴华、钱铭怡,2003)。更有甚者,有些社会焦虑症患者对于一般生活中的社会交往活动也失去了控制和处理能力,他们惧怕参与朋友聚会,不敢到任何的公共场所,连走出家门都成了折磨他们的痛苦。相关研究表明,社交恐惧症是美国人中高发的一类心理障碍类疾

病，其发病人数位居第三，前两位分别是抑郁症和酗酒，近年来相关研究也发现我国患有社交恐惧症的人数也在逐年激增（栾雅淞、曹建琴、周郁秋，2014）。

在S村的相关调查活动中，可以看到有些贫困农村大龄未婚男性，可能因为先天智力障碍的问题、天生个性和气质的问题，存在着社会交往障碍。他们的社会交往能力比较差，在和陌生人交往的过程中，过于羞涩、腼腆和内向，表现出明显不善交际的倾向。尤其是在和研究者进行初次接触时，他们的这种非常类似于社交恐惧症的表现非常突出，有些人基本不能顺利进行有效沟通和交流，有些人拒绝和陌生人接触。那么，可以想象这些人在寻求配偶的过程中，不能很好地与女方展开正常的社会交往，从而丧失婚配的机会。

因为，在S村的调查中发现，大多数村民对待一些缺乏社会交往能力的人，依旧以非常传统的眼光，把那些老实，甚至是有些木讷的人认定为"善良""可靠"的人。但是，随着时间的流逝，这样的词汇不再完全是褒义的，而是已经隐约带有着贬义的倾向。这样的人，往往被村民认为太过于"老实"而缺乏必要的变通能力和处事能力，可能在将来的家庭生活当中不能带给家庭更多有效的保护和利益，因此也成为阻碍男性顺利与异性交往的障碍性因素。一些S村的未婚女性也在表达自己的求偶原则时提到，"人品要好，也要稍微'活泛'（当地俗语：意为做人灵活，懂得人情世故）一些，不能太死板了，不然会吃亏……"，"活泛"一词，成为女性求偶的新标准。她们抛弃了原有单一的要求配偶老实、本分的原则，也间接说明那些存在社会交往障碍的人，在这一新原则面前存在严重"失分"的可能。

很明显，由于缺乏社会交往能力，一些贫困农村的男性在求偶过程中因为存在这种新求偶原则中的"缺陷"，容易导致其恋爱、婚姻的失败，进入"单身"状态。但是从相反方向来看，如果是"单身"状态，是否又给了这样的男性更多负向影响力，使得他产生更多的社交恐惧，陷入社会交往困境之中，不利于将来的"脱单"呢？在S村的调查中，也发现答案不一而足。有一些研究对象，比如TX，其本身就是因为在家庭生活中缺乏"爱"的教育，从而导致其在与异性的交往过程中，总是不能有效进行沟通，以至于经常受到情感方面的挫折。由于他在情感生活方面的成功经历比较少，因此没有形成关于这一方面的先验性经验和体会，所以自然缺乏足够的勇气和自信去面对原本就非常复杂和困难的婚姻求偶过程，就会在与异性交往时过多地约束自己的言行，不能展示自己的能力和才干，最终也就没有哪个女孩愿意嫁给他，所以一直都是"单身"。但是，这种长久的"单身"状态，却有可能使他进一步产生采取替代性的对抗手段的倾向。他可能经常在人际交往方面使用一些暴力言语或者行为来掩饰自己的失败和不自信，这样更加无助于成功寻求配偶，以至于既阻碍了正常的人际交往，又妨碍了婚姻求偶过程的正常发展，最终只能陷入长久的社会交往困境。也就是说，社会交往困境，是导致其"单身"的主要原因，但是"单身"状态，也进一步加剧和恶化了他的社会交往能力，陷入更深层次的社会交往困境，形成了双向恶性循环的过程。

但是也有另外一些研究对象，比如 LLL 和 HM，他们也是因为一些原因导致缺乏社会交往能力，导致目前的"单身"状态。但是，这种"单身"状态并没有使得他们像 LLL 那样，走向进一步的社会交往困境当中去。他们依然没有完全放弃自己对幸福的追求，还是尽可能与身边人，与其他村民友好相处，积极拓展着自己的社会交往空间，锻炼着自己的社会交往能力。尽管可能大多数时候，这种行为模式没有明确的目的性和计划性，但是这并不能完全将他们的"单身"状态与其社会交往困境之间建立另外一种因果关系。因为他们的将来还存在着各种未知的可能，也许他们是很有可能积极走出社会交往困境的人，也可能会因此而结束自己的"单身"生活。

三、贫困农村大龄单身男性社会支持困境与"单身"的关系

每一个人的身边，总是可能会有家人、亲戚、朋友、邻居所形成的社会支持圈和社会支持网络，即使这些最近距离的社会支持网络不能发挥正常作用时，也还有来自整个社会系统的针对社会弱势群体和个人的帮助和扶助。在 S 村这样相对比较传统、封闭和落后的村庄，村民能够获得的最多、最强而有力的社会支持，主要来自个人的家庭，这主要是由血缘关系构成的社会网络。其次，也有相当比例来自个人所在的村庄，即由亲缘关系和居住关系形成的社会网络。除此以外，其他形式的社会网络形式相对都比较少。因此，在家庭结构不健全，或者在村庄属于姓氏上的少数派，或者在村庄的近亲属比较少的情况下，部分村民的社会网络就会非常局限，因而容易导致缺乏社会支持的情况出现。

此次调查发现，S 村里那些由于各种个人或者家庭原因导致缺乏社会支持的贫困农村男性，往往在寻求配偶的过程中，也相应地缺乏各种情绪支持、物

质援助和相关信息的获取，容易发生婚配困难的情况，成为"单身"人群。比如此次调查中的YM，从小是个孤儿，长大后在村庄也无所依靠。因此，他在求偶过程中，没有得到来自家人和亲戚的帮助，也没有什么人操心他的人生大事，所以一直孤独一人默默生活。而ZZF的情况也基本相似，因为以前他还有一个兄弟帮助他，给他一定的社会支持，但是当兄弟去世后，他失去了最强而有力的社会支持，没有人再关心他的婚配问题。虽然他还有嫂子、侄儿一家人，但是基本上已经失去了来自唯一的近亲属的社会支持，陷入社会支持困境中去，也无法走出"独身"的困境。所以说，缺乏社会支持的贫困农村大龄单身男性"单身"是非常有可能的。

那么，如果这些贫困农村的大龄单身男性因为陷入社会支持困境而不能顺利婚配，是否会进一步加剧或者恶化他们的社会支持困境呢？从S村的调查结果来看，结果并不一定。像YM和ZZF，一旦他们成为大龄单身男性，基本意味着完全丧失了社会支持，也意味着他们更不可能通过婚姻扩大自己社会支持网络，使其在下一步的社会交往过程中，更加显得"茕茕孑立"，难以进行有效的社会融合。相关研究也表明，大龄未婚男性社会融合程度弱于已婚男性（李艳、帅玉良、李树茁，2012）。但是，像GX和SJX，他们还有自己的家庭成员，虽然因为家庭的不完整或者一些家庭矛盾问题，暂时不能取得良好的社会支持，走出目前的社会支持困境，但是并不意味着他们将来也一直会生活在这种困境中。因为在很大程度上，他们可能会通过某种契机，重新建立和扩大自己的社会支持网络，走出目前的社会支持困境。所以说，"单身"状态必然会导致社会支持困境的假设是并不成立的。

在S村的调查中，研究者发现有些存在社会支持问题的大龄单身男性，正在通过自身的积极努力，打破以往乡土社会简单依靠血缘和亲缘关系来建立和扩展自己的社会交往网络的传统。比如同村的ZWG，也是一个独居的大龄未婚男性。他的情况和上面提到的ZZF的情况比较接近，在S村也没有什么近亲属，缺乏社会支持网络。但是，最近这5年多来，村民都反映他"活跃的很""不像以前那样是个'闷葫芦'（当地俗语：意为一个人沉默寡言，不善交际）了"。因为，他非常积极地参加了近年来在农村社区蓬勃发展的基督教的教会活动。据ZWG说："在教会里面我们互称兄弟姐妹，凡事都有热心人帮助呢！"他们觉得在教会的相关宗教活动中，能够认识很多人，也更能够体会到人与人之间的交往互助，也更容易寻求到帮助和支持，正是从反向证明了上述所说的观点，即虽然因为曾经的社会支持困境而导致目前的"单身"状态，但是未必会一直持续下去，因为还存在着其他可以改变的途径。

总之，贫困农村大龄单身男性的"单身"状态，是在个人、家庭、社会等多种因素的共同作用下导致的。这些因素尽管在不同的层面产生了不同的影响，但是是一种互相协同作用，产生了一种"合力"。在贫困农村，主要起作用的因素可能是经济因素。因为经济因素，很多贫困农村的男性早在成为"光棍"之前，就已经存在着各种生活困境，比如家庭经济困境、社会支持困境、社会交往困境等。这些生活困境极大程度影响了贫困农村男性的婚配过程，是导致他们成为婚姻挤压对象，长期单身的主要原因。这些生活困境在他们成为"大龄单身男性"之后，可能进一步得到延续，甚至是强化，即他们的生活困境又由于"单身"而进一步加剧。当然，处于"单身"状态的贫困农村大龄单身男性，却不一定会因为"单身"而继续处于这种困境之中。他们中的一些人，可以通过自己的努力，以勤劳致富来脱离贫困的生活境遇，也可以通过其他途径寻求更多的社会支持，进行广泛和有效的社会交往，建立更加广泛的社会联系。目前的生活困境，对于贫困农村的大龄单身男性来说，并不是唯一的结局。

第四节 贫困农村大龄单身男性的情感困境与"单身"的关系

一、贫困农村大龄单身男性心理健康困境与"单身"的关系

一个人的良好健康状态，不但包括其生理上的健康，还应当包括心理健康和社会适应性良好。这样，才能称之为完全的健康。其中，心理健康由于其隐蔽性和相对难测量，常常成为了解研究对象的真实健康状况时被忽视的方面。但是，不可否认的是，心理健康常常成为隐性的，甚至是决定性的研究和剖析某类人群时的必要方面。

贫困农村大龄单身男性，有部分人是因为存在着心理健康的问题，比如脾气暴躁、抑郁、性格孤僻、强迫症等，导致其在求偶过程中出现了一些不恰当的表现，不能够被对方接受或者容忍，从而求偶失败、婚姻受阻。但是，根据

上文所述，心理问题存在着一定的隐蔽性，可以通过个人的行为掩饰而被对方忽视。另一方面，在相对贫困的 S 村，人们在婚配过程中更加看重的是经济因素的决定性作用，男方家庭的经济实力和收入情况是女方家庭格外重视的因素。比如，S 村的 LF，虽然性格孤僻，几次说媒相亲失败，但是因为其父母均健在，而且他家在村里也有一些亲戚，属于村庄当中社会关系网络比较庞杂的一支，加之其家庭收入在 S 村属于中上水平，因此村中为其说媒的人一直未曾断绝，他还有很大的机会能够结束"单身"状态。因此说，贫困农村大龄单身男性的心理健康困境未必是导致其"单身"的主要原因。

然而，对于那些已经处于单身状态的贫困农村大龄男性来说，由于他们在以往的适婚年龄阶段，经常遭受到来自自身、家庭和社会的"逼婚"压力，可能往往在求偶过程中显得比较急躁、敏感、忧虑。而且，在这种心理状态下，"求而不得"的情况会产生累积性反应，进一步引发他们情绪上的焦虑和紧张。当这种负向情绪体验累积到某个阈值时，就有可能激发他们采取非常规的、比较暴力的、甚至是非法的一些极端行为来释放这种心理压力。比如有些大龄单身男性对于女性、整个社会往往抱有一种敌视心态。因此，对于贫困农村的大龄单身男性来说，缺乏解决心理问题的有效途径，做一个快乐的"单身汉"是非常不容易的，也就是说，他们的"单身"状态会极大程度加剧他们的心理健康困境。

二、贫困农村大龄单身男性情感处理方式困境与"单身"的关系

每个人在生活的过程中，总会遇到这样或者那样的一些情感问题，这些问题可能会激发个体产生各自不同的情绪体验。因此，每个人都在生活的历练当中，逐渐形成和熟悉了自己独特的情感处理方式和方法。大体上，人们处理情感问题的方式可以分为以下三类。第一类是偏理性型，这样的人在处理情感问题时，往往从"实用主义"出发。遇到情感问题，会综合评估各种利弊得失，选择最有利于自己的方式，一般情况下处理情感问题的态度偏向于"冷处理"。这种情感处理方式的好处在于避免了矛盾的迅速激化，缺点在于有时候不能有效解决情感问题。第二类是偏情绪型，这样的人在处理情感问题时，往往从"情绪体验"出发。遇到情感问题，完全凭借自己的喜好选择处理方式，往往比较冲动、冒险，偏向于"热处理"。这种情感处理方式的好处在于"快刀斩乱麻"，但是缺点在于容易导致双方矛盾的激化。第三类则介乎于前两类之间，

大多数情况下比较能够理性处理自己的情感问题，但是在某些特殊情况下也可能突破性地完全依靠自己的情绪处理问题。

因此，在婚配过程中，男女双方采取不同的情感处理方式，可能会带来不一样的后果。对于那些情感经历本身就不多的人，他们在情感处理方式上缺乏经验，几乎是"束手无策"的状态，比较容易造成婚配失败。比如此次在S村调查过程中遇到的调查对象LXB，因为和恋爱对象的民族身份不同，导致其在婚配过程中的失败，其实细究其原因，很大程度上在于他在恋爱过程中没有积极采取理性态度，没有和当事人及其家庭进行有效沟通。同时，在这一次挫折之后，也几乎完全丧失了对于其他感情接受的可能性，认为感情不再是可靠的。简单地说，他在感情处理上出现了问题，"只见树木，不见森林"，处于一种感情处理方式困境之中，结果当然只可能导致长久的"失婚"和"单身"状态，而这种状态，也会使得他后来的情感处理方式进一步出现问题。另外一个案例中的GHW，则是主要因为腿有残疾，使得自己有"低人一等"的感觉，多次感情经历的不顺利也导致他在情感处理方式上出现了一些障碍。因此，每每在和求偶对象进行交往时，总是因为情感处理方式的问题，导致婚配过程的失败，造成了目前的"单身"。而这种长久的"单身"状态，会进一步损害他的自信心，使得他在情感处理方式上继续处在困境之中。

但是，S村的HB尽管也处于情感处理方式困境之中，但是这不是导致他"单身"的主要原因。他主要是因为自己的性向问题，不能接受同女性生活在一起，从而主动放弃了婚姻。但是目前的他，却因为"单身"，处于情感处理方式困境之中。因为目前的社会，对于"同性恋"现象依然抱有相对保守的态度，更不用说在更加传统的S村，村民的思想相对更加保守。HB目前的情感处理方式困境，是因为"单身"问题不能解决，而自己的"秘密"又不能告诉亲人。两难之下，他只能顺服于"孝"的要求，不能忤逆自己的父亲，所以采取了相对冷漠的情感处理方式。这种情感处理方式困境来源于他和自己的家庭，和自己的父亲之间的感情交流过程受阻。因为担心自己的性向不能被父亲接受，所以他拒绝父子之间对此进行正常的沟通和交流。因此，这种情感处理方式困境实际上也是由于"单身"造成的，而且短期内也不一定会得到改善。所以说，情感处理方式困境不一定会导致"单身"，而"单身"则很有可能会导致或者加剧情感处理方式困境。

总之，贫困农村大龄单身男性在进入长期单身状态之前，可能有部分人业已存在各种心理、情感问题，从而影响了他们的求偶和婚配过程。但是，这些心理、情感因素，相比于生活困境的影响而言，其作用有限。也即心理、情感因素对于"单身"而言，只是一个次要因素，它们二者之间并不存在明显和必然的因果联系。与此相反，贫困农村大龄单身男性在真正进入长期单身状态之后，却可能因为这种毫无希望的"失婚"状态，而产生各种心理、情感方面的应激反应，陷入各种情感困境。因此，贫困农村大龄单身男性的情感困境，与其"单身"状态之间并不一定存在因果关系，而更多是"单身"之后的结果。

第四章 贫困农村大龄单身男性的社会失范行为

第一节 贫困农村大龄单身男性不同类型的社会失范行为个案

一、自杀——ZQ 的案例

ZQ 现年 35 岁，汉族，高中文化程度，至今未婚。他的父母都是当地的乡村教师，虽然家庭经济并不富裕，但是每月都有相对稳定的收入。因此，到 ZQ 家中的第一印象就是，他们家的布置和陈设并不太像村里其他人家，除了必要的桌椅板凳、寝具衣柜外，竟然还有一个镶着玻璃面、一人多高半米多宽的小书柜。书柜里面放着一些像《红楼梦》《聊斋》《茶花女》《唐诗三百首》《宋词选编》之类的古今中外名著。看得出来，受到父母的熏陶和引导，ZQ 也对这些书很喜好。ZQ 的父母虽然是普通的乡村教师，但总是满脸笑意盈盈、待人接物也非常有礼有节。据村干部说他们平日生活里也是相敬如宾，是当地比较"安稳过日子的家庭"。村里的其他人还说，"ZQ 家是有文化的人家，他们家的小日子一直过得津津乐道，其乐融融。如果不是因为 ZQ 的病，娃娃现在肯定上大学呢！说不定将来毕业以后都是当官、当科学家的料子咧！"原来，ZQ 的父母只有他一个孩子，在当地农村普遍生育两个孩子的家中并不多见。所以，从小父母格外疼爱他，尽其可能想给予他比较好的生活条件，尤其是在读书上学一事上，更是尽其所能，想尽了办法。ZQ 的父母本身都是初中毕业，因此也比村里其他村民文化程度好。他们的想法很简单，就是"希望他能够安安心心把书读好，有朝一日能够'飞出村庄'过上更好的生活"。怀抱着这样的梦想的父母，努力为 ZQ 营造着最好的学习氛围和环境，所以才买了那么多书给他看，希望他能由此获益。

ZQ 从小一直生活在这样一个和和美美的家庭，从小就不愁吃、不愁穿，还在方方面面受到父母的特别照顾。尤其是在学习上，更是比同龄的其他孩子受到更多来自父母的严格教育。说到这里，ZQ 的父亲从书柜里找出来一本小学生用的习字本，翻开指给研究者，说："老师你看看，这是我们家强子小时候练字用的，还没上学呢，我就开始教他学习识字了！"看着习字本上稚嫩而又工整的汉字，再看着 ZQ 父亲脸上的笑容，觉得那时候这一家人虽然生活清贫，但是应该充满了欢乐。到了上小学的年龄，想到只有读书才能让孩子改变命运，他的父母又想尽办法，找到一个远房亲戚，"走后门托关系，还借钱交了一笔赞助费"，才让他上了当时镇里最好的一所小学。为这，ZQ 的父母从孩童起就经常在他耳边灌输"万般皆下品，唯有读书高"的思想，经常不断地督促、教育他要在学习上花功夫，要刻苦努力，"将来要出人头地，当工程师、科学家、教授……"所以，在这种思想的培养教育下，从上小学开始起，ZQ 就养成了良好的学习习惯，学习成绩就非常优秀，经常在同年级中名列前茅，他的父母也非常引以为傲。此后，ZQ 先是顺利地考上了镇里最好的一所中学，三年后在中考中发挥出色，成为那一年他所在中学唯一一个高分考入市里的一所省级重点中学的学生。说到这里，ZQ 的父亲特别骄傲，因为这在村里多少年也没出现过了，他的孩子是唯一一个没有靠任何关系，凭自己的努力考入那所重点中学的农家子弟。生活即将发生重大改变的曙光微微显现，幸运女神的目光似乎也马上将要青睐这一家人，因为据说这所学校的大学招生录取率非常高，能够进入这所高中，如果不出意外，几乎可以确保将来 ZQ 能够成为村里多少年来的第一个"大学生"。可是，"是福不是祸，是祸躲不过"，ZQ 这样对自己将要讲述的未来做了一个"注解"。

正当 ZQ 一帆风顺，想继续通过努力拼搏、刻苦进取，在学习的苦海中乘风扬帆、青云直上、一举成名的时候。"谁知天有不测之风云，人有旦夕之祸福，" ZQ 说道，"老天和我开了一个天大的玩笑，我的身体出现了异常。起初是在体育课上，老师让我们练习双杠支撑，我刚一上双杠，眼睛一黑就什么也不知道了，从双杠上摔了下来。当时还以为用力太猛了，可能伤到神经了，校医室的医生也没有发现什么问题。可是后来就经常觉得脑袋里面不舒服，经常出现间断性的疼痛、恶心，有时候还伴有低烧。再到后来双眼突然视物不清，看东西出现了重影。"发现这个情况后,学校和 ZQ 父母都非常着急,先后帮他联系了附近地区最好的医院,找了当地最好的医生去做各种检查。可事实是无情的,诊断的最后结果,得到的答案只有一个——"脑垂体瘤"。当地医院的医疗技术水平和资源非常有限,所以建议 ZQ 一家到北京去接受更好的检查和治疗,否则后果可能非常严重,甚至会危及生命。听到这样一个令人难以置信的残酷消息,ZQ 当时就大哭了起来,"我简直不相信我自己的耳朵,难道这是真的吗?起初我还一直抱着一线侥幸的心理,觉得自己身体一直好好的,怎么可能突然得上这个怪病,我希望是医生搞错了,可能只是个误诊。但事实就是这样,我们又到其他两家医院求诊,经过专家的会诊,最后还是确定为脑垂体瘤。建议我们必须要上北京去查病、做手术。"ZQ 的父亲说:"起初我们听到这个消息,老婆子(当地俗语:意为妻子或者媳妇)都晕掉了。说是到北京去看病,我们更是不知道东南西北、一辈子也没出过远门的人,再说家里的经济情况也不好,急得就像热锅上的蚂蚁。"还好,当 ZQ 的同学们听说了他的病情,都很关心他,纷纷表示要帮助同学。学校领导又动员全校师生为他捐款,师生们都热情踊跃地捐献,为他献上一颗爱心。ZQ 说:"我的同学们毫无保留地伸出无私的双手帮助我,有些同学省吃俭用省下零花钱,有的同学甚至把吃早点的钱都省下来作为捐款。他们都想来看望我,但是怕影响我休息,正好那时候学习也很紧张,就派了几个同学代表,把爱心捐款捎给我,让我去北京看病。我至今记得当时的场景,我挺感动的。那个时候,我感受到真是'人人都献上一片爱心,让世界充满了爱'"。带着老师的嘱托、同学们的爱心,ZQ 和父母怀抱希望顺利到了北京,并且就诊于北京一家大医院。这次治疗,ZQ 经历了第一次手术,手术很成功。在医生们精心的手术、医护人员热情周到的护理下,术后他的病情得到了控制,身体也恢复得很快。经过一个多月时间,考虑到手术治疗和住院的昂贵花费,ZQ 出院回到了家乡。

他说:"在医院治疗的时候,我特别想念同学们,想念老师,想我的家。虽然离开学校不到两个月时间,可是我感觉就如隔了很久,尤其是躺在病床上什么也干不了的时候,我恨不得插上翅膀立刻飞到老师和同学们的身边,听老师给我讲课,和大家共同学习、朝夕相处。"带着这样迫切的心情,一回到家乡,ZQ 就赶回去学校复课了。他没有想到这次手术如此顺利,心情肯定十分激动。他也想到了这次生命的波折,也懂得更加珍惜时间,尤其是老师和同学们给予他的物质和精神方面的双重支持,更是让这个农村孩子对生活充满了感激之情。对给予他战胜疾病的力量，甚至可以说给了他第二次生命的老师和同学们，更是觉得非常亲近。他说："那时候，我只有一个想法，就是大家的恩情我无以为报，只有用更好的成绩回报大家，谢谢大家的救命之恩……"由于治病，ZQ 耽误了很长时间的学习，自然也落下了很多课程。和其他同学们相比，学习上有了不小的差距。为了弥补这些失去的学习时间，他用了比别人超过一倍的时间来学习、看书，不停地顽强向前追赶，显然已经完全忘记了自己尚是个大病初愈、还动过手术的病人。半年之后，他的学习的确是赶上来了，甚至还超过了别人，但是却又一次病倒了，而且症状和上一次发病很相似。紧急咨询了北京医院的专家，医生不无遗憾地告诉他，由于他手术后没有很好的调养和休息，疾病有第二次复发的可能性，并且非常郑重地告诉他必须要在家卧床静养，并且配合药物调理。即使这样做，也只能看病情的发展情况，如果严重的话，病情恶化的情况不能得到控制，可能还需要去北京进行第二次手术。听到医生的话，ZQ 有点不敢相信病情有这么严重，只是问了一句："那医生，我还能继续上课吗？"得到的答案是医生坚定回答的"不"。医生告诉 ZQ，他不可能跟其他同学一样再继续正常上学上课了，一定要爱惜身体，好好休息。听到医生的告诫，他的父母再一次流下了伤心的眼泪，为了儿子的身体着想，只能劝他暂时休学回家休养。ZQ 自己也在默默地流泪，"我不得不忍痛放弃我一生追求的学校生活，告别和我朝夕相处的同学、老师，离开了那一生中最令人忘怀的学校生涯，背着书包可怜兮兮地离开了学校，"ZQ 回忆道："记得那个时候，母亲拉着我的手，我一步一顿首，一步一回头地向老师、同学们告别。从教室出来，走到学校大门口的一路上，我都在克制自己不要哭。老师和同学们也非常惋惜，非常难过地向我依依惜别，嘱托我要好好养身体，争取早日回归校园。当我向老师和同学们说了最后的再见时，就再也忍不住了，放声大哭起来，因为我怕再也回不来了，是最后一次在学校里了。从此后，当时别离的这一幕就深深地印在了我的脑海中，至今让我终生难忘。"告别了学校，离开了老师、离开了同学，好像儿子离开了父母，ZQ 感到非常孤单。他的内心非常压抑苦闷，思想上感觉很痛苦。他失去了往昔的快乐，对什么事情都提不起兴趣来，并且封闭了自己的内心，甚至忽视了父母的存在，只觉得自己是一只离群的孤雁。他回忆说："当时我对什么都不感兴趣，有的只是对以前美好生活的无限回忆。"就这样郁郁寡欢，苦闷难熬地过了两年。虽然药吃了不少，但是病情的发展却被医生言中了。他的旧病没有被药物控制住，第二次又复发了。于是，在 20 岁的那一年，ZQ 在父母的陪同下，第二次前往北京看病求医。这一次，他没有了第一次来北京时的那种希望和憧憬，没有别的想法，像个木偶似的任父母安排各种事情，他对自己的生死，病情轻重甚至已经不放在心上，"听上天的安排吧！上天给我给了第一次的机会，我没有好好珍惜，谁知道第二次还有没有这样的机会了呢？"抱着这样无所谓的想法，ZQ 接受了第二次治疗。这次治疗医生使用了比较先进的 γ 刀技术，将他脑部再次萌生的脑垂体瘤进行了切割处理，所以在医生和护士们的细心治疗和护理下，他又一次手术成功，按照 ZQ 自己的说法，"算是活着走出了医院。"他的父母想到应该乘着手术成功的机会，找个机会让孩子心情舒畅一些，就提议一家人去天安门、长城看看。可他一点兴趣也没有，一直催促父母赶快回家。因为那高昂的治疗费用，已经是父母负债借来的。他不想再增加任何家人的生活负担，不想陪同治疗的父母继续居住在医院边一个小区的不足 10 平方的地下室里，他只想赶快回家，无论身体好与坏，在家中从此默默无闻地度过余生，其他一切都无所谓。其实，父母的心意 ZQ 是知道的，可是在住院治疗期间，主治医生和他有过一次单独的交谈，告诉他了一个令他万念俱灰的消息，所以导致他心灰意冷。原来，在他第二次手术后，有一天他躺在病床上休息，主治医生请他到办公室，说是有重要的事情要告诉他。当时，一丝不祥的预感涌上心头，他不知道医生要说什么。在医生的办公室里，医生非常凝重地对他说："小伙子，有件事我们不得不对你说，希望你知道了详情后不要激动、不要悲伤，也不要给你父母说，以免惹他们伤心。你得的脑垂体瘤，今天对你的生命已经没有大的危害了，可是对你个人而言，由于长期压迫了脑垂体，导致你在青春期的生长激素分泌不足，你的外生殖器将不再发育，形象地说它只有小孩子的外生殖器那样大小。所以以后你的嘴上不长胡须，男性喉结也不突出，发声像童声。这些意味着你将没有性功能，不能过夫妻生活，你将失去生育能力……这些话，你只能咽到肚子里，不能对其他人讲，对父母也保密吧！你是个坚强的孩子，应该知道怎么做的？……"听着医生说得这些，ZQ 终于明白自己的人生发生了什么。医生后面说了些什么已经听不清楚了，他只知道这一切，将会令他生不如死。回到病房，ZQ 想着"既然自己有这病，别人还救自己干什么，不如让自己去死。""我形同废人，是不是就像古时候的太监？像这样的人，没有理由再活下去，他活着还有什么意义呢？"这些锥心的问题，让他辗转反侧、彻夜难眠。他曾经自己买了一个刀片，割腕自杀，可是被母亲及时发现救了下来。母亲也对他百般央求，希望他不要再做傻事。每想到此，ZQ只能自叹命苦，更加对父母的操劳于心不忍，只怨愤老天对自己的不公，"可怜天下父母心！我爸妈想着我治好了，想带我去转一转，开解一下心情，难道当时我不知道吗？可我遇到的新问题，让我又怎么能再用刀去刺他们滴血的心呢？"看着父母一天天爬满皱纹的憔悴脸庞，他感到很惭愧，"作为他们唯一的儿子，还没有怎么报答他们的养育之恩，就已经让他们操碎了心，我怎么能再在他们的伤口上撒盐呢？什么是行尸走肉，像我这个样子就是行尸走肉。这种事情，只能打掉牙往肚里咽，我只能陪着年老的双亲，过一天算一天吧。谁让我是他们的独生子呢？"所以，就这样，ZQ执意和父母一同回到了家乡。从此以后，开始了成天价无所事事、东游西逛的日子，过着毫无意义、没有一点意思的生活。只是在吃饭的时候，在父母面前现一下身，以证明自己还活着，让他们能够安心"。

有一天，ZQ正无聊地在大街上浪荡着，碰巧迎面碰着了一个自己初三时的同学。对方很热情地握着他的手，和他东家长西家短的漫无目的地聊了起来。他能插上话时就问同学："你现在干什么工作，在哪儿混事呢？"同学就唉声叹气地说："书没念下，眼下工作也不好找，就在镇里一家叫'三味书社'的书店里面打工呢！"ZQ一听还真高兴，马上对他说："反正一天我也没啥事，能不能把我叫上到你们书店无偿地看看书、解解闷，消磨消磨时间？"他同学爽快地答应了这件事。就这样，原本就酷爱学习的ZQ成了他们书店的常客，书看完了一本又一本，和书店的员工、老板也相熟起来。有一天，老板开玩笑地对他说："小Z，你这样爱看书，不如到我们店来打工，算是帮我的忙。闲时还能看你喜欢看的书，一举两得，你看行吗？"这么好的事，在ZQ看来，还真是求之不得。就这样无意之中，ZQ成了三味书社的员工，并且就在书店的阁楼上打了一张床铺，平常在店里上班，周末有时间就回家看看父母。工资虽然不多，但按时上下班，时间过得也快，生活也算充实有意义。闲暇时和同店员工说说笑笑，一天二十四个小时不知不觉就过去了。父母看到他生活、工作很有规律，还能给家里每个月挣小一千元的收入，脸上也露出了难得的笑容。ZQ也说："这可能是不幸之中的大幸吧？这个工作既不累又轻松，更重要的是能让我有看不完的书啊！"

时间不饶人，一年又一年在他面前匆匆而过。转瞬间，他在书屋一干就是七八年。ZQ也由一个青年人奔到了而立之年，这中间的酸甜苦辣真是不能用言语来述说。父母看着他年岁一天大似一天，和他一块上学读过书的同学、朋友一个个都相继结婚、成家、立业了，可他仍然独身一人，是个光棍汉，就开始背着 ZQ 给他张罗的找人介绍对象。等他知情后，媒人已经把姑娘领到了他们家要和他见面。望着这迟来的一幕，真是令人哭笑不得。他赶紧给人家赔情道歉，说好话解释，说自己父母不了解情况，其实自己已经有女朋友了，只是他们不知情，请他们谅解。媒人和这个姑娘极不高兴地甩袖而去。父母顾不上埋怨、责备他，反而因为 ZQ 说自己已经有女朋友了而感到欣慰。他们满脸堆笑地着急着追问他："强娃，你真有女朋友了？咋不给我们早说说，领到家也好叫我们看看？"为了不使父母难过伤心，他无奈地说，"以后我的事你们就不要操心了，我的事我自己解决"，就这样先把父母糊弄了过去。其实在当时，书店也的确有一个女工对 ZQ 表现出了追求的意思，这个姑娘对他处处关心、时时帮助，经常给他带好吃的，甚至给他买鞋、买衣服，陪着他看电影、去公园游玩，甚至主动表明了心意。ZQ 说："可是，我心里明镜似的，我能浪费人家的感情，害人家一辈子吗？我能做昧良心的事，让别人戳我的脊梁骨吗？有啥办法？我只能装疯卖傻、强装不知，狠着心对她撒谎，说我已经有女朋友了，叫她另找别人，我们两人不合适，没有感情等伤她心的话，强迫她离开了我。事后，我独自跑到田间地头，抱着头大哭了一场。伤心欲绝、痛不欲生，找了一根绳子就想在地埂子旁边的那棵树上吊死算了！可唯有放不下的就是我那可怜的父母怎么办呢？还要让白发人送黑发人吗？"那个晚上，ZQ 不停地抽烟，想用抽烟来解千愁，一晚上烟头撒遍了面前的土坡。他收拾好忧伤的心灵和痛苦的心情，疲惫但又无奈地回到了家。"不管咋说，我那不可告人的隐私还要保密，不能让父母、别人知道，还要强装笑脸哄父母开心，过一天少两个半日子。努力拼命地工作，让那些烦心、不开心的事都暂时抛到脑后，与周围的同事和朋友常来常往，参加各种社会活动，让那些烦心的事都统统滚开，至少先把父母养老送终再自我了断……"

听完 ZQ 讲述完自己的故事，研究者也陷入长久的沉思之中。在研究者的研究经历中，遇到过因病致贫、因病返贫的人，但是第一次遇到因病抑郁如此，寂寞遁世，并且有着强烈自杀意愿的研究对象。不是生活辜负了 ZQ，而是生活的压力和重担，疾病的痛苦和折磨，使他放弃了对于美好生活的追求。因为，这样的追求也是一场虚空，没有任何目的和意义可以获得。所以，当 ZQ 多次在访问中流露出自己痛苦和想要轻生的念头时，研究者更能够强烈地感受到他埋藏在心底那些深刻的苦痛。这也许就是所谓的"幸福总是相似的，而不幸却往往有着很大的不同"吧？

二、偷盗——ZX 的案例

ZX，男，汉族，初中文化，现年 35 岁，至今未婚，现在一个人独居。据村干部讲，ZX 是一个有前科的人，是村里有名的"贼娃子"（当地俗语：意为小偷）。

ZX 的故事，要从他小时候说起。当 ZX 处在正在长身体，无忧无虑的黄金年华时，父母却由于感情破裂，经常打架骂仗（当地俗语：意为吵架、争吵），互相砸屋里的东西，甚至吃饭分灶，谁做谁的；睡觉分屋，谁睡谁的。而且有时候他的父亲常常在外喝酒，夜不归宿，甚至几天都不回家。母亲稍加询问，父亲便拳脚相加，打得他母亲鼻青脸肿、头破血流。为此，ZX 的母亲早已经做好了离婚的准备，曾经背着父亲问 ZX 离婚后他跟谁一起过。ZX 也毫不犹豫地说："跟妈妈过！"得到了儿子的表态后，ZX 的母亲一纸诉状把父亲告上了法庭，要求离婚并把儿子判给她抚养。经法庭调解无效后，终于判决他们离婚，并且支持了 ZX 母亲的请求，ZX 归他母亲（抚养），而父亲每月给他们 50 元的生活费。离婚后，父亲搬离了这个家，远走他乡，到很远的广州去打工。从此后竟然再也没有了音信，连法官判给他们的每月 50 元的生活费也打了水漂。父母已经离异，ZX 母子二人的生活立刻陷入了困境。仅靠 ZX 母亲在镇里扫大街，做环卫工人挣得那几个微薄的钱，根本无法养活他们娘儿两个。往往是月头发工资，没到月底，口袋已经底朝天了。正如村干部讲的："那真是有出的无进的。"无奈之下，他的母亲只好厚着脸皮向同事、亲朋借账维持当月的生活。那个时候，ZX 的母亲早出晚归，一边在城里清扫马路巷道，一边捡拾一些有用的垃圾卖钱。到下班回家，已是累得筋疲力尽，哪儿还有时间和力气去追问 ZX 的生活起居、学习作业情况。这时的 ZX 已是小学四年级了，没有人关心爱护他，没有人问他的冷暖饥饱，头发长得能扎个小辫子也没人问津，衣服脏得都能闻见味了，好多小朋友都不愿意和他玩，嫌他身上有股难闻的味道。有时候写作业时字写错了，没有橡皮去擦，铅笔写秃了也没有铅笔刀削。他想问母亲去要钱买，看她那一分钱恨不得掰成两半花的可怜样子，又实在无法开口。万般无奈之下，ZX 也只好想想别的办法。

根据 ZX 的回忆，第一次有小偷小摸的事件，是发生在上小学的时候。有一天，ZX 正在教室里做作业，一不小心把铅笔折断了。于是他趁着教室里没有其他同学在，赶忙在别的小朋友书包里乱翻，结果正好翻出来了一个很好看的铅笔刀。那一刻，他顾不得多想，心急慌乱地把铅笔刀捏在手里，赶紧把同学的书包塞在桌子抽屉里。直到上课铃声响了，同学们都回到了自己的座位上，ZX 也没有归还铅笔刀。他坐在座位上，脸红心跳，害怕同学们发现他偷了铅笔刀的事。好在这一天平安无事，同学也没有发现自己的铅笔刀不见了。放学后，ZX 紧紧按着装铅笔刀的书包，匆匆忙忙、头也不敢抬地跑回了家。这是他第一次偷别人的东西，而且很容易，尚且没被别人发现。从此后，ZX 偷人家的东西就一发不可收拾。反正只要是 ZX 缺的，不管好赖，拿起来就往自己的口袋里装。由第一次的心跳脸红到第二次的不好意思，到后来的顺其自然，ZX 拿别人的东西就像拿自己的东西那样自然，再也没有怕羞、被人发现的心理了。常言道："虾找虾，鳖找鳖，乌龟找的烂王八"（当地俗语：意为门当户对，含有贬义），"人以群分，物以类聚"。说来也怪，ZX 学校里这些父母离异的、学习差的、捣蛋的学生们都自然地聚到了一起。他们推 ZX 为头，整天不是旷课逃学，就是偷鸡摸狗，再者就是和其他班级的学生打群架，还有就是溜（当地俗语：意为偷偷躲藏）到多年前备战备荒时挖的防空洞中喝酒抽烟，过着有今天没明天的日子。有一天，ZX 和一群伙伴们正在防空洞中吞云吐雾的高谈阔论，在那儿摆谱（当地俗语：意为夸夸其谈）。突然之间，闯进了两个学生的家长，打着手电筒，照着他们。二位家长话不多说，抓住他们劈头盖脸就是一顿乱打，打完了冲着他们臭骂了一顿，最后拉起自己的儿子离开了他们。那两个家长临走时甩下一句话，说："你们这些不务正业的二流子（当地俗语：意为流氓、小混混），再敢聚到一起逃学、抽烟喝酒，小心扒了你们的皮。"从那以后，他们这伙凑在一起的狐朋狗友就作鸟兽散了。但是，从此之后，由于 ZX 学习差、品行不端，就背上了个"×家贼娃子"（当地俗语：意为小偷）的名声，老师和同学们也对他避而远之。ZX 初中上了一年半就混不下去了，因为学习成绩实在是太差了，再说他也无心向学，因此主动辍学了。他的母亲看看 ZX 这样的情况，非常伤心地对 ZX 说："孩子，你这样小的年纪就不学好。就是找工作人家也嫌你年龄小，是童工，无人敢收。你在社会上流浪能混出什么好来？你赶紧改掉你浑身的坏毛病，走正路，重新开始，还是去上学吧？"母亲三番五次地托人情，低三下四的好话说了几大车，好说歹说总算把 ZX 这个不成器的"浑球"送进了当地的一所工读中学。ZX 满以为换了一个新的环境，进了一个新的学校就会和从前的一切恶行一刀两断，一切从头再来。可谁曾想，旧日的伙伴阴魂不散，神使鬼差的也因为各种原因到了这个学校，并且又和ZX分到了一个班。"剪不断，理还乱"，ZX不由自主地和这些朋友们又相聚到了一起。可以说，这个学校的很多学生都是一些品行不端，身后带着一些"小尾巴"（当地俗语：意为小喽啰），大小犯过错误的人。要么就是像ZX这样浑身带刺，别名"小偷儿""贼娃子"的"二球"（当地俗语：意为蛮横不讲理、胡搅蛮缠、混社会的人），但凡当地出现什么学生打架斗殴，溜门撬锁的事情，警察第一个去巡查的地方就是这个学校。尽管也有一些家境贫寒、学习基础差，行为一般的同学，也因为在这个学校可以学到一些技术，将来可以方便找工作到了这个学校，但是处在这样一个鱼龙混杂的地方，只能是清者自清，浊者自浊了。ZX本想也听母亲的规劝，改头换面重新做人，可就在这拉一下ZX能上坡，推一下就滚下坡去的关键时刻，ZX最亲的亲人——他的母亲由于积劳成疾、身患重病，经多方医治，不幸与世长辞了。这沉重的打击，使ZX感到天仿佛要塌了，地就要陷了。在这个世界上失去了最后可以依靠的亲人，ZX的心志受到了非常沉重的打击。以前，他觉得尽管自己非常没有出息，经常做一些"偷鸡摸狗"的事情，受到其他人的冷眼和歧视。但是，毕竟还有个"家"，还有个母亲能够给予自己足够的关爱和照顾。这一刻，上天连这仅有的一丝维系和牵挂也剥夺了，他竟然有点心灰意冷、无所适从、前路未知的困惑和迷茫。ZX说："我妈走的那一天，天下着大雨。在村里人的帮助下，我妈安葬在了村边的沙地里。我久久不愿离开我妈的坟地，在雨水里哭喊，希望能让我妈再活过来。别人劝我我也不离开，最后他们都离开了。我一直哭，哭到最后听得到天上的雷在头顶不断地轰响，眼睛一黑就昏过去了。等雨水把我浇透淋醒后，我才失魂落魄地拖着脚回到了屋中。当时，看着屋中熟悉的一切，我妈睡过的床铺，再一次哭昏过去……"可以看得出来，时至今日，ZX对于母亲的离世依然有着难以言喻，痛苦非凡的感受，毕竟母亲是他现实当中唯一的亲人了。也因为母亲的过世，今天的ZX失去了至亲的管教，逐步坠入犯罪的生活之中。

艰难地度过了丧母的悲痛日子，ZX的思绪又回到了现实中的生活。没有了亲人，没有了生活来源，以后吃饭、穿衣、过日子怎么办？左想想、右瞧瞧，真是愁绪万千、一筹莫展。真是天无绝人之路，和ZX一块儿上工读学校的同班同学、小学的老相识"毛娃子"，得知ZX的母亲病逝的消息前去祭奠，可来迟了，ZX的母亲已经埋葬了十多天了。但是这个同学非要ZX陪他一同到ZX母亲的坟墓前祭奠一番。来到ZX母亲的坟前，他们双双向她老人家烧了纸，献了祭品，磕了头就起身离去了。在回去的路上，胡某问ZX今后有什么打算？是继续上学以后找个工作，还是放弃学业自己打拼去？抑或另辟其他路径呢？ZX默默地无言以对，这样无声地走了很长一段路后，ZX对他说："毛娃子，这几天我心烦意乱，脑子混乱得很。等过几天吧，你来我这儿，咱们再好好合计合计今后的路。你也知道，我这个人不是读书的料，读书肯定是读不下去了。反正大路朝天，你走你的独木桥，我走我的阳关道。活人还能叫尿憋死？路是人走的，饿不死我们。"过了很长时间，差不多一个月的时候，正当ZX着急地等待老同学毛娃子的时候，毛娃子提着烟、酒、条子肉来到了ZX住的地方。他们大口吃着肉，大碗喝着酒，双方没有隐瞒地商谈着今后的出路。"经商我们没有本钱，也没有经商的头脑，打工我俩身体都比较瘦弱，没有力气且吃不下苦来。继续念书，一听念书头都大了，让上学见鬼去吧！报名去招工，当个学徒工一年一年地熬，等转正干个技术活。不行，这样挣钱又少又慢而且时间太长，等熬成的那一天鬼都老了……"思来想去，两个人都不约而同地说："干脆一不做二不休，重操旧业闯社会去。"定下了这个人生的大计，他们高兴地把带来的两瓶白酒喝干，然后醉醺醺地倒头呼呼睡去。三天了，两个人都没去上学，在ZX家吃，ZX家睡。第四天，ZX他们到学校去上课了。但是，他们此行抱着的目的根本不是要去上课，而是另外一个目的——退学。他们刚到教室坐下来，老师就很不高兴地叫他们站起来，并且质问他们："这几天为什么既不请假，也不打招呼就不来上课？这样不遵守学校规章制度，无视学校纪律的行为是不能容忍的。你们要受到学校处分的！"看着老师满脸的怒容，听着那些严厉的训斥，ZX和毛娃子轻蔑地笑了笑说："你们要处分我俩吗？我们不伺候，此处不留爷，自有留爷处。"说罢此话，他俩背起书包对老师说了声"拜拜"就扬长离开了这个学校，离开了最后可以给予他们正常生活教导的地方。

从此以后，ZX开始了新生活。俗话说："从小偷油儿，长大偷牛儿"（当地俗语：意为小时候的恶习不加以改正，长大后会发展成为更加恶劣的行为）。ZX从上小学起就有小偷小摸的恶习，好像一天不偷拿同学们的东西，手就痒得难受。现在为了生存，加上没有亲人管束，还有"损友"在侧扶助，就更不顾其他、肆无忌惮了。ZX和毛娃子商量一番后，顾不上所谓江湖上的规矩，决定"兔子也吃窝边草"——先从身边干起。他们经过仔细的踩点、观察,选中了住在毛娃子家附近的一户双职工。这是他们第一次入室盗窃的经历,所以整个过程经过了精心策划、显得小心谨慎。这一天,趁这户双职工都上班不在家的时候,毛娃子在外边放风看动静,由ZX撬开那家住户的门。进屋后,他到厨房找了一把菜刀,进到卧室、客厅,见柜子或者桌子抽屉有锁头的,就用菜刀撬开,然后一阵乱翻寻找他认为值钱的东西。经过短暂的寻找,他终于得到了第一次犯罪行为的"收获"——"那一次运气还不错,现钱没有找到,最后在卧室的床头柜里找到一个精致的小盒子。打开一看,放着一条金手链、一个金戒指、一条金项链、一副金耳环,而且全都是纯金的!"ZX这样回忆当时的事情。ZX喜出望外,匆匆忙忙扔掉菜刀,怀揣着这些金首饰逃离了这户人家。悄悄掩上已经被破坏的大门,两个人互相使了个眼色,就赶紧走出了小区,逃到最热闹人多的大街上,消失在人群中。十几天后,好像没有听到什么风声的两个人,终于决定把那些偷来的金首饰卖掉。他们去往隔壁城市一个专门从事黄金收购加工的门店,把偷得的金首饰全部卖掉,轻而易举地得到了八千多元。"看着手里面第一次拿到了那么多的钱,我都晕了,根本没有想到这样做对不对……"于是,ZX们兴奋地到餐馆点了好几个好菜,要了一瓶比较贵的酒,一盒中华烟,美美地吃喝了一回,以此庆贺他们出道以来淘得的"第一桶金"。钱来得容易,花得也痛快。两个人每天在城里面东馆子进,西馆子出,到歌厅唱歌,茶楼喝茶,成天花天酒地,很快就把弄来的钱花光了。由于还没有踩好点,猎获到第二个攻击目标,他们只好四处打探流浪,继续过着"吃了上顿愁下顿"的日子。ZX略带自嘲地说:"没钱的日子真难过,贼像啥我们就像啥"。经过多方打探,他们瞄上了一个领导干部的家。这家位于一栋居民楼的二楼,楼层也不高,但是所有窗子外面都装有防盗栏,而且大门是双层防盗门。当时,考虑到进屋偷盗的风险太大,有可能"偷鸡不成蚀把米",于是两个人一合计,"不如到他们家的地下室碰碰运气,这样当官的家里地下室也有什么'存货'也说不定呢?"当天晚上三四点钟,趁大家都在熟睡中,ZX两人偷偷潜入居民楼的地下室,找到了那户人家的地下室,上面只有一把大铁锁。"大铁锁最容易搞了,拿榔头一敲就开了",于是ZX两人砸开了铁锁,打开了地下室的门。进去拿手电筒一照,乱七八糟地堆放着很多纸箱。起初,二人以为可能要白走一趟了,结果打开一个大纸箱一翻,可真使他们吃惊。在这个大纸箱中放着整整十条中华烟,十二瓶茅台酒,纸箱后面还放着二十斤重的两桶食用油。ZX悄悄对毛娃子说："全部弄走，我扛纸箱子，你提油桶。"就这样，神不知鬼不觉，这户人家的东西就飞到了ZX家。过了几天，他们到那户人家附近探听消息，好像一切风平浪静，没有任何人说失盗的事情。ZX两人感觉自己的运气真是太好了，"真是贼偷贼，谁也不妨谁"。他们估计所偷的这些东西也是"不义之财"，所以那户人家"哑巴吃黄连——有苦说不出，也许是当官的收的贿赂吧？他们也没敢声张！"。这一次，他们不但觉得依靠这种方法得来的钱财既省事又快捷，而且还方便安全，有点"行侠仗义"的意思。因此，他们的胆子越来越大，成了"惯偷"。

ZX回想从他母亲去世后的经历，其实大多时候都是"年复一年，年年这样过"，他自己在不知不觉中把美好的时光浪费在了既害别人又害自己的恶行中。从平时的偷鸡摸狗、翻墙揭瓦，到吃喝嫖赌、打架闹事，两个人渐渐成了"地痞"，村子里面的左邻右舍也知道这两个人不好招惹，所以怨声载道，敢怒不敢言，直骂他们是"害群之马"，见面都躲着他们走，不愿搭理他们，他们也依然靠着偷东摸西度日。在这期间，ZX也处过几个对象，但是都是不知他底细和内情的人。女方或者其家人一旦听说了他的劣迹，立即就会终止和他的所有联系和往来，怕沾惹到什么是非。直到他在歌舞厅认识了一个陪舞的姑娘"小红"，那个姑娘看他出手阔绰，就一门心思和他好上了。ZX当然以为是自己的魅力吸引了这个女孩，也不想再让她在舞厅陪舞，就带她回到了农村家里。这个女孩也知道ZX每个月总有几天出门不在家，是去干什么"营生"（当地俗语：意为谋生的事情）了，可是她乐得过衣来伸手饭来张口的日子，也不用再在舞厅陪舞赔笑，所以根本对此不管不问，只管向ZX要钱花钱。这样一来，ZX也觉得压力倍增，觉得要多搞点钱才行。"不搞钱不行啊，不管她当初是看上我的人了，还是看上我的钱了。我好不容易找到一个，就得想办法尽量满足她，把她留住……"ZX叹息地回忆着。如此，ZX更加"卖力"的开始干那些违法勾当。以前，由于一直没有抓到现行，也没有确凿的证据，乡派出所的拿他们也没办法。实在看他们搅得邻里不安，群众意见大，就把他们弄到派出所去关几天，教育一番放人了事。可是，这种日子时间长了，ZX他们自己也提心吊胆的，唯恐被公安抓住，落个进牢房的下场。于是，两个人决定拿着得来的不义之财，带着"小红"到外面游山玩水、消遣消遣，顺便也避避风头。当然，这一路上的路费、食宿的开销也并没有让他们太费心，依然是碰上能偷的地方就顺手牵羊，捞上一把。正所谓"天作孽犹可恕，人作孽不可活",在省城他们进行了一次入室盗窃,可是没有想到这户人家安装了室内摄像头,把他们偷盗的过程拍了个一干二净。当然,警察也在宾馆顺利地将ZX二人抓获。在确凿的证据面前,ZX二人无可抵赖,就老老实实认罪了。并且,他们也将这几年的偷盗经历全部如实招供了。最后,数罪并罚,二人以入室盗窃罪判入狱劳动教养5年。在这次事件之后,"小红"就杳无音信,默默从ZX的生活里消失了。直到ZX刑满释放回家,到处打听也没有找到她,"听人说,她和一个男的到重庆去了……"ZX的眼神黯淡了下来,这是他唯一有深刻记忆的情感经历。问到他今后的打算,他还抱怨道:"你看现在,结个婚都讲究什么'万紫千红一片绿',彩礼动辄十几万,如果穷得连看场电影的钱都没有,哪个女孩子愿意跟你在一起?房子、车子、彩礼是结婚的先决条件,否则人家面都不跟你见。所以,我这辈子'光棍'是打定了……"

尽管ZX他们都是身体健康,没有任何毛病的正常人。他们也有七情六欲,也有成年人的正常要求。尽管天地给了他们成家立业,娶妻生子的选择,社会也给了他们和其他人一样的公平竞争,可是他们自己不争气,自己毁了自己,给自己种下了苦果。随着社会的发展,尤其是在农村地区,彩礼钱水涨船高。对于大多数农家子弟来讲,这是一项不可能背负的沉重负担。但是,这并不能成为一个单身男性丧失社会公德,到处偷盗的借口。就如刑满释放后,回到家的ZX所说:"不怨天不怨地,更不能说社会没给自己做人的权利。其他一切都不想了,就这么活到哪一天算哪一天。我已经给周围的人,给社会造成了很多危害,就让我自生自灭吧?!"这种悔悟,也许还不算太迟,对于如今已经迈入而立之年的ZX来说,还有时间从头做起。

三、猥亵妇女——WWF的案例

WWF,现年58岁,据说是村里有名的"老光棍",文化程度不高,几乎是文盲,只能大略识得几个字,至今未婚。调查之前,研究者本想通过带领研究者入户的村干部先了解一些他的相关情况。可是,村干部只是颇有深意地"嘿嘿"一笑,并且说道:"老师,你自己问他去吧?我们照理说还是亲戚,我还得叫他个'叔'呢?至于他为啥到现在还是单身不结婚,为什么不找老伴?这里面有啥'咕咕咚'(当地方言:表示隐晦的秘密,不便言说的蹊跷之事),还是有其他的难以启齿的原因?可能你问去更方便些……"研究者心里暗想:这又是一个有秘密的人啊!带着这个难解的谜,研究者走访了WWF本人,终于揭开了这个理不清道不明的原委。

WWF所居住的地方是当地所有村庄中环境最差、经济条件最落后的自然村。这里交通不便，四面围绕着沙山，没有公路。要想进城或到乡上，得先坐个毛驴车走十几公里的路，一直坐到路过当地的一条省道公路边，然后再等顺路车或通往市区的公交车。就这样，还必须得把时间算好，否则错过了这趟班车，那只能没长短地在公路边碰运气，挡顺路进城的便车。村子里现在大多数是老年人，许多人一辈子了也没进过城，没见过火车，没坐过汽车。而且他们这个地方卫生条件极差，喝的是"涝坝水"（当地方言：雨水或者河水在地势较低之处形成的小面积死水塘，主要用于当地干旱地区的人畜饮水，同时用于农业灌溉）。由于地处较高海拔的内陆地区，当地也是严重的缺碘地区，村里上年纪的老年人中患有"甲状腺肿"的人不少。由于这里自然生存条件恶劣，单纯依靠种庄稼的收入非常有限，因此人均收入低于其他乡镇，真是"穷的就剩卖裤子当鞋了"，所以外乡的女子不愿嫁到本村，本村的妇女不愿嫁本村的男人，都拉关系，托门子往外乡跑。如此恶性循环，造成了"有女不嫁沙山郎"的风俗习惯。

处在这样的环境下，人口众多的WWF家的情况就更惨了。WWF住的还是当地最落后的那种土坯泥巴房。由于年代久了，墙壁上原本覆盖在外层的细泥都剥脱了，露出里面打土坯时混合的麦秸秆子。他们全家原有大小八口人，如今父母已经去世，而其他兄妹都已经各自成家，只有WWF还一个人守着老宅。早年间，父母身体还好的时候，当时WWF的三个哥哥姐姐已经顺利组建了家庭。但是，自从父母生病后，为了维持一家人的生活，照顾多病的父母，尚未成家的、年纪大一点的弟弟妹妹只好把其他一切事情放到一边，先顾着把肚子填饱再说，哪敢奢望讨老婆、生儿育女的事情。WWF在家里排行老四，刚好轮到他的时候，父母没有能力为他成家了。所以，他只有望天长叹，唯怨命苦，生在了这个穷乡僻壤的破地方。即使这样，还得为全家的温饱问题而发愁，只好面朝黄土背朝天，年复一年地劳作着，勤苦地耕种那些只能种小麦、玉米和土豆的坡耕地。待到改革开放之处，蓦然回首，WWF已是过了谈婚论嫁的最好时光，离"四十而不惑"的年纪似乎也不太远了。父母望着自己家的儿子——跟个木桩似的竖立在地上的大小伙子，年纪也老大不小了，却还没有成家，着急的吃饭不香，睡觉不甜。他们托亲戚朋友为他四处介绍对象，希望可以尽快解决WWF的终身大事。但是，对象倒是谈了一个又一个，却没有一个有结果的。大多数时候，不是高不成，就是低不就，都没有谈成。WWF说："不是人家嫌我们家穷，人口多，就是嫌我没有文化，年龄大。再不然就是狮子大开口，要的彩礼太多，我们家根本拿不出。先前还有人给提亲介绍对象，可后来提亲的媒人越来越少了，干脆到后来就再没人来提亲了。"看着这一幕幕的光景，听着来相亲的人有时候冒出来的那些一句句尖酸刻薄的言语，WWF说："那时候，被人拒绝太多次了，我心里都有些怕找对象这个事情了，有些排斥呢！有些时候就想着，干脆不自找麻烦了，不找对象算了，自己一个人也能过下去。那时候那个情况，好像自己变成了一个被人遗忘在角落里的人了，再也没有媒人踏进过我们家。有时候听着别人家娶亲的鞭炮声，看着人家媳妇抱着小孩，再想想我自己这么大了，还是个老光棍汉，不能娶妻生子，传宗接代，又不能光宗耀祖，生在这个世上真是一个多余的人。有一段时间思想很抑郁、苦闷，真不想活了，一死百了算了。可静下心冷静地想想，我又不缺胳膊少腿，而且本人体格强健，不比别人差什么，别人能做到的我为什么做不到。所以，我一气之下，第二天卷起铺盖，徒步跑了两天到城里打工去了。"

在同乡的介绍下，WWF来到市区某个建筑工地当一名小工。由于没有技术，每天只能做些和泥、抱砖、拉水泥的活，劳动强度很大。一天几乎要干到十二小时，这么大的工作量，到下班的时候他已经累得筋疲力尽，没一点力气了。等他狼吞虎咽地吞下一碗白菜炒粉条肉，四个大馒头，爬到非常简易、四面透风的工棚里，倒头就呼呼地睡去了，晚上连个翻身的力气都没有了。他原本的想法是通过自身的努力，改变当时那种"一穷二白"穷困潦倒的困境，用自己的汗水劳动积攒些钱，为自己找对象创造良好的条件，也好给父母减轻一些负担。想法是好的，路子走的也是对的，就扎根在工地干了两年多。在这期间，关系比较好的工友看到他还是单身，就热心地给他介绍了一个在工地做饭、洗衣的外地女子，名叫小娟。这个女的，是从外地来的，具体什么情况也不是很清楚。当时，WWF没有考虑太多，尽管他们两年龄相差比较大，女方才25岁，而WWF已经四十岁了，但双方都不介意，所以能凑到一块。另外，主要是女方也不嫌弃他的家庭贫穷，WWF回忆说："当时我们两个处对象的时候，我本人年龄大，小娟还劝我不要想得太多。她说只要我们好好劳动，平时节省一些，肯定能攒下钱，以后生活情况会变好的，所以我为此还特别感动，觉得她真是个通情达理的好女子！"就这样，在双方相处了比较长的一段日子之后，有一天"小娟"忽然告诉WWF说自己要回老家一趟，跟父母把两个人的事情说一下，顺便征求一下他们的意见。WWF 一听，立刻变得无比开心，觉得小娟这是在暗示自己有结婚的打算了，所以他觉得这是个机会，绝对不能放过。为了表示自己的诚意和对未来"岳父母"的孝敬，WWF 把近两年来通过打工、省吃俭用存下的钱全部取出来给"小娟"做了路费，还给她买了去陕西渭南的火车票及路途中吃喝的东西。相当于说，把自己已有的一切全部交给了"小娟"，然后满怀希望地把她送上了去渭南的火车。WWF 回忆说："火车一开动，我的心也被她带走了。我始终觉得我以诚心对她，这心会感动天地，会给我带来好运的。自打她离开的那一天，我的心也被她带走了。每天掰着指头数算她离开的日子，抱着着急的心等待她返回的时候。十天过去了没消息，二十天过去了没音信，三十天过去了还不见动静。这一下，我脊梁骨都发麻了，隐隐有不安的感觉袭上心头。"WWF 赶紧按"小娟"当初留给他的地址，坐火车去她的家乡寻找。可是到了地方一打听，他的心直往下沉，连东南西北都辨不清了。因为，当地的老乡说："我们这儿根本没有这么个人，你可能受骗上当了，快去别的地方再找找吧！"当时他气得抱着头蹲在地上嗷嗷大哭，真想一头栽进渭河，一死了之。WWF 说："那个时候，我像疯了似的在渭河边不停地走来走去，嘴里还不停地叨叨着连我自己都听不清的话。当地的乡亲们知道情况的，都带着些许同情的心不断的劝导、安慰我，让我想开一点。两天后，我终于放弃了寻找'小娟'，带着极其抑郁、苦闷的心情踏上了返家的列车。"回家后，他一头栽在炕上，浑浑噩噩、不吃不喝地躺了三天三夜。醒来后，望着围在身边的工友们，眼泪不停地流。"不说我的感情被骗，就是我舍不得吃、舍不得穿，被骗走的那一万多块也叫人心疼啊？"说起这个，WWF 至今义愤填膺，不能释怀。

也许就是这次的无情打击，WWF 心灰意懒，思前想后，悄悄地离开了这个令人痛苦难忘的伤心地方。经过这次沉重的打击，他苍老了很多，头发也变得花白了，身体也变得虚弱了，就像旧病痊愈的人，甚至连以前举重若轻的体力劳动也无法承受了。在经过多方寻找后，终于在好心工友的帮助下，找到了一家私有制企业的铸造厂去看门房，顺便在锅炉房给职工烧开水。这份工作不算累，但是工作时间长，WWF 几乎二十四小时吃饭、睡觉都得待在厂子里，也没有什么礼拜六、礼拜天的双休，而且工资低、待遇差。尽管这样，WWF 对老板能够给自己一个安身之处还是非常感恩戴德，认为是厂子的老板看他可怜、无家可归才收留了他，使他这个流浪汉有了落脚吃饭的地方。每到晚上，

WWF翻来覆去不能入睡，总是回忆起自己受骗上当的经历。他想到自己的遭遇和处境，再算算自己如今的年龄，看看自己身无分文、地无一垄、房无一间的可怜相，几乎连吃饭睡觉的地方都没有了，哪还敢在妄想娶妻生子的事啊？于是，"从此后，我就断绝了谈婚论嫁的念头，只想后半生就这样平平淡淡、无声无息地过下去。"过了很长一段时间，WWF的心情也逐渐平静了，与厂子里的职工们都混熟了，而且关系都相处得不错。WWF平时是一个人吃饱全家不饿，没什么其他的事情。所以，厂子里不论是年老年轻，男的女的，老的少的，只要他们有事招呼一声，他都毫无怨言，乐意去给他们帮忙。不管是干什么事，脏也行，苦也干，累也帮，从不说一声怨言。因而，WWF在厂里的人缘很好，甚至于有些工人家里做了好吃的，有多余剩下的还想着给他捎一点；有谁家里有多余不要的、穿剩的衣服，只要是他能穿的起来的，都洗干净给他拿来。"那时候，我心里感到暖融融的。"回忆起那时的场景，他觉得很幸福。可是，幸福往往是如此的短暂。在WWF打工的厂里，有一个30多岁的女职工，丈夫在外地工作，所以家中只剩这个女职工和一个不到4岁的孩子。有一天，她们家的便池被堵住了，粪尿直往外溢。无奈之下，这个女工就给WWF打电话，说明情况后要他赶紧过去给帮忙整一下。WWF二话没说，拿上工具就直奔她家，用了一个多小时终于把堵塞的便池给通开了。可是，这样一忙乱，倒是弄得自己头上脸上身上都是粪尿。WWF说："主人家看着我满头满脸满身的粪尿，心里十分过意不去，嘴里说着谢谢，手里拿着五十元钱递了过来，并给了我一件她男人的旧裤子，要我把我的脏衣服换下来洗干净。我谢绝了她给的钱，对她说：'谁家没个难事，你一个女人家也不容易，只要能给你帮上忙，以后有事你尽管吭声。'"女工听闻后，十分感激，连忙让他去洗洗，顺便把衣服换一下。结果，当WWF清洗完出来的时候，看到了正在为他洗衣服的女工的背影，于是再次回想起自己唯一相处过的"小娟"。或许是一时情难自禁吧？他竟然像一头野兽一样扑向了那个女工，不顾女工的强烈抵抗，想奸污对方，犯下了难以挽回的错误。如今回想起来，WWF依然十分后悔地说："我真不是人啊，我也不知道咋回事，脑子一热，竟然想把人家糟蹋了。多亏当时路过的邻居听见声音冲进来救了她，不然我可能就因为犯大错被枪毙了……"事情的结果，WWF因为强奸未遂，被判刑5年。

刑满释放后，WWF回到了生养他的村庄。但是，曾经的这些过往，尽管他想竭尽全力隐瞒，可是世上哪有不透风的墙，村庄里几乎已经是妇孺皆知了。所以，WWF的名声在村庄里非常不好，也没有人愿意为他说媒拉纤，更不用说和他攀上什么关系了。他每天其实过得非常苦闷，就只好精心侍弄着自家的几亩薄田，平常也不和村里其他人有过多的交流，闲了就听听收音机、喝几口小酒。随着时间的流逝，WWF反过来想到自身的情况时，会觉得心里沉甸甸的。村里有些不知实情的人，也会在他背后冷嘲热讽地挖苦说："快60岁的人了，连个老婆也娶不上，肯定是他东西不全乎（当地方言：完整）。要么他们家祖坟上没烧高香，自己干了缺德事，这是老天对他的报应"。WWF说："每每听到这些难听刺耳的话，让人听了恨不得找个地缝钻进去，这些伤心欲绝的话叫我这个老绝户（当地方言：老光棍汉）听了能不落泪吗？我该咋办呢？是和侮辱我的人去打架、骂街？发泄自己多年来积压在心中的恶气？还是忍气吞声，含泪过自己的日子？想到自己无妻无子、无人关心温暖冷热，年老将至，身体又不好，就是有个头疼脑热，病病灾灾的，跟前连个端水送药的人都没有，更不要说送饭问冷暖的人了。每想到此，自己心里不由得就产生后怕。有人骂我们是死了无人埋的，以后年龄越来越大，身体一年不如一年，病越来越多，像我们这些孤寡老人可咋办呢？是现在就找个归宿，早点结束自己的生命，还是好死不如赖活着，活一天过一天地赖着活下去，等死了无人埋了再说？都怪我，以前好好地打工着呢，为什么犯浑欺负妇女呢？"

WWF的前半生生活很困苦，于是他努力逃出了村庄，想在外界的生活环境中争得一席之地。可惜，很不幸的是，在他的希望值达到最高的时候，他却经历了感情和钱财被骗。这种急转直下的故事，导致他不再相信什么感情，甚至不再相信女性。于是，在第二次的工厂打工经历中，他尽其可能扮演着一个善良、勤劳、朴实的"看门人"的角色，甚至主动承担了很多原本不属于他的工作内容和活计，为别人解决了很多工作和生活中的困难。原以为，这样的付出可以获得同样的报偿——获得大多数工友或者同事的称赞和肯定后，自己可以顺利生活下去。可是，他又因为自己没有控制住情欲的诱惑，犯下了不可饶恕的罪行，一切也就这样灰飞烟灭了。研究者对WWF有一些"同情"，因为听完他的故事，感觉本质上他不是一个"坏人"。但是，长期的性压抑和性苦闷，潜移默化之中，却在一念之间改变了他整个人生发展的轨迹。也许，这是WWF如今人生的"因"，也是WWF曾经人生的"果"。

四、商业性性行为——LS 的案例

LS，截止调查时，已经 38 岁了。他一直单身，家里原本一共有五口人。一个姐姐已经出嫁，姐夫是镇里国有粮食储备站的职工，一个妹妹也外嫁到了另一个乡镇。所以，目前家里只剩下父母和他。家里人主要从事农业劳动，生活条件比较一般。初次见到 LS 的时候，感觉他有点精神涣散，精力不济，说话的时候慢吞吞的，外表看着也有点萎靡不振，他的父母告诉研究者，"孩子刚从看守所放出来，干了不好的事情让人家逮住了！"

LS 刚上高中时学习成绩很好，可是他的父母想让他早点挣钱养家，并不是很重视他的学业。恰好当时镇里的国有粮食储备站进行改扩建，需要征收附近农村居民的土地。当时的政策规定，农民如果上缴土地建设粮站，可以将家里一个人转为"城镇居民"户口，并有可能招聘到粮站成为"国家职工"。LS 的父母听说这个消息，觉得这个"土地带人"的政策实在是"千载难逢"，与其让 LS 靠学习、考大学翻身，不如趁这个机会让 LS 到粮食储备站去工作，成为"城里人"更便宜。于是，他们老夫妻拜托 LS 的姐夫四处"打点""活动"，终于办成了这件事情。只是 LS 家的土地最终根本就没有划到粮站的征地范围里面去，因此这件事情的操作难度也陡然增加了。最终，事情的结局是 LS 家想让 LS 变成"城里人"的梦想没有成真，为其疏通打点的人只是允诺可以把 LS 招工到粮站去做临时工。一家人经过商议，最终觉得即使没有户口，能到国营单位上班也是非常好的事情，于是 LS 辍学，去了粮站工作。当时的粮食储备站属于事业单位，工作轻松、待遇非常好，LS 年纪轻轻就得到了其他人梦想一辈子的工作，全家人都觉得非常幸运，村里其他人也还记得当初 LS 到粮站上班后的"意气风发"。但是，对于还没有完成高中学业的 LS 来说，即使在粮站也干不了什么技术活，只能当个仓库保管员。那一年，还不到 18 岁的 LS 和其他职工一样，每天按时上下班，每月能领到固定的一份薪水，家里的生活条件也因为他的工作，有了一点儿起色。LS 的母亲说："那个时候，娃子有工作，家里生活还可以，他每个月发两三百块钱，比我们种地的挣得多。家里面几乎天天都是肉菜，荤腥不断，别人都羡慕我们家呢！"

也许，这样的生活一直平平淡淡地过下去，对于 LS 来说，尽管没有什么大的起伏和波折，但是对于他自己和家庭也是一种美好的结果。可是，天不遂人愿！在 LS 去粮站工作的第四年年底，因为国家有关政策的调整和改革，当

地的这个国有粮食储备站的编制被取消了,整个粮站即将面临停业的结局。许多粮站的正式工人要么托人找关系调到其他地方或者部门去了,要么也都提前退休了,还有一些人"买断工龄"自行下岗,自谋生路去了。然而,像LS这样本来就没有什么背景,更没有什么编制的职工,只能是自然而然地失业下岗了。这一次,LS成为"城里人"的梦想彻底被击碎,他只能老老实实回到了村庄,再一次当回了自己的"村里人"。可是,LS已经在城里待了快四年时间,由于年轻,他进城后很快就适应了城里人的生活作息和习惯。现在回到村里,他一方面觉得心里非常不平衡,为什么自己好不容易得到的好工作,说没有就没有了?另一方面也觉得自己已经是个"城里人"了,有点不太适应村庄的生活。尤其是家里的土炕,经常在身上沾染着浓厚的土腥味,以至于他发现自己很难再去忍受村庄的生活。所以,从小就很少做农活的他,更不可能跟随父母去田间地头劳动,成天就只能窝在家里看电视,或者在村子里面四处溜达,这样陆陆续续在家里混了两年。

当时,村里的年轻人已经开始流行外出打工挣钱了,因此看到一直在家无所事事的LS,他的父母便叫他也和村里的其他年轻人一样,一起外出去省城打工。听到这个建议,LS没有多想,只是认为这是再一次能够摆脱乡村生活,能够进城的好机会,所以让父母尽早做好了准备,打算去外面的世界闯一闯。当LS背起行囊,和村里其他的年轻人一起出发准备坐汽车去省城打工的时候,他是志向满满的。LS回忆说:"当时,我觉得外面的世界好,肯定有赚钱的好机会。所以,一听说能去省城打工,高兴得啥都没想。其实,现在回想起来,我一没学问、二没背景,打工也肯定是去吃苦的,可惜当时对此没有想太多,还是太年轻了!"到了省城,村里一同去的年轻人分散成了两伙。一伙人决定去餐馆里面打工,认为那样干活轻松些,同时伙食上要好一些;另外一伙人决定去建筑工地打工,觉得在那里虽然干活累一些,可是钱拿得要多一些,另外逢年过节也不用担心要加班什么的,晚上的自由时间多一些。LS觉得这两个工作都不好,但是初到省城,也没有其他更多的门路能够找到什么好的工作。相比之下,他觉得餐馆里面肯定乌烟瘴气的,成天都是油烟味,还要低声下气地伺候别人,以他这种脾气性格,肯定做不了几天就要和人发生争执的,于是愉快地选择了去建筑工地做小工。在建筑工地,他起初做的活很简单,就是翻砂子、顺钢筋,但是也很辛苦。翻砂子的时候,经常是在大中午,顶着狠毒的太阳,一铁锨一铁锨地把砂石撒到钢网上。几天下来,人晒得黝黑,手上还磨了几个大血泡,胳膊上也晒脱了皮。回想起几年前在粮站的安逸工作,他越发觉得心里不平衡,总想着要发泄一下郁闷的情绪。有一天晚上吃完饭,工棚里的工友们有的在抽烟、有的在听广播、有的在打扑克,LS 和几个工友商量了一下,决定赶到一家录像馆去看录像。那天晚上,录像馆起初放映的都是港台的武打片、枪战片,大约看到晚上快一点钟的时候,LS 实在熬不住了,起身决定回去睡觉。可是,其他的工友告诉他,后面还有好看的片子,再等等就回去。于是,LS 也坐了下来继续看录像。看着看着,他忽然觉得浑身燥热起来,原来工友所说的好片子都是一些色情片。看着不远处电视机屏幕上纠缠在一起的肉体,听着录像馆里的工友们传出的浓重的喘息声,甚至能感觉到大家目光中流露出的"欲望"的光芒。LS 也迷茫了,沉浸在这一片情欲的感官世界。以后,LS 对此欲罢不能,经常在晚上溜到录像馆去看"片子"。有的时候,工棚里的工友在开玩笑的时候,也会讲一些"荤笑话",让 LS 的内心感觉到非常的"悸动"。

终于熬到了年底,LS 原本非常担心工地的老板会借故克扣他们的工钱,可是这一次,他没有遇到"黑心老板"。工地的老板请大家伙吃了一顿饭,给每个人结清了这一年的工钱,并且约定了年后回来工作的时间。看着捧在手里的五千块钱,LS 的心里久久不能平静,这就是他一年辛苦工作得来的全部收入,原来自己也是能吃苦挣钱的。第二天下午,LS 收拾好行李,他决定回家过年了。赶到汽车站的时候,发现车站上人很多,都是赶在年前要回家过年的人,有学生、也有像他这样的打工者。排在长长的队伍后面,LS 紧紧捂着自己的肚子,因为他把钱藏在了内裤的口袋里面。这条内裤,还是工友带着他在批发市场专门去买的,为的就是这种内裤的前面有一个带着拉链的口袋,可以把钱藏在里面。虽然穿在身上,厚厚一沓钱并不是很舒服,但是一想到一年的辛劳收获,他还是非常满足的。好不容易排队排了一个多小时,到了售票窗口,却得知回自己家乡的公共汽车票已经卖完了。LS 只好退出了人群,得等到明天赶早才能买到车票。一想到今天不能回家了,LS 就十分郁闷,更担心的是怕夜长梦多,藏在自己内裤里面的那些现金的安全。他想要不先回工地去吧?可是工地来回都挺远,万一明天又没赶上,就又白跑一趟买不到车票了。于是,LS 打算还是在车站旁边住一宿更稳妥。漫步在汽车站偌大的广场上,LS 有点无所适从,想着在车站凑合一夜,但是天气实在是太冷了;想着找家旅馆休息一晚,但是又怕价钱太贵,有点舍不得。正在犹豫之间,花坛边几个三四十岁，穿着艳丽的女人却主动向他打起了招呼，说自己有住宿的地方，而且价格便宜。其中一个稍年轻的女子特别热情："先生，要不要到附近旅馆休息一下？30块钱，很便宜的。我们还有小姐，不贵，60块钱。"LS心里清楚这个女人也许就是工友口中所说的那些做"皮肉生意"的"鸡"，但是一想到那些在录像馆里迷离的夜晚，再加上时间也挺晚了，LS心动了。于是，他脚也不听使唤地随着那个女人热情的召唤跟了过去。年轻女子把他带到汽车站附近的一个小旅馆，开了房，说："那您洗漱一下，好好休息。"女子把LS领进房间就离开了，两三分钟后，一个中等身材、发梢染成黄色的妇女走进屋，年纪看上去有点大，于是两人发生了关系。LS回忆说："那是第一次嫖妓，心里觉得特别刺激，也很满足，不过也给了她50块钱呢！"从那以后，LS好像着魔上瘾一样，对这件事情的经历总是念念不忘，甚至整个过年期间也显得那么心不在焉。还没等到工地开工，他就提前几天急匆匆地离开了家，想到省城再一次寻求"艳遇"。这以后，LS有过很多次找"小姐"的经历，在工地干活挣得的几个钱，也尽数投到了"温柔乡"里。

临到年节，往往口袋里没有存下多少钱，甚至有时候都不敢回家。然而，他却大言不惭地告诉家里自己在省城混得如何能耐，能挣大钱，让父母不要为他担心。LS的父母看到儿子终于能够通过在省城打工自食其力，也觉得比较欣慰，同时也为快30岁的儿子的婚姻问题着急起来。LS虽然回家时间并不是很多，但是逢年过节还是能见到他的身影的。所以，家里曾经趁着春节的机会为他安排了几次相亲，有几次是邻居大婶帮忙牵线的。邻居大婶说："最初相亲的时候，女方看到LS都觉得他长得还可以，又在省城打工，可能是个有出息的青年，将来也许会有大的作为，但准备双方'看家'（当地习俗：定亲之前男女双方家长互相登门拜访，了解家庭情况的行为）时，LS家'抠'（当地俗语：意为吝啬）得很，好烟好酒不说了，像样的饭菜也准备不下。你说哪个做父母的愿意自己的丫头嫁到这样的家庭受罪？"可能正是因为这样的原因，多次相亲最终都以失败告终。后来，LS便一直在省城，几年难得回一次家，只有他妹妹结婚时候回来了一次，但是时间也很短。村里人也很少看到他，当然也不知道他在外面忙些什么，村里自然而然的有人传说"他在外面混得不错，要赚到大钱才回来风光一把呢！"

可是，事实并不是传言那样。原来，LS在省城打工的同时，不但没有改变自己嫖娼的行为，甚至还变本加厉，充当了自己结识的一个卖淫女的"介绍人",负责把自己的工友介绍给这个卖淫女,自己则从嫖资中抽成。结果,在最近的公安"扫黄打非"活动中,被逮了个正着,不但被罚款,还被拘留了一段时间。也就是最近,研究者前去 LS 家采访的前夕,LS 因为这个问题被治安拘留,刚刚释放回来。但是,他在外面的"丑行"也传遍了整个村庄,村里人都知道 LS 在外面胡乱非为了,家人也觉得在村子里面"抬不起头来做人了!"。LS 回来后,其他村民也都能感觉到他的沧桑,虽然在壮年,却已经有了白头发,人也消瘦了不少。因为村民的耻笑,LS 自己也极少出门,精神状态极其萎靡,成天靠着自己家的院墙晒太阳。谈及对于未来生活的打算,LS 说:"我这一辈子,可能真的要打光棍了!以前就因为家里条件不行,好歹也找不下个对象。现在就更不用提了……村里人现在连小娃娃都在后面叫我'流氓',你说我能说上媳妇吗?我也知道自己干的事情不地道,可是没有管得住自己,怪谁呢?以后走一步,看一步吧……"

听完 LS 的故事,研究者在思考到底是因为单身导致了 LS 的混乱生活,还是因为这种混乱的生活状态导致了他可能一直单身,抑或是二者兼而有之。每一个生理发育正常的男青年,都可能在人生的某一个时期开始对于异性的欣赏和爱好,也因此会产生各种情欲的纷扰。当代社会的发展,产生了各种可能的诱惑和干扰。尤其是对于 LS 这种文化素质不高,但是曾经接触过城市生活,又向往城市生活的贫困农村青年来说,反而更有可能迷失在花花绿绿的城市生活的陷阱之中。如果处置不当,最容易走向罪恶的迷途不能自拔。曾经的 LS,也是抱着自己致富、为家庭解忧的心愿走向了大城市,也在建筑工地勤劳工作,可是各种偶然的机缘,导致他接触了色情活动。这对于一个单身男性来说,是一个生活和人品的考验,却也是非常难于克服和抵制的困境。然而,LS 在这个考验和困境面前,经历了人生的失败和晦暗。

五、无赖——RXH 的案例

研究者来到 RXH 家,发现这户家庭在当地实在属于非常一般的家庭。房屋还是很早以前的那种土坯房子。屋子里面没有床,只有土炕,所以在院子里面就可以看到给土炕添火的炉坑。经年累月,炉坑已经被熏黑了,连带着大半个墙壁也黑黢黢的,炉坑旁边堆着很多烧火用的秸秆。院子里面的角落里,堆放着一些废旧瓶罐,都是 RXH 的父母从外面捡垃圾捡回来的,说是至少可以换几个钱。老人知道研究者主要是来访问 RXH 的,很抱歉地说:"午饭后就不知道到哪里浪（当地俗语：意为闲逛）去了？可能到晌午就回来了，老师你们稍坐一坐，等一等他吧？"于是，研究者打算先和老人聊一聊，了解一下RXH的基本情况。

RXH，42岁，至今未婚，有五个兄弟姐妹，他是老么。他的哥哥、姐姐们都已经成家了，因此他跟父母生活在一起。他的父母已经70多岁快要接近80岁了，年老体弱多病，基本没有什么劳动能力，因此主要靠其他子女的接济和照顾。因为RXH本身也没有什么工作，而且据其父母讲，RXH个性很懒，更不用说下地干活，所以两位老人的生活"基本也指望不上他"。一直等到下午两点多，RXH终于回来了。RXH是一个长相非常普通的人，不管是身材还是相貌都很普通，属于那种放在人堆里根本就找不到的人。显然，他没有想到今天家里有人在等他，一脸很吃惊诧异的样子。知道了研究者的来意，他略微思索了一下，就回答道："我也没有啥好说的，老师你就别访问我了，我真没啥说的……"几经劝说，还是没能让他开口讲述自己的故事。

虽然直接从RXH口中了解信息的途径没有了，可是村民对于他却有很多话要说。因此，在接下来的多次实地研究过程中，研究者还是通过其他村民了解到了许多RXH的情况，以及村民对他的一些认识和评价。虽然初次见面，RXH并没有给研究者留下什么深刻的印象，但是对于大多数村民而言，他却是一个让大家记忆深刻、几乎全村男女老少都非常熟悉的人，甚至用村民的原话讲，"现在的RXH全村上下谁不认识？我们说个不好听的话，有些'痛恨'他……"原来，RXH因为长期单身没有成家，父母年龄大了也管不了他，他自己又没个"正经营生"，只能成天东游西逛，不务正业。渐渐地，他成了村中的"懒汉""闲人""恶霸"，整天只知道游手好闲，每天除了睡觉就是到处在村中转悠，寻思着哪家有什么东西可以给他偷去卖钱，哪家可以有什么事情让他顺便"打打秋风"（当地俗语：意为利用一些小机会或事情获得自己的利益）。尽管自己并没有什么可靠的生活技能，也没有什么持续的经济来源，但是靠着兄弟姐妹的周济，靠着父母积攒下来的那点微薄的养老钱，甚至于政府每个月发给两位老人的"老年人补贴"，都被他一分一厘的盘扣掉去给自己买烟、买酒、买吃的、买穿的。RXH每顿饭还喜欢喝点小酒，但是酒量非常差，酒品也非常不好，按照村里人的说法："那个坏怂（当地俗语：意为坏蛋、坏人）喝上二两猫尿就不行了，一上头就犯浑，和别人找碴，动不动就跟邻居动手打架！"也许，这些正是RXH成为村民口中"恶霸"的原因，也是他非常排斥接受研究者访问的真正缘由吧？有村民说："他这个人一向脾气比较暴，村里人也不愿搭理他，他也不愿搭理村里的人，所以面对他，大多数人是没机会跟他搭话的。"还有村民说："看到他，我们都和看见瘟神一样，躲都躲不掉，还说话，快算了吧？"可见，RXH给村民留下了一些非常恶劣的印象。

关于他以前的事，研究者大多是听村民说的。因为，村上一些老年人聚在一起闲聊时候会经常谈论到他。有的村民以前还跟他一起上过学，说："从小的时候，还看不出他跟别人不一样。他们家以前就比较穷，他的父母一直体弱多病，除了种地，也没什么经济收入，他们家的兄弟姊妹都是靠自己拼搏养活自己的，所以兄妹五个都是小学未毕业就开始出去打工挣钱，或在家帮忙了。""由于RXH在家里是老幺，大概是他父母40多岁时候生的他，因此格外受到父母的庇护。小时候过得还不错，因为小，所以什么都靠父母和哥哥姐姐，他的哥哥姐姐一直带着他，什么也都很照顾他。所以，他可能打小就有了好吃懒做的倾向。等到大一些了，这些毛病都没有改过来。按我们这里的话，他就是那种'油瓶跌倒都懒得扶'的人。房子不打扫，家务活不干，农活更不干了，完全是衣来伸手、饭来张口的样子。本来家里人多，经济情况就不是很好，自己个人又出不上什么力气，还要一老（当地俗语：意为经常）麻烦别人。所以他的姐姐、哥哥们慢慢地都看不惯他了，兄弟姐妹之间经常因为一些家庭琐事闹矛盾，所以他们之间的关系也就一直不好。后来人都大了，两个姐姐在外地打工，也就都嫁到外地了，两个哥哥也都成家了，老二也从父母那里分了出去，就住在隔壁村，其实跟父母的距离不是太远。不过他不想看到他弟弟，所以没什么事也不回来。早年间，老大跟其他兄妹比不是太富有，所以就留下来跟着父母一起住了。后来老大有了自己的孩子，住不下了，自己就在边上建了一个两间小平房，算是还是可以跟父母朝夕相处的。后来RXH也大了，但是就是一直成不了家，原因就是他脾气有点不好，从小就被父母惯着，做什么事都蛮横不讲理，所以周围的姑娘都不敢跟他。"原来，在RXH二十五六岁时，他的父母开始积极关心他的婚事了。原因倒不是因为两位老人考虑到他的终身大事了，而是实在被他叨扰得受不了了。RXH成天无所事事，一天到晚就知道东逛逛、西转转，一点经济收入都没有。每天吃父母的、喝父母的，就这样还动不动对父母呼来喝去，稍不顺心就发脾气抄家伙的，所以他们就想让他成家，以为这样就可以让他自己挣钱养活自己了，也就不用看着他时常在身边出来进去以至于烦神了，更不用担心自己有一天被自己的儿子给气出病来。所以，两位老人打定主意，要让这个最小的儿子尽早娶个媳妇了事。他们东求西说的，好不容易给他找了一个相亲对象，结果相亲时女方因为他家太穷，不愿意跟他结亲，说了几句不得体的话。他当时就火了，直接把那女的给骂了一顿，顺带把媒人也痛骂了一顿，人家姑娘回去当然是见谁跟谁说他的不好。结果从此以后，周边的几个村庄都知道 S 村的 GXH 不好惹，脾气非常差。所以他形象彻底没了，根本没有媒人敢接他们家的事情，更没有哪家的姑娘不知道天高地厚的敢主动找上门来相亲。这样，RXH 的婚事就慢慢耽搁下来了，后来不知道他是被打击的还是习惯了，反正也没钱去外地买个媳妇回来，成家这事就此打住了，以至于直到现在，四十几岁的 RXH 算是村里的"老光棍"了。

在结婚成家的事情没有一点儿希望以后，RXH 在村中变得更加游手好闲了。他一直吃老人的，用老人的，所以刚开始他的哥哥姐姐还可怜他，每次回家都会给他点零用钱。可是后来，他还沾染上了赌博和酗酒的恶习，胃口越来越大，竟然开始直接向他的兄弟姐妹索要了。他姐姐们有时手头紧，自己的生活都顾不过来，没多余的钱给他，他就发脾气，对他的姐姐们说粗话。几句话没说，就开始把好不容易回家一趟探望老人的姐姐们往外面推，直接说"没钱以后就别回来"。刚开始他的姐姐们没说什么，毕竟是自己的亲兄弟，所以全都忍受下来了。可是他却一次比一次蛮横，有时候甚至都动手了。也不知道他们之间是不是还有什么其他更大的冲突？反正到现在，他的姐姐们连逢年过节什么的都不回来了，好多村民回忆已经有很多年没有见过他们家的其他几个女儿女婿回门来探望两位老人了，还听村民说他姐姐们都不认 RXH 是她们的家人了。

作为直到现在还和父母一同居住的唯一的儿子，按照道理讲，RXH 应该在照顾老人的事情上出更多的力才是。可是，随着年龄的增大，他的父母基本上没什么劳动能力了，家里绝大部分的土地也只能低价租给别人种，自己只留了一小块土地种点口粮和蔬菜。当然，这样也就不能给 RXH 钱用了，也不能每天给他做饭洗衣什么的了。RXH 呢？他就开始天天往隔壁他大哥家里跑，去他大哥家蹭吃蹭喝。刚开始他大哥还顾及兄弟感情，还给他吃给他用的，可是他却不知道感谢，反而当成是理所当然的事情。谁都知道"家家都有一本难念的经"！他大哥家也不是什么富有的家庭，这样三天两头的上门蹭饭，自然多了一个人的开支，间带着还要抚养年迈的父母，他大哥的妻子也就是 RXH

的大嫂慢慢就有了意见。每次见到RXH上门，都极其不乐意，更担心自己的孩子跟着RXH有样学样，也变成那样一个好吃懒做的人，所以心里有很多埋怨。时间一长，他大嫂就开始跟他大哥吵架。有村民见过，说："两人打得很猛，都动刀动枪的！"这样几次下来，他大哥就服软了。因为，毕竟自己有家庭、有孩子，还要正常过日子。于是，最终RXH的大哥也彻底和他父母分开了，即使就几十米的距离，他大哥也跟他们保持着陌生人的距离，更不让他弟弟——RXH进他家门了。

这样一来，RXH又没有生活依靠了——其实，也不是什么生活依靠，就是一个可以混吃混喝的地方。RXH也不想着自己去挣钱，却在家里怒骂父母没用，逼着年迈的父母种地，甚至出去捡拾破烂换钱，而他自己却在家里窝着。除了"吃、喝、睡"，就是在村里闲逛。有时候，出去转的时候没钱，就和父母要。不给，就去抢。再没有，他就开始变卖家里贮存的粮食，有些甚至是家里老人存着的"种子粮"，是两位老人存着准备第二年开春播种用的。这样，时常家里面会断了口粮，一家人没有米面下锅做饭。这个时候，RXH就直接把父母赶到他大哥家去要点粮食，要到了还要带回去给他做了吃。有村民说："都那么大的人了，也不害臊，每天的衣服还要他快80岁的父母洗"。有村民回忆："记得有一次，他让他父母去他哥家要东西，他们没去，他就开始踹他父亲，打他母亲。那天，他大哥刚好路过门口，看到了这一幕，还算有良心，当时就拿着铁锹冲了过去，把他打了一顿。当时RXH还不服气，还跟他哥打了起来，最后两人都打得满身是伤。他大哥虽然年纪大一些，但是一直做农活多，身体也壮，三下五除二就把他给制服了。"这件事情以后，他大哥跟其他弟妹商量了一下，大伙一起出资给他们父母在院子里另外盖了个小房子，并且另有道房门朝外。如果自己不从里面开门，院子里的人——也就是RXH是进不去的。这样，终于把两位老人和RXH暂时给分开了。这之后，RXH倒是安静了一段时间。但是，没有多长时间，他又开始打他父母的主意了。村民说："有一次，他向父母要粮食卖。他父母没给，把门关了，就是不给他开房门。他直接发脾气了，爬上屋顶，把他父母的小房子的屋顶给掀了。这件事情闹得很大，引起了全村的注意。他的两个哥哥实在受不了，两人联手把他打了一顿。就那样他还大喊，'你们打我，我迟早把你们全弄死！'家里人实在没办法了，只好报警，结果乡派出所的警察把他逮到拘留所去关了几天才放出来。RXH放回来以后，村里人更看不起他了，都没人愿意提起他了，他也安稳了一段时间。可是一个好吃懒做的人习惯了，想改也改不回来了。他为了生计，开始在村里干起了小偷小摸的勾当。所以村子里经常发生不是谁家鸡没了，就是谁家放外面的东西没了的事情。刚开始，村里人都不知道是他干的，可是时间长了，总会被逮住的。一时间，人们又开始议论RXH的恶行了。有些人气不过，去找他当面理论，可是RXH根本就不搭理，要不就是死不承认，导致全村人都"恨得他牙痒痒"！村民说："白天从来看不见他，一到晚上，人们就能看到他到处转悠，不知道找寻啥东西呢？估摸着就是寻思偷东西呢吧？"就这样，RXH在好吃懒做的坏名声上，又加了个小偷小摸的坏习惯。有一年，他半夜到一户村民家里偷人家的东西，结果那一家也是村里出了名的霸道人家——家里兄弟多，自然也不怕事。RXH在那晚"行窃"的时候，刚好被他们逮个正着。那一家的兄弟几个都在家，于是乎把RXH围堵下来，一顿死打，听说差点被打死。但是，就是这样，RXH还是没有半分收敛，依然过着得过且过的日子。村民口中的RXH，俨然是这个村庄的"混世魔王"，以至于村民给村委会集体上书，要把他从村庄当中赶出去。一个老大爷听说研究者要了解RXH的事情，非常生气地说："他有啥好事情，因为他的存在，我们村被搞得鸡犬不宁。"

　　是的，RXH这样一个大龄单身男性，就是村民口中的"老光棍"，在村子里成了一个典型的地痞、流氓、恶棍、无赖的代表。因为他的家庭环境，他从小受到了太多的呵护和帮助，以至于养成了事事顺遂自己心意的习惯，更是养成了"四体不勤、五谷不分"的品行。他没有因为父母的养育而感恩父母，一直在做一个"啃老族"；也没有因为兄弟姐妹的接济而感恩他们，认为这些都是理所当然的帮助。及至后来他变成了村民口中人人愤恨的对象，也没有能做出丝毫改变。也许，在RXH的潜意识里，他一直还生活在"儿童期"的那种环境和情绪下，因此始终不能正确地行事为人。或许，结婚成家能够带给他进一步社会化的后果，让他能够明白家庭的重要性，明白养活家庭的辛苦，承担更多的社会责任，扮演恰如其分的社会角色。可是，目前的情形之下，结婚成家对于RXH来说，似乎已经成为一件绝对不可能实现的事情，而由此导致的后果就是，RXH可能还将继续在"单身"的背景下继续生活下去，也就没有了接受改变的可能。这样，对于RXH而言，似乎形成了一种恶性循环。

六、非正常收养——XXJ 的案例

XXJ，男，现年 55 岁，村里人都叫他"小许"，他还有一个哥哥叫"大许"，哥哥比他大 4 岁，今年 59 岁。据村干部介绍，这兄弟两个人，在村里都是非常忠厚老实的人，也都是研究者想要调查的"光棍汉"。村里面这两年正好在搞拆迁重建的工程，那个村庄正好又临近公路，路两边要重新种植一些花草树木。村主任看 XXJ 年龄已大干不了什么重活了，考虑到他家的特殊情况，就让他负责看管公路两边的树木，平时他每个月还能领一些补助金。2007 年的时候他把房屋翻盖了一下，砌了一个七家梁（当地俗语：意为东房、西房加上一个客厅），生活过得还算不错。兄弟二人二十年前收养过一个女婴，现在已经长大成人，所以目前家里一共有三个人。

说话之间，研究者一行人来到了 XXJ 家门前，斑驳的木头门板上，今年春节贴上去的对联已经没有了上联，剩下的横批和下联也在风中摇曳。应声开门的正是 XXJ，说明了来意后，他热情地将研究者迎进院内。据 XXJ 介绍，堂屋是他哥哥住的，东厢房是给"闺女"住的，西面的厨房里面也搭了一张床，是他自己住的。小院子收拾得干净整洁，看得出来 XXJ 是一个老实本分的庄户人。堂屋的正墙上，挂着他们已经去世的父母的遗照，旁边贴满了"先进学生""三好学生""优秀学生"等等各式各样的喜报和奖状，看得出来他们非常看重和骄傲自己"收养"的这个"女儿"的点滴成绩。XXJ 的哥哥"大许"去隔壁村一户新修房子的人家干木工活——打家具去了，女儿"燕子"现在去省城上大学了，所以家里就他一个人。

XXJ 的父母在他们年幼的时候就先后因为意外和疾病离开了人世，当时就只留下了一间泥土屋，还有几亩地。父母离世后，大许和小许就相依为命，由于兄弟两人还有几户亲戚在村庄里，所以大家互相帮衬着，勉为其难将他们都拉扯成人了。因为没有了父母的抚养和照顾，兄弟两人上完小学就都辍学了，把自己家的土地租给了别人。两个人都想着能早点出去找点活干，挣点钱养活自己。村里有一个非常熟悉他们兄弟二人的老人说："他们那时非常辛苦，每天起早到晚去找活干。村里面的大人见他们俩命比较苦，就带着他们俩一起去找活干，也好让他们有活下去的动力。反正两个娃可怜得很，到现在也没家没业的……多亏了收养了个女娃儿，还有出息，也懂得孝敬老人……"原来，因为当地是干旱地区，所以生活和农业生产用水主要都是使用附近的一条秋冬季断流，春夏季有雪山融水的河流。而且每年春季农田播种出苗后，家家户户的农田秧苗用水，都是各村庄的村干部在乡镇开会讨论，根据各村庄的耕地面积制定好分配时间和分配量的。到了规定的本村庄用水的那一天，其他村庄都关闸，而本村庄则开闸放水，将河水引到本村来使用。当然，本村的耕地用水也要根据各家各户的耕地面积进行分配。所以家家户户的农田边上，都修建有大大小小的引水渠和水闸。比如说，某一家早晨5点到6点开闸引水到自家的农田，其他家要关闸。而到了6点整，这家人也要关闸，而另外一家人开始开闸引水。这样一整天循序渐进，直到整个村庄的土地都得到浇灌。这样，当地的水利设施对于农业生产来说，就是非常重要和宝贵的资产。有一年冬天，由于使用时间长了，不少引水渠都有堵塞淤积的情况，所以当时临近的几个村庄在政府号召下，准备利用冬季农闲的时候挖河修渠，改善当地的水利设施。当时政府号召各村各庄都要出动劳动力，参加挖河修渠的工作，而且对于参加劳动的农民还有一定的工资补助。所以经人推荐，XXJ兄弟二人就加入冬季整修河道的劳动大军中去了。在那边的工地上，算是有了个相对比较稳定的活干了。经过那一年的锻炼和实践，XXJ兄弟二人逐渐学会了一些建筑施工的活计，而且也挣到了一点钱。于是二人一合计，就开始寻找这样的活，但凡听到哪里需要整修河道、开挖水渠，他们就去做工。慢慢地，他们在干活过程中又学到了一些其他建筑方面的本事，尤其是学会了做木工活，就开始给村民打家具挣钱过活。

就这样，年复一年日复一日，兄弟两人一直辛勤的工作挣钱，想把日子过好一些。过了几年，兄弟俩逐渐也攒了一点钱，生活上稍微好一些了。正好哥哥大许的年龄也大了，到了该找媳妇的时候了，弟弟小许就劝哥哥赶紧趁现在家里情况好一点的时候找个媳妇安个家，"也好有个嫂子给我俩做饭洗衣"。以前因为家里经济情况不好，哥哥还想着要照顾弟弟，兄弟两个都想着要挣点钱，因此一心一意只顾着去找活干，也没留意身边的姑娘，更没有主动去考虑过结婚成家的事情，回过头来再想找时却发现年纪已经有点大了。于是，兄弟两人为此好好合计了一下，觉得也该把一个人的个人问题给解决了。所以兄弟俩也为此还把房屋重新粉刷、修建了一下，添置了几样家具、家用电器。虽然他们兄弟俩文化程度都不高，但是长相都还比较周正，身高也都在一米七以上，也没有啥大的毛病，主要是踏实肯干，也有一技傍身，不至于生活困难、为了温饱而发愁。所以现在有了这样的想法和打算，很快就在村里其他人的介绍下给哥哥大许找到了一个"对象"。这个女的是临近乡镇的，是家里面年纪最小的一个，上面还有一个哥哥。为了给她的哥哥结婚筹集"彩礼钱"，她的父母打算让她找个家庭条件好一点的人嫁了，但是由于"要价太高"，一直都没有找到合适的人家。所以，这一次看到XXJ家有两个壮劳力，觉得应该家庭条件还不错，就答应了婚事。XXJ的兄长也觉得这个女的还不错，比较勤快健康，所以也倾向于和她结婚。感觉事情就这样快要"水到渠成"了，可是忽然有一天，女方的母亲直接上门问他们兄弟两人索要"彩礼"。虽然两个人通过打工，攒了一点钱，可是比起未来丈母娘索要的巨额彩礼来讲，简直是"九牛一毛"。XXJ兄弟俩向女方家长做出了各种保证，也说动了媒人进行居中调停，女方家里最终还是同意了这门婚事，可惜婚姻隐患也就此埋下了伏笔。在大许结婚不到一年的时间，他的女方的母亲终于忍耐不了了，她觉得要等到XXJ兄弟攒出一笔可观的彩礼钱，用于自己儿子的婚事，可能需要等太久的时间，所以干脆威逼利诱自己的女儿回了娘家，并且就此再也没有回来过。最终，这场短暂的婚姻以"离婚"结束和收场，而至今令大许感到遗憾的是，虽然他有过婚姻，有过老婆，但是却没有能够留下个孩子。就这样，兄弟两人又过上了继续打拼、苦中作乐的二人世界。也正是这一场短暂的婚姻，把兄弟二人打工赚的钱都花完了，弟弟因此也就失去了找自己的媳妇的机会。

　　日子很快就这样一天天过去了，直到1992年的一个春天，因为这一天对于XXJ兄来说，发生了一件影响到他们后半生的重要事件，所以他的回忆格外清晰。"那是'九九'过后，我们这个地方常说'九九加一九，耕牛遍地走'。所以我们弟兄两个都没有出去打工干活，都在拾掇地里面的活，打算下种子种麦子了。头一天干了一天活，早早就睡下了。天刚麻麻亮（当地俗语：意为天色微明）的时候，我哥忽然听得我们家窗子后面传来了一阵婴儿的啼哭声，而且声音一声比一声大。我哥越听越不对劲，这么早哪儿来的娃娃哭声，可不是有啥事吧？"XXJ的哥哥赶忙披衣服从炕上爬下来，把XXJ也给叫醒了，说："老小，你快听听，是不是我们窗子下面有娃娃的哭声？"XXJ抬头细听了一会儿，"哇哇"的哭声又再次响了起来。XXJ赶紧对哥哥说："哥，就是娃娃的哭声，听声音还是个女娃声。"他们赶紧跑出屋子一看，确实在窗子下面用褥子包着一个正在号啕大哭的婴孩。哥哥边骂边抱起孩子，说："哪个丧良心的，把娃咋扔在这里呢！"到屋内灯光下一看，还真是个哇哇哭的女孩，大约有七八个月大了。可能小孩子是饿了，一个手指塞在嘴里还在不断地吸吮。哥哥边哄着孩子，边对 XXJ 说："这可能是天意，是送子娘娘给我们送娃来了。弟弟，我们把这个孩子养下了吧？这样我们也就有后人了。可一定要好好抚养她，不管是男是女，要像亲生的那样把她养大成人。将来老了，就算再不济，我们还能有个后人，有个闺女照顾咱们……"第二天，兄弟两个人到村子里面、周边乡镇都去打听了，没有人家孩子不见了，也没有人家在找孩子。他们又到村委会和乡镇派出所去咨询了收养的事情，可是也没有得到一个圆满的解释和答复，只知道自己并不符合收养条件。但是，无论如何，他们决定先把孩子养着再说，"说不定哪一天，孩子的父母亲良心发现了，回来找孩子了也不一定。也说不定，哪一天有什么新政策，这个孩子就能成为我们的合法收养子女了。"从此，兄弟俩就一心为这个小孩而努力打工挣钱，供她吃穿，供她上学读书，生活也就有了一点动力。起初的时候，两个大男人也不会带小孩，多亏了街坊邻居的帮忙才照应过来，但是他们的生活中也多了一个内容，除了日出而作日入而息，中午和晚上从他们家也传出了一阵阵婴儿的啼哭声，兄弟二人逗小孩的欢笑声，生活也过得比较充实、比较有趣味。兄弟俩给女孩取了个名字叫"X 某"，跟他们一个姓，小名按照捡到她的时节已经是春天，燕子已经飞回北方了，就叫作"燕子"。后来，女孩一直叫大许"爹"，叫 XXJ"爸"，学校开家长会的时候他们两个都会去。

有一天，一个亲戚领着个姑娘到他们家来给 XXJ 相亲。刚进屋坐下来，他们忽然听到一个婴儿的哭声。当时这个相亲的姑娘脸色就变得很难看，站起来质问："这是怎么回事？哪儿来的孩子？"XXJ 的哥哥赶紧解释，可是左解释、右解释她都不听，觉得他们是"骗子"，于是摔门而去。从此后，相亲介绍对象的人就再没有光顾过他们的家。XXJ 非常难过地对哥哥说："哥，以后再不要白忙活了，这就是我的命！我没有娶妻生子的命。以后我们一家三口相依为命，她就是我的亲生闺女，我就是她的亲爸爸，她也是你的亲女儿。我们一家三口好好过日子吧？为什么我们家穷送不起彩礼就活该找不上对象娶不上妻子，难道我们家穷是我的过错？还是我天生就不该来到这个世界上？好在上天赐给了我一个娃。既然是上天给我的，那么她就是你我唯一的亲人。我一定把全部精力都投入到她的身上，让她感到父爱的存在和关怀。"从那以后，兄弟两人就把小女孩当成了自己的亲闺女，弟弟 XXJ 就负责女孩在上学时的吃住费用，哥哥则负责女孩每学期的学费。女孩上学一直很用功，也非常听话、孝顺，从小学开始就努力刻苦、勤奋的学习，每门功课都取得了优异的成绩。

长大一些之后，还帮着父亲洗衣做饭，俨然和XXJ兄弟建立了事实上的"父女关系"。从小学到初中，再到高中都是同年级的佼佼者。"燕子"原本考上了一所县城最好的高中，可是由于这个学校的学杂费比较贵，考虑到家庭贫困的原因，"燕子"最后到镇上读了一所公办高中。虽然在镇上读书，但女孩还是很用功，三年过后女孩考大学时比二本少了几分，也是因为家庭原因选择了一所专科学院读财务管理专业。村里人也都知道"燕子"是兄弟俩捡来的，也知道他们二人辛苦抚养"燕子"的经过，所以对这一家人都很照顾，对他们都很好。村委会也一直在努力想办法，能够让这兄弟俩收养小孩的事情"合法化"。村里早几年经过申请，民政部门和公安部门已经针对XXJ的特殊情况，给予了特殊照顾，批准了他们的收养申请，给他们办理了合法收养的手续。这样，意味着收养"燕子"多年后，这个女孩终于能够名正言顺、合法地成为他们的女儿了，从此他不再担心有一天会因为非法收养而出现什么麻烦了，这也满足了这一家三口多年的一个心愿。

在"燕子"考上大学的那年暑假，利用一个机会，XXJ兄弟经过慎重的考虑，非常郑重地向"燕子"交代了她并不是他们的亲生女儿，而是弃婴的事实。并且，XXJ向闺女坦诚说明了至今他们之间也没有合法的收养关系，因为兄弟两人都不符合收养小孩的各种条件。XXJ说："当时，我们心里也是七上八下的，没个瞎数（当地俗语：意为明确的计划或者结果），怕的就是孩子一下子知道了实际情况，接受不了这个现实。可是想来想去，觉得还是得告诉孩子，反正世上没有不透风的墙，她迟早是要知道的。万一我们不告诉她，哪一天她自己发现了，还觉得我们故意骗她哩！她要是觉得要找她亲爹亲妈，我们也拦不住，不是吗？如果她不找，我们也会一如既往地待她像亲闺女一样，就继续父女相处！"结果，当"燕子"知道了这件事后，却异常冷静地告诉养父们，她早就知道了。因为小的时候和别的小孩子一起玩，总有人叫她"捡来的"，当时她还不明白，但是随着年纪的增长，她渐渐也从其他村民的言谈当中发现了些许关于自己身世的端倪，知道了自己并不是XXJ亲生的。所以，她非常感恩于养父们的养育恩情，并且明确表示无论将来发生什么，XXJ兄弟永远都是她的亲爹，这个比起生育之恩更加让她珍视。闻听此言，XXJ喜极而泣，回忆说："当时我听了娃的话，觉得这些年的苦也值得了！我们弟兄两个一辈子打了个光棍，唯一遗憾的就是没个后人，将来死了都没个打幡摔盆（当地习俗：意为亲人去世时，子女进行的丧礼仪式）的。还好燕子是个孝顺丫头，说的那些话让我们宽慰了不少。将来她好好地找个工作，我们老哥俩老了还可以相互依靠，也不用她操心。将来我们走了，她能在清明、十月初一来我们坟头上上个香就行了……"当研究者问及他还有没有再想过找一个人来共同度过下半生时，他犹豫了一下说："现在就一心培养着他的女儿，暂时也不想找另一半了。我希望我的女儿大学毕业了能够找到一份安稳的工作，嫁个好人家。"XXJ说："我本人别无他求，女儿出息了就是我对社会做出的贡献，女儿取得的成就就是对我最大的安慰。我以全部爱我的女儿，我也相信我的女儿一定能为我养老送终，只要她做到这一点，不给社会增加负担，我就心满意足了。"

XXJ，包括他的哥哥，都是由于家庭的贫困和沉重的彩礼负担，导致一个终身独身一人，另外一个有过短暂的婚姻却"无疾而终"。他们原本可能在贫瘠的村庄孤独地度过余生。但是命运的转换之间，他们意外"收养"了一个女孩。尽管这种收养是一种非正常收养，确切地说是非法的，并且这个女儿的出现，使得他们的生活负担更加沉重，也更加丧失了在婚配市场上的主动性和积极性。不论当初和现在XXJ收养这个弃婴的主要原因是想有一个"后人"，还是有一个能够在名义上为他们"养老送终"的人，还是其他的什么原因，他们最终都收养并且抚养长大了这个弃婴，并且将其送入了大学。从这个女孩的角度看待这个问题，她原本不幸的人生当中，遇到了两个非常善良的"父亲"，这可能是她此生最大的"幸运"；从XXJ兄弟的角度看待这个问题，他们虽然没有经历爱情的滋润，但是收获了除了爱情以外的父女亲情，也能够尽享天伦之乐，这也是二人的"幸运"。当研究者在撰写这个案例的时候，网上正在流传着从日本著名作家村上春树的作品中而来的一个新兴网络名词——"小确幸"，意思是平常人在生活当中遇到的那些虽然微小，但是确实是幸福的事情或者感受。所以，这一家三口，都遇到了此生的"小确幸"，也是他们的"大欢喜"。

七、酗酒——LW的案例

LW，现年46岁，是村里的铁匠，截止调查时一直是单身一人。LW家一共有五个孩子，他在家排行老五。他上面还有四个姐姐，但是都已经结婚成家了，所以现在家里就剩下他和他的母亲居住。LW的老母亲是虔诚的佛教徒，据说已经戒了"五大荤"，是个在家修行的"居士"。来到LW家门口，隐约能够闻到空气当中弥漫的丝丝香烟火烛的气味，还能听到院子里面的狗吠声。

当地一般家庭都是木板门居多,最多在大门上有两个铁质的门闩,可能因为LW是铁匠的关系,他家的木门完全用铁皮包裹起来,可能以此说明他的职业身份。敲开门,迎接研究者的是LW80多岁的老娘,老人家鬓发斑白,慈眉善目的,穿着深褐色的偏襟上衣。原来,LW正在朝向街道的那间房子里干活,那间房子朝街开了一扇门,当作铁匠铺了。LW家不大,从院子大小的情况可以看得出来。院子里的角落堆放着一些废铜烂铁、金属器具、轱辘砧板等杂七杂八的东西,应该都是LW工作用的材料。在这些原材料旁边的地面上,插着一根铁棍,铁棍上面有几个铁环连着三条铁链子,拴缚着几条狗,什么土狗、哈巴狗、狼狗都有。老人家介绍说LW喜欢养狗,这几条狗都是他的,嘴里还嘟囔着:"连自己也养活不住,不知道他养这些畜生做啥呢?"LW的母亲把研究者一行人引进堂屋,发现他们家和村子里其他家的装修、布置都不太一样。首先,一般人家堂屋的正墙上要么挂着一幅山水画,要么挂着领袖肖像照片,要么是放置着电视机等家电。LW家的堂屋正墙上安置着一个硕大的木质佛龛,里面供放着佛像,佛龛下的几案上摆着一个铜质的香炉,里面的一根线香正散发着袅袅青烟。两根蜡烛安插在铁质的烛台上,闪着忽明忽暗的烛光。还有几盘食物也供奉在几案上,有瓜子、水果糖、麻花、馒头,甚至还有一盒牛奶。老人家说这里是她每天吃斋念佛的地方,她就住在里屋。LW居住的东厢房里,布置得很简单,也并不大。一张床,一个长柜子上面放着一台电视,还有几个空酒瓶,有白酒瓶也有啤酒瓶,还有几盒已经拆开的药盒。床边还有一个大衣柜,上面的镜子上贴着一张穿着泳装的美女图。老人家走到堂屋门口,大声呼唤着儿子的名字,不一会儿一个魁梧的中年男子走了进来,这就是研究者想要了解的LW。

　　LW身高大概有一米七八,短发,双眼有点浮肿发红,脸色暗黑发青,胡子拉碴的。可能是听到母亲召唤,以为有什么急事,连工作用的围裙也没有摘下就奔了过来。他抬起手用袖子擦了一下额头上的汗水,看到一屋子的人,惊讶得半晌没有说出话来。表面看上去,LW是个非常朴实的"铁匠",但是,LW看人的眼神,却不是那么充满善意,显得有点咄咄逼人。当他听说研究者想要了解他的生活情况的时候,才略微放松了脸部的神经肌肉,点点头说:"行呢,等我把炉火关了我再过来!"不大一会儿工夫,LW来到了堂屋,开始接受研究者的访问。

　　LW平素是以打铁为生,平日里谁家的锅底破了,或者漏水了,或者需要修补什么农机器具，就会来找 LW。一般情况下，看着客人拿来的东西如果可以修补的话就补补，要不就是给换个锅底或者重新塑模浇铸。除此之外，由于母亲的关系，他还兼带着在村子里卖点香炉、浇水壶……所以家里条件尚且过得去。再加上已经出嫁的几个姐姐的帮助，LW 和他母亲的生活在当地属于中等水平。按照道理讲，LW 家的负担并不大，而且他自己身无残疾、膀大腰圆，又有一门手艺，生活也能保证温饱，应该属于"非结婚困难户"。可是，现如今他已经 46 岁了，也还没有一门亲事上门。为此，他的老母亲非常抱怨，一提及此事，忍不住当面向研究者嘟囔着："还能有啥原因，这个缺德鬼，闲下了没事干，就是爱喝二两'猫尿'。你说你喝上些就行了吧？没完没了的，成天价喝。挣下的那么一点点钱，还说的娶媳妇子呢，早都喝到肚子里去了。别人家的娃，早些年都娶上媳妇了，和他差不多大的连孙娃子都快要有了，都要当爷爷了。你看他，还是个喝喝喝……"LW 听着母亲一连串抱怨的话，忍不住皱起了眉头，眼珠一翻，没好气地回话道："我成天价打铁那么累的，闲了喝些酒又咋了？"老太太看到儿子有些急眼，知道可能是在外人面前驳了他儿子的面子，也不再言语了。

原来 LW 本身人品还可以，在当地居民中也没有什么特别恶劣的口碑。生活也还勉强过得去，但一直还是差个媳妇，他的母亲为此非常着急。因为，这一家子有四个女儿一个儿子，所以 LW 是家里唯一的传后人。因此，老太太曾经四处找人给 LW 找媳妇，可是 LW 是怎么也找不到合适的。这其中，钱是一个问题。这几年，当地的彩礼钱是日益"水涨船高"，像 LW 这样的家庭也是难以支付。另外一个主要的原因，就是因为 LW 有嗜酒的癖好。不管什么酒，白酒、红酒、黄酒、米酒、啤酒，都喜欢喝，也不分场合。据村里人讲，基本上就是："把喝酒当喝水一样"，而且往往没有节制，喜欢喝到烂醉如泥、不省人事，酒喝醉了还喜欢发酒疯，打人、骂人那是家常便饭。按照当地人的俗语，他纯粹是个"酒疯子"。有一年，他自己在外面帮人家干活，活干完就在主人家喝了不少酒才往家返回。醉醺醺的他刚回到村里，就遇到一个村民骑着摩托车从他旁边擦身而过，结果正好轮子踏进一个前天夜里下雨积的小水坑，不小心溅了他一裤腿的泥。骑摩托的村民看见是认识的人，赶紧刹车想给 LW 道歉，可是还没等那人说话，LW 早就骂骂咧咧一顿老拳冲上去了。结果，不但把那个人打了个鼻青脸肿，还把人家的摩托车给摔坏了。等到派出所的警察把他带走，他还是不依不饶。警察只好把他在派出所拘了一夜，让他醒酒。等到第二天上午，LW的酒才醒过来，才知道自己闯了祸，而且被打的那个人说起来还是LW的亲戚。为此，他不但要负责对方的医药费用，赔偿摩托车的维修费用，还要接受治安处罚，两家亲戚关系也疏远了。可是，即使这样，也没有让他戒掉酒瘾，依然隔三岔五找机会喝上一些。年轻的时候，LW因为喝酒误事的例子不在少数，所以在村子里落下了不好的名声。大家都知道LW有这样的一个让别人接受不了的恶习，所以渐渐传开，相亲介绍对象的难度也就越来越大了。因为一直没有解决婚姻大事，LW反而日渐消沉，把"酒"看作是消愁解闷的工具，结果越喝越多、越喝越频繁。

大概是LW40岁的那年冬天，春节前后的日子，当地刚刚下过大雪。他和几个朋友相邀到镇上一家饭馆吃饭喝酒，喝到了晚上1点多才散场。由于不胜酒力，饮酒过度的LW在半路已经头脑迷糊、脚步发飘，一个踉跄摔倒之后，滚到了路边的小水渠里面。LW挣扎了几下没起来，在酒精的强大作用下，就势在雪窝子里面睡着了。他母亲在家里一直等他回来，迷迷糊糊半睡半醒的时候，一个噩梦突然把老太太惊醒了。一看时间都夜里两点了，可是LW还没有回来。因为也没有电话什么的可以联系到儿子，LW的母亲越寻思越心慌，赶紧起身到邻居家求助。邻居一听，担心出事，就和LW的母亲打着手电筒寻出了门。幸运的是，两人在离村口不远的路边雪地里发现了LW，并且二人合力把LW扶回了家。一回到家，LW的母亲赶紧煮了些姜汤，还放了辣椒和大葱，一来给LW解酒，二来给他驱寒，怕把儿子冻坏了，折腾到大半夜才安生。第二天，LW酒虽然醒了，可是开始发烧了。他自己在村医务室看了看，以为自己是感冒了，就开了些感冒药吃了一周，可是没有见好。于是，他自己就到卫生院去看，"挂了几瓶水"。开始好像好一些了，可是不久又反复了，还出现了尿血的情况。LW这才慌张了，直接到市医院去看医生，又是验血又是验尿，又是B超又是CT。结果由于就诊不及时，耽误了病情，经诊断已经是慢性肾炎了。从此，只好开始接受激素治疗，每天都要服用各种药片，这也是他床头柜子上药盒的来历。说到这里，LW和他的母亲都很沮丧。因为，这样的病一时半会恐怕不能彻底断根了，LW想要娶老婆，也恐怕会因此更加"雪上加霜"。所以，仔细体会LW的"话中话"，他可能已经放弃了完成这个"人生使命"。因为，直到如今，尽管医生一再叮嘱LW不能再酗酒，可是他依然我行我素，继续"以酒为乐"，颇有点"破罐子破摔"的意味。

说起喝酒，在当地男性的生活习惯当中，也许并不是一个真正的问题。因为这里地处西北苦寒之地，所以当地男性普遍从小就开始在家庭和周围环境影响下尝试喝酒。尤其是到了青春期的时候，男孩子都以能喝点酒为荣，成为标榜自己"男性主义"的象征。整个社会的"酒文化"非常泛滥，除了平常的家居宴饮、节日欢庆，更重要的是，"喝酒"已经在当地居民生活中成了一种社交的手段，贯穿整体日常生活。当地俗话说："感情浅，抿一抿；感情深，一口闷"，就经常被用在"劝酒"当中。平常的社交活动当中，"酒"充当了至关重要的角色，甚至可以说"无酒不欢""无酒不成事"。在这种整体环境和语境下，当地的男性普遍都会喝酒，甚至可以说酒量都不错，所以才有了后来的所谓"东北虎、西北狼"之说。可是，凡事都应该有个正确的"度"。我们的整体社会文化并没有禁止"饮酒"，但是对"酗酒"所导致的各种危害和影响却应该有着清醒的认识。酗酒者往往把酒精摄入当作是心理问题的疏解途径，认为"一醉解千愁"，醉酒能够让他们暂时从苦闷、抑郁的情绪中解脱出来，暂时不去考虑正在面对的困难和各种问题。但是，过度饮酒或者酒精成瘾，会导致个体的精神注意力下降，思维意识混沌，自我控制能力变弱，因而造成很多语言、行为和精神方面的不良表现，甚至是认知偏差和行为偏差。LW 因为嗜酒的毛病，影响了他的"婚姻大事"，也害得自己得了病，可是这种行为本身并没有真正缓解他的精神焦虑和紧张，也没有解决他的任何实际生活问题，反而对其有着非常负面的影响。

八、赌博——HX 的案例

HX，今年 28 岁，高中文化程度。他个子不高，1.72 cm 左右，相貌非常普通，略微有点鹰钩鼻子，瞳孔的颜色比较浅淡，显得有点发黄。HX 的父亲因为胃癌，60 岁出头的时候就过世了，他的母亲今年也有 70 多岁了，身体还算过得去，但是由于得了风湿性关节炎，所以也干不了什么活计。家里本来还有 5 亩多地，但是也没有人耕种，只好租给了别人，每年能得到 4 000 元的租金。他们家一共有 5 个孩子，HX 是老幺，现在家里只剩下他和母亲两个人居住。他的大姐就出嫁在本村，家境也一般，主要靠种地和养鸡过活。他的二姐嫁给了当地的一个部队的军人，成了随军家属，后来就随丈夫转业到了陕西，好几年才能回家一趟。他的大哥年轻的时候在建筑工地做工，后期自己开始搞了一个小建筑队，承包一些小工程，才逐渐安定下来。后来在新疆做工程的时候,娶了一个当地女人,就把家安在新疆了。但是早几年在一次体检中查出来得了心肌炎,目前也是"半条命"的日子。他的二哥本来发展是最好的,因为学习好人也机灵,所以凭借大哥的关系招工到了新疆的一个油田,在车队开车,并且娶了一个城里女人。油田上本来就工资高、福利好,所以家里也经常受到二哥的照顾和恩惠。尤其是逢年过节的时候,他的二哥往往会带回来很多吃的、喝的,给大家各种礼物,每次回来都给HX的母亲一笔生活费,俨然成了这个家非常重要的经济支柱。可是前些年他的二哥在高速公路上出了车祸,人也不幸去世了,给这个家造成了很大的打击。而HX在镇里一家厂子做工,每个月也有千八百块钱收入,所以按理说,母子二人也基本能够过活,加上还有他大姐能够不时到家里来看望和帮助老娘,生活应该将就过得去。可是研究者却在HX家里看到的是一片破败景象,可以用四个字来形容,那就是"家徒四壁"。听到的,也是HX的老母亲对生活艰难的诉说和埋怨,以及她对小儿子HX的责骂和诘难。因为,HX沉迷于赌博,已经几乎将这个家"败光了"。

高中毕业后,HX没有考上大学,原本指望跟着大哥搞建筑,或者二哥能把他搞进油田当工人,反正就是不愿意种地,可是没想到这些最后都没有实现,所以只好到镇上的一家小水泥厂当工人去了。据HX的母亲反映,起初自己的儿子也是很争气的,因为"可能知道自己的大哥和二哥都已经指望不上了,家庭的重担都在自己肩上,因此工作上还是比较积极勤奋的,每天都按时上下班,每个月回家一次,其余时间都吃住在厂里,尽可能地挣点加班费。"那个时候,HX过日子非常节俭,没有什么额外的开支,每次回家都把绝大部分的工资交给母亲保管,自己只留一点饭钱。母亲看到他非常懂事,也尽量能省节省,希望攒下一笔"彩礼钱",好给他娶媳妇、办婚礼。说到这里,HX的母亲露出了非常遗憾的神情,眼睛里面竟然有泪光闪烁,她继续说道:"老二还在的时候,那几年给家里帮衬了不少,还给了不少钱。他出车祸走了,油田是按照工伤处理的,发了一笔赔偿金。老二的丫头还小呢,就都留给她了。不过老二媳妇给我偷偷给了一些,给我养老的。我原本想的这些钱加上这几年攒的,能给HX说个媳妇,可谁知道他不走正道,钱都让他弄光了,还说啥媳妇呢……"

据HX回忆,在他工作四年后的一个春节,应工友邀约到人家家里去玩。去了以后自然是一番吃吃喝喝,然后大家就开始撺掇起来打麻将。刚开始的时候,大家说为了助兴,"小小赌一下,打的几块钱的",于是 HX 觉得也没有什么,就上桌玩起来了。没有想到的是,作为新人,那一天他竟然意外地获得了好运气,"赢了一百多,都快顶的上我四五天的工资了!"说到这个的时候,HX 依然为自己当时的"好运气"得意了一番。接下来,HX 发现这似乎是一个快速"致富"的手段,于是经常和他的那些所谓"朋友们"聚在一起打麻将赌钱,从几块钱的赌注打到了十几块钱。"我那个时候的手气挺不错的,经常赢钱。每次赢钱了,我都请他们吃饭,我的那些朋友和我的关系也非常'铁'。其实,我想着我好歹是个高中生,他们都是小学生、初中毕业的,要玩这个,除了运气还是得靠些智力吧?他们哪里玩得过我啊?"谈到这几年的输赢,他却说:"既然是赌钱嘛!总得有赢有输!我赢过钱,也输过钱……"最终,他承认这几年下来,输得比赢得多,但是"总会有翻身的时候,一旦赢个大的,就不一样了!"显而易见,在"赢钱"的诱惑下,HX 已经慢慢滑入了"赌博"的深渊当中,越赌越大,越赌越输,不能自拔。因为,他偷偷告诉研究者,现在他们玩的都是成百上千的,基本上最低也得二百块钱开赌,所以一旦赢了就有很大希望,"只不过最近运气都不太好,还没有赢过大的呢!"可是,从村里人的口中,研究者却听到了不一样的说法,村民说:"快别听他在哪里胡诌八扯了!他还想着赢钱呢?他都不知道别人把他叫个啥?叫他是'奶牛'!哈哈哈!"原来,所谓的"奶牛",就是在赌博的时候,几个人联合起来对付另外一个人,把他当作"屠戮"的对象。本着"放长线钓大鱼"的原则,时不时让这个人赢上几次,让他不能脱离麻将桌,受到一点利益的诱惑,但是时间长了,终归是越赌越输、越输越多。

HX 的母亲说,在 HX 沉迷"赌博"的这几年,"他慢慢地好像变了一个人"。原来那个热情、开朗的小伙子变得老气横秋、不爱言语,甚至有点脾气暴躁。起初,HX 的母亲没有发现儿子参与赌博,一直以为他是和朋友一起玩耍,所以也就没有过多询问。及至有一天,她忽然想起来儿子好久没有给她工资让她代为保管的时候,她才问了几句,也被 HX 以谈恋爱的借口给搪塞过去了。后来,HX 不但不再给母亲工资,反而倒过来开始索要钱财的时候,她才反应过来,可惜为时已晚。尽管她曾苦口婆心地规劝自己的儿子,甚至让自己其他的几个儿女给 HX 做工作,可是也没有什么成效,"自己的儿子就像着了魔,一门心思想要赌钱。我咋说他都不听,我也管不住他了……"这几年,HX 已经利用各种手段和借口,把自己存在母亲那里的钱都拿走了,还变卖了家里的一些值钱的家具。这些还不足以满足他的欲望。他还编造各种理由,从哥哥姐姐那里借了不少钱。甚至他还想到了老母亲身边的体己钱,也都通过他的"威逼利诱",被他骗过去赌博赌掉了。说到这里,HX的母亲非常沮丧和失望,"原本还想着给他攒钱娶媳妇,这下好了,拿什么娶媳妇。他自己看着办吧!儿大不由娘,我也不想管他了,由他去吧!"

HX不是没有发现赌博的危害,也不是没有自省过。从他的讲述来看,他也曾经痛彻心扉,想要告别"赌博",可是结果是失败的。原来,HX在打工第二年的时候,是谈了一个对象的,对方是同在工厂打工的一个女孩,家里是镇上的。HX说:"我们谈恋爱的时候,也感觉很甜蜜,关系特别好。只不过当时觉得年纪小,也就没有告诉双方家里。主要是我觉得我家是乡下的,她是镇上的,她爹还是镇上水电站的,感觉有些配不上她,所以想多攒点'彩礼钱'再说"。从HX的讲述中,可以感觉到至今他对那个女孩还存有初恋般美好的感觉,可惜是他自己亲手把一切都毁了。HX的女朋友并没有像他所想象的那样,计较两个人不同的家世和出身,而是认认真真和他谈恋爱,也非常关心、爱护他。可是,越是这样,HX越觉得需要更多的物质基础来奠定两个人未来的生活基础。所以,当他发现"赌博"可能带来意外之财时,他毫不犹豫、义无反顾地投身其中,想通过这样的途径,尽快达成"攒钱"的目的。当那个女孩无意之中发现他的行径时,非常气愤,严重警告了HX,让他不要再沾染此恶习。HX也满口答应,可是时隔不久,就又忘记了当初答应女友的事情。这样一而再,再而三,那个女孩终于发现自己的规劝对于挽救HX来说,也是无济于事了,所以决定和他分手。直到那时,HX才有点惊醒。于是,他发誓赌咒、下跪求情,希望取得女孩的原谅。在一次"谈判"过程中,他向女友发誓,再也不参与"赌博"了。为了表明心迹,他一时情急,竟然用一把菜刀切掉了左手的一节小手指。此举吓坏了那个女孩,当然也暂时挽救了两人之间岌岌可危的恋爱关系。此后的一段时间里,HX非常小心谨慎,尽量不再和以前的那些"狐朋狗友"联系,也没有再参与任何的"赌博"活动。原以为事情就这样结束了,可是有一天他路过镇上一家"麻将馆",不知道怎么回事,听到里面"噼里啪啦"的麻将声,就不由自主想走进去看看,看着看着就开始坐下玩。从此,旧态复萌而一发不可收拾,他又开始赌博玩钱。当初亲手切掉手指时那痛彻心扉的苦痛,也早就被忘到九霄云外了。当然,他还是害怕女朋友知道他又开始赌钱,所以尽量千方百计地想要瞒混过关。但是,终于有一天，那个女孩亲自在麻将桌前找到了他，"人赃并获"，女朋友发现他违背了当初的誓言，再次走上了这条路，于是就此毅然决然地和他分了手。而他也再无力反抗"赌博"的诱惑，时至今日，还是流连和沉迷在麻将桌上。谈到对于未来的打算，HX满不在乎地用那节缺了一节的小手指挠了挠额头，说"日子还长着呢，计较个啥？三十年河东三十年河西，说不定今个夜里我就翻身了。娶老婆的事情愁个啥？我还小着呢！你看我们村里，三四十、四五十的'老光棍'一抓一大把，他们都不愁，我愁啥？……"夕阳下，HX脸上流露出满不在乎的神情，左手小手指上的刀疤却泛着凛冽的寒光……

赌博，在人类的娱乐活动项目中历史悠久，古今中外，概莫如此。它为人们提供了消磨时间、游戏、社会交往，同时也不断刺激着人们的好奇心和好胜心，演变成了一种"赚钱"的工具。所谓"小赌怡情，大赌伤身"。在更加功利化的现代社会，有些人认为勤劳致富是缓慢积累财富的过程，因而把赌博当作快速致富的门路。他们利用赌博的投机性质，来满足自己的贪欲与冒险心理。可惜，赌博的输赢结果往往是不以个人意志为转移的，其本身带有很大的随机性和投机性，所以并无所谓常赢常输。赌博也会使人们上瘾，赌博过程中那种激烈的心理刺激和感受，给予赌博参与者极大的精神刺激，加之可能获得的财富收获，进一步从两个方面捆绑和束缚了赌徒们的心理和行为，使人失去自制力，赌徒们往往赢了还想赢，输了想"翻本"，欲罢不能，最终发展到嗜赌如命的程度。许多社会事实和案例报道都说明赌博行为本身具有"成瘾性"，从小赌到大赌，从理智到丧失理智，许多赌徒就这样迷失在这一恶习中，并且最终导致不可挽回的后果。他们大多也都经历了类似 HX 这样的一个过程，HX 曾经有过脱离"赌博"控制的机会，但是他并没有因此而迷途知返。他想利用赌博来翻身，来还债，所以一门心思都投身赌博。为了筹集赌资，他变卖了身边的值钱物品，还到处找人借钱。一旦得到钱，又立刻爬上赌桌，昏天黑地赌到身无分文。可是，在越赌越输，越输越赌的恶性循环中，HX 根本没有意识到这一切的后果，更不可能意识到这就是导致他至今单身，将来也可能会一直单身下去的原因。

九、买卖妇女——MDD 的案例

MDD，今年 38 岁，小学文化程度，系家中独子，目前和父母同住，主要从事农业生产活动。MDD 的家境在当地属于比较困难的水平，这些从他家的家居陈设上可以看出来，家里面除了必要的一些家具，基本上就什么也没有了。家里面最大的电器，可能就是他父亲床头的那个老式半导体收音机了。他的父母已经年过七旬，现在父亲得了比较严重的肺结核，由于早期没有得到及时有效的治疗而影响到了呼吸功能，现在只能长年在家中休息，并不能从事什么重体力活动。他的母亲是一位典型的农村妇女，善良、腼腆、不善言语，穿着一件灰布裙子，头上系着当地妇女常用的三角巾。由于又要照顾生病的父亲，又要种植家里的几亩土地，所以 MDD 没有出去打工，全家人都仰赖他种地过活，收入微薄。在对 MDD 进行访问之前，事先听村干部介绍了他的相关情况，知道了他也是村里面的"光棍"，但是因为娶妻生子的愿望非常迫切，曾经用钱买过女人，但是只办了酒席，没有领取结婚证，最终"人财两空"，上当受骗了，所以严格来说他依然在此次调查研究的对象范围中。

　　根据 MDD 的介绍，他的确曾经在三年前有过"买妻"的行为。因为家里贫穷，加上他们家是从他爷爷那代人开始从外乡迁来的，所以在 S 村也只有他这一家 M 姓，也就没有其他亲戚的帮助，因此日子一直过得紧紧巴巴的。并且，他们家是三代单传，非常看重传承姓氏和家业的问题。MDD 也提及自己的父亲曾经多次提到过 MDD 的爷爷去世前，一直放心不下的就是自己家的传嗣问题，所以一再要求他保证不要"断后"。"可惜，我可能没有办法完成爷爷和父亲的愿望了。你看家里的这个情况，哪有女子愿意嫁给我？" MDD 非常郁闷地吐出一口烟，深深叹了一口气。由于家庭经济原因的影响，MDD 的父母尽管想尽了办法，希望能够解决他的婚姻问题，可是一直都没有找到愿意下嫁给这个贫寒之家的人。

　　前几年的时候，本村另一个 30 多岁的未婚男子，曾经也是"光棍汉"，不知道用了什么办法，据说是花钱从云南买了一个"妻子"，解决了婚姻问题。不少人到这家来看新媳妇，发现这个外乡人还真没什么可挑剔的，不仅年轻漂亮，而且非常勤快，手脚利索。这两年，已经陆续给那一家添了两个小孩了。这件事情，给了村里其他"光棍汉"一个积极信号，就好像有一盏指路明灯，使他们能够在毫无出路的婚姻路途上寻觅到一丝方向感。偏僻乡村里那些大龄单身青年以及他们的父母心生艳羡，纷纷向这家"取经"，问能不能帮他们也从云南"买个媳妇"。这其中，最为积极的就是 MDD 的父母。为了了解到整个事情的原委和操作过程，MDD 的父母准备了一份大礼登门拜访那家人，最后终于求到了那桩婚姻的"中间人"，其实也就是"买妻"的"中介人"的联系方式。紧接着，就连忙约见那个所谓的"中间人"，商议起了给 MDD 买媳妇的事情。据 MDD 回忆，起初在"谈价钱"的时候，那个"中间人"来了个"狮子张大口"，明码标价要五万元，并且答应绝对能够帮 MDD 找到老婆。在 MDD 父母的软磨硬泡下，可能也是看到了他们家的实际情况，才把价钱压低到了三万元，并且坚决不再"降价"了。看到对方的坚决态度，MDD 一家人只好答应了三万元的价钱，并且预先支付了八千元的"定金"，又支付了"中间人"三千元的"介绍费"。这之后，MDD 一家人就开始在望眼欲穿中等待着"媒人"的消息。大概一个月以后，"中间人"又一次上门来，告诉他们已经寻得了一个女人，对方家里也基本同意了，还拿来了那个女子的照片。这个消息，对于 MDD 一家人来说，不啻是"喜从天降"，非常激动和高兴，MDD 也对照片中那个女子的相貌很是满意。但是"中间人"告诉 MDD 的父母，对方提出让他们先给"三金"（笔者注："三金"指金项链、金戒指、金耳环），一来是作为"彩礼"，二来也是看看"亲家"的诚意。由于已经看到了这件事情能够办成的可能性，也知道了对方的意思，而且主要是考虑到这件事情已经付出了八千元的"定金"，所以 MDD 的父母一咬牙、一跺脚，也答应了对方的这个要求，只是希望"中间人"能够全力促成这桩"婚姻买卖"。那个"中间人"拿着"三金"再次离开 MDD 家，他们又开始了等待和煎熬。MDD 说："我那个时候也怕出事，怕被人骗了，可是看着村里那个 XX 都办成了，也就一门心思地等下去了……"

MDD 一家人焦急地等到秋收以后，天气已经开始渐渐转凉。有一天，那个"中间人"突然带着两个陌生人再次来到了 MDD 家。其中一个个子瘦小、满嘴云南口音的女子，就是给他们家买的儿媳妇。另一个男的年龄大一点，据说是那个女子的"哥哥"，是作为娘家人来送亲的。看着眼前这个和当初照片上一模一样的女子，MDD 一家人都已经笑得合不拢嘴，把她已经认定为自家的儿媳妇了。MDD 说："我还特意注意了一下，我们给的'三金'都戴在她身上呢，当时我还认真地看了这个姑娘的各种身份证件，都有'正规'公章，觉得不是假的……"由于语言不通，MDD 家和这个买来的女人及其"哥哥"之间的交流基本上都是靠那个"中间人"完成的。第二天，MDD 家提出希望能够尽快完婚，那个女子和她"哥哥"都没有意见，似乎事情就这样圆满的决定和结束了。由于担心再出什么波折，MDD 的父母决定先尽快把事情定了，让儿子"结婚"，也好尽快抱上孙子。既然"亲家"没有什么意见，当时

MDD父母决定了三天后就让他们"结婚"。到了结婚的那一天，在家里贴了些对联、喜字，跟亲朋乡邻打声招呼，也就算成家了。这之后，在给了这位"哥哥"剩下的二万二千元"抚养费"后，他和"中介人"一同离开了S村。

婚后的日子，至今回忆起来，MDD还是觉得很不可思议。他说："我也从别人那里听过'骗婚'的，也有些警惕。可是办完酒席以后，一切看起来都很正常。她干活也很勤快，就是不太说话，可能是因为听不懂我们这里的方言。平常也就是和XX家的媳妇说说话，因为她们是同乡，说话互相都能听得懂。加上XX的媳妇也是买来的，并没有发生什么事情，所以我也就慢慢放心了！我想着我对她好好的，尽心尽力的，她们老家也不一定比我们这里强多少，所以觉得应该没有什么问题。总有个侥幸心理，觉得也许她们那儿真的比咱们这儿还穷，好好对她的话，说不定真的就有夫妻感情了。没想到这从一开始就是个骗局……"就这样，在"结婚"两个月后的一天，正好遇到"赶集"的日子。那个女子说想到镇上去看看，MDD也因为正好遇到一个村民找他帮忙上房梁，所以交代了一些注意事项后，就放心地让自己的"媳妇"出门了。结果，"一直等到晌午，也没看见她回来。我赶紧到镇上找去，结果哪里也找不见。又想着不要走岔路了，所以赶紧又跑回家，才发现她的衣服啥的都没有了。直到那个时候，我都还没意识到她跑了！"事实是，MDD家花了三万多元买来的"媳妇"，的的确确是从那一天开始，就再也没有回来过。事后，MDD到派出所去报了案，派出所的警察了解了相关情况后，发现那个女子的名字、身份证都是假的。而那个所谓的"中间人"，MDD根本就不知道他是哪里人、名字是什么？同村的那个村民，也只是从集市上偶尔遇到他的而已。而更可怕的是，由于忙着"成家"，MDD根本就没有和那个女子领取"结婚证"。他的"婚姻"不但不能受到法律的保护，自己还涉嫌"买卖妇女"。事到如今，MDD终于醒悟了，自己落入了一个事先就是有预谋、有组织安排的"婚姻陷阱"，他遇到了"婚姻诈骗"。MDD说："我现在特别后悔，我爸也因为这个事情气得病更严重了。钱，钱没有了；人，人也跑了……"说这些的时候，MDD咬紧了牙根，也捏紧了拳头，看得出他的愤怒，也听得出他的无奈。

"骗婚"，在一些偏远、落后的地区时有发生，其中大部分都是以"诈骗"的形式出现。许多花费了很多家财的"买妻者"，常常是人财两空。这一方面说明，在这些偏远地区，男性青年受到了"婚姻挤压"，有着非常迫切的寻求配偶的需要；另一方面，也说明这些受骗者的法律意识的淡薄和不足。在强大的生理需求和巨大的经济压力下，通过"买卖"将"妻子"物化和商品化，成为大多数"买妻者"期望迅速解决婚姻问题的途径和手段。但是，这也刺激了那些"骗婚者"伺机而动，骗取他们的钱财。虽然从受害者的角度看，"买妻者"受到了诈骗，损失了个人财物。但是，从加害者的角度看，"买妻"的行为则可能涉嫌贩卖人口，甚至可能侵犯那些被拐卖妇女的人格尊严和人身自由权。正如访问同村也是"买妻者"的XX时，他也并没有意识到花钱买媳妇是犯罪行为。"这是我花钱买来的老婆，不就和过去的包办婚姻没两样吗，怎么会是犯法？"镇上的民警也反映："谁家买了被拐女，大多数村民都不会主动举报，有的甚至认为这是件喜事，积极地帮忙看管。'买妻'的村民通常认为，要是没有人来解救，一般是不会有什么问题的。"正是由于身边不乏买来的"妻子"乖乖地待在村里，生儿育女的例子，遂使有"买妻"念头的人存有侥幸思想。农村大龄单身男性的"买妻"行为，可能引发其他一系列的社会问题。

其一，让人贩子有机可乘，并以此为生财之道。一些人贩子自编自导自演，设下骗婚陷阱，让买妻的光棍汉"赔了夫人又折兵"，苦不堪言。不少本不富裕的农村家庭因"买妻"人财两空，影响农村稳定。

其二，不少被拐卖妇女的家庭在失去亲人后，酿成家庭悲剧。被拐卖人的家庭则陷入了长久的失亲之痛中，或四处奔波找寻，劳民伤财，或因妻离子散而酿下另一个家庭悲剧。

其三，买来的"妻子"因没有户口，也没办结婚证，生下的孩子无法办理落户手续。赤裸裸的"买妻"陋习建立起的夫妻关系，没有爱情基础，完全是一种交易，婚姻不稳固，终将引发一系列家庭危机。

第二节　贫困农村大龄单身男性社会失范行为的原因

在对S村的30名大龄单身男性进行的调查中，发现有部分男性在日常生活中表现出了一些社会失范行为，比如自杀倾向、偷盗、嫖娼、猥亵妇女、赌博、嗜酒，等等。综合分析导致贫困农村大龄单身男性产生社会失范行为的原因，从微观和宏观两个层面进行解释。

一、微观层面

微观层面的原因，主要基于个体心理因素的变化产生的影响。在这些大龄单身男性的适婚年龄阶段，他们处于前文所述及的个人、家庭和社会诸因素的影响下，没有顺利完成婚姻配偶的匹配，较长时间处于"单身"状态。这种状态，加之周围环境如社区和社会文化的影响，可能导致男性个体对于婚姻的失望，进而演化为情绪上的焦虑、抑郁、紧张、孤独感。这些主观情绪体验，在相当长的时间里面产生累积效应，往往自觉或者不自觉的导致这些男性在生活中采取了比较消极、抵抗的行为方式，用以转移这种负面情绪。虽然这是一个经由量变达到质变的过程，但是负面情绪的累积，总有一定的承受程度。个体如果缺乏必要的途径和手段宣泄这些负面情绪，终有一天会体验到冲破"压力阀"之后的"舒畅"。并且，因为一次不恰当途径的情绪宣泄，个体往往会根据这一次的经验不断寻求接近类似这种体验的各种情绪宣泄方式。如果他的周边环境也是不友好的，那么最终可能因此形成一定的"惯习"，即比较固定化的社会失范行为。

美国政府卫生统计中心曾经对 127 545 名成年单身美国人展开一项健康行为调查，结果发现这些研究对象相比于已婚者在吸烟、酗酒、运动、精神健康方面的不良表现和行为显著差于已婚者。英国的一项研究也显示，对于 30 多岁的单身者来说，单身对其寿命的不利影响与吸烟、酗酒相仿。该研究对 1 万名成年人进行了 10 年的观察，结果发现一个人的健康跟人的生活状态密不可分。与已婚者相比，长期单身的人超过 30 岁以后的患病率显著增高，其死亡风险也随之增高。

以上国外的研究成果，揭示了"单身"对于个体健康行为和健康状态的影响，从中也可以看出这些不健康的行为大多带有"消极"和"抵抗"的色彩。正如前文所述，这是一些负面情绪并不合理的宣泄途径的稳定化。因为长期单身生活，有可能意味着这样的个体长期过着禁欲生活，这种生活方式一方面可能引起各种生理和心理问题，比如阳痿、早泄等性功能障碍，过度情绪化、性格偏激、易怒急躁等心理问题；另一方面，也可能在婚内导致夫妻关系的不和谐，致使婚姻关系出现裂痕。所以，长期单身生活本身是不健康的生活方式，是以损害健康为代价的。

二、宏观层面

宏观层面的原因，主要基于各种社会因素的影响，借助于婚姻择偶梯度理论、库利的"镜中我"理论进行解释。

（一）婚姻择偶梯度理论

根据婚姻择偶梯度理论，男性在选择配偶时，往往根据自身的学历、职业、年龄、身份、收入等情况，选择在这些方面低于或者次于自己的对象作为配偶，即所谓的"下向婚"。与此相反，女性在选择配偶时，往往进行的是"上向婚"。这种婚姻梯度的存在，往往使处于最低阶层或者等级的男性成婚困难，容易成为"大龄单身男性"。

因此，处于经济相对落后的农村地区的"资源贫乏"的男性，也就势必成为婚姻市场中的"牺牲品"，并且逐渐形成越来越庞大的被"边缘化"的弱势群体。他们如果意识到自己的"单身"或者"失婚"状态，主要是由于物质化程度不够导致的，是由于个人或者家庭的经历能力不足导致的，就可能在目前尚无有效"致富"手段和门路的情况下，产生迅速"致富"的思想，借助其他非法、非正常的手段获取经济利益和财富，以摆脱目前的这种境况。另一方面，目前农村"彩礼"愈加昂贵，超出了很多家庭的承受能力，也在经济或者物质方面给大龄单身男性造成了绝对的压力。实际上，有些农村大龄单身男性产生社会失范行为的原因，也是期望能够顺从这种婚姻择偶梯度模式，使自己能够成为选择机会较多的"上层"婚配对象。

（二）库利的"镜中我"理论

西方社会学家库利认为，拥有社会属性的每个个人，最早都是在家庭环境中进行自我建构的。他认为家庭是培育人格的初级养成场所，个体在早期的家庭生活中，更多的是从来自父母、亲属的言行中确认自己的形象。他人的评价就像自己照镜子一样，个体能够通过他人获知自己的行为表现在他人眼中是怎么样的，从而不断完善自己的言行，最终能够符合社会规则的要求，这同时也是初级社会化的过程。库利的"镜中我"理论也解释了在家庭关系中，夫妻关系是组建家庭的基础，是一种最重要的两人关系，丈夫往往可以通过妻子眼中的"自己"，来不断重新建构"自我"，完善"自我"，从而改变自己的言行，使得家庭生活更加和睦。

但是，因为各种原因导致长期"单身"的状况，意味着贫困农村大龄单身男性将失去通过婚姻缔造家庭的机会，从而也失去了能够进一步完成自我的社会化的机会。如此，意味着他们的在脱离家庭早期的社会化之后，没有机会再次进入家庭进行更多的社会化，也意味着他们的人格养成中断于初期阶段，同时意味着他们人格的完整性受到了挑战，这些都将不利于他们培养正确的价值观、人生观和世界观。

贫困农村大龄单身男性在这种生活情况下，依然渴望能够重建对于"自我"的认识。因此，他们在缺乏家庭生活的同时，也就难以通过婚姻、恋爱关系获得来自配偶方面的对于"自我"的形象及其评价，从而难以不断修正自己的言行。相反，他们更容易寻找外群体的模仿对象，尤其是那些在其他人眼中看来更加具有吸引力或者能够引起异性注意的对象。但是，这些模仿对象往往都是高不可攀的，凭借现有的能力，并不能完全达到相同的"模仿自我"。因此，贫困农村大龄单身男性的模仿对象可能是相反的具有社会失范行为的"反面人物"，通过模仿他们的行为，也可能起到同样的效果，这样就逐渐产生了他们自己的各种社会失范行为。

第三节 贫困农村大龄单身男性社会失范行为的影响

贫困农村大龄单身男性的社会失范行为，不但对于自身、家庭产生影响，对于整个社区和社会也将产生一系列不良影响。

一、导致社会排斥

法国学者勒内·拉诺尔（René Lenior）最早使用了社会排斥（social exclusion）的概念来定义那些在社会生活中缺乏社会保障的同时又因为一些原因被社会认定为"有问题"的人。这些被贴上了"社会问题"标签的不同类型的人，包括了各种边缘人群，比如躯体残疾者、精神疾患者、自杀者等社会边缘群体，以及反社会的人和其他社会不适应者。社会排斥指的是某些人或地区遇到诸如失业、技能缺乏、收入低下、住房困难、罪案高发环境、丧失健康以及家庭破裂等交织在一起的综合性问题时所发生的现象（黄佳豪，2008）。

社会排斥，既是贫困农村大龄单身男性产生的原因，又是其进一步发展的结果。从社会排斥的经济排斥维度来看，主要是因为贫困农村大龄单身男性大多数来自并不富裕的家庭，长期从事农业生产，收入微薄，即使有些从事着外出打工的工作，也可能从事的不是"好"工作，而是"差"工作。因此，其个人和家庭生活相对比较窘迫和拮据，属于劳动力市场和消费市场上被排斥的对象。

从社会排斥的文化排斥维度来看，主要是因为贫困农村大龄单身男性有些因为个人品行、家庭声誉，在当地贫困农村社区中并不被同村人普遍接受，他们也较少参与村庄的集体活动和村庄事务的决策。

从社会排斥的关系排斥维度来看，整个村庄中实际上还维持着传统农业社会阶段的一些关系模式。因此一旦这些大龄未婚男性出现一些社会失范行为，往往成为整个村庄排斥的对象。Littlewood 和 Herkommer 用"由疏离造成的排斥"来表述社会排斥的关系层面，认为这个层面包括人们由于受到社会接触、社会关系和群体身份的限定和限制而成为边缘性的和被打上耻辱烙印（Littlewood & Herkommer，1999）。所以，大龄单身男性一旦因为各种行为被所生活的社会所排斥，不但意味着他们可能被排斥出社会关系，而且意味着他们可能会经历更加严重的其他方面的被排斥和剥夺，因此导致他们的生存空间进一步被压缩。

二、导致社会治安问题

根据马斯洛的需求层次理论，满足性的需求是人类较高层次的必须需求。因此，在性欲求得不到正常途径的满足时，可能激发部分个体以各种社会失范行为甚至犯罪行为来替代或者保障这一需求得到满足，这也成为大龄未婚男性容易成为性犯罪嫌疑人的诱因。我国学者刘中一（2005）在其论文中曾引用两位加拿大心理学家的研究成果，用以说明在与性有关的暴力和犯罪过程中的性别差异，即男性相对于女性更具有暴力和犯罪倾向。尤其是那些处于性荷尔蒙高度集中的年龄段的男性青年，一般为 15—29 岁的青年男性，成为这一群体的主体。他们往往通过暴力行为和犯罪行为宣泄性欲求得不到满足时的心理冲突和心理压力，也对社会治安产生重大的负面影响。尽管从美国著名社会学家米尔斯的理论出发，S 村男青年因为婚姻挤压导致的婚配困难是属于"个人困扰"层次的问题，但是随着这一群体的日益庞大，他们已经形成了相对规模的隐形社会群体。他们的问题，已经上升到了社会问题层次，影响到和谐社会的构建和新农村建设的大局。

首先，在相对比较贫困偏远的S村，大多数大龄单身男性本身的教育文化程度相对较低，从事的也多是农业、手工业或者混迹于初级劳动力市场。他们缺乏积极的生活态度，也没有更多致富的门路。在目前的生活状态下，这些人的生活仅仅可以说是解决了温饱问题，尚且不能达到小康水平。因此，在缺乏家庭关系的束缚条件下，一些人往往走向了不正当的致富途径。乡村社会当中，将"光棍"和"懒、馋"联系到一起，有着深刻的社会现实背景原因。在农村大龄未婚男性的暴力和犯罪活动中，通常只是一般性的民事或者刑事犯罪行为，但是也有一些表现出了非常极端的特质。这可能与这些农村大龄单身男性长期缺乏家庭关系的约束，往往在犯罪活动中缺乏理智、不计后果有关。

其次，那些正常发育但是不能满足正常性需求的大龄单身男性，往往在非常偶然的情况下受到力比多的驱使，采取不正当的手段满足自己的性需求，久而久之使得"光棍"成了"性犯罪"的代名词。从一些当今社会的新闻报道中，可以发现那些不能正常婚配的穷困潦倒的大龄未婚男性，可能通过嫖娼这样的行为解决自己的生理需求，从而导致村庄周边出现卖淫嫖娼现象，进一步影响整个村庄的和谐发展。

虽然，我国现行法律明文规定不允许娼妓行业的存在，但是不可否认城乡各地都存在着各种色情行业和活动，它们隐秘在各种场所，以有组织或者个体活动的形式从事着"皮肉生意"。客观上讲，目前数量庞大的农村大龄单身男性的性需求可能有一部分是通过嫖娼满足的。虽然他们大多数人由于受到自身和家庭经济困难的限制，并不足以成为色情行业的消费主体，但是却可能因为其数量庞大，成为色情行业消费人群的重要组成部分。尤其是在城郊接合部、农村中心集镇，那些价格非常低廉，主要面向城市外来工和农村大龄单身男性的商业性工作者的主要生意来源就是他们。一项来自西安市男性流动人口的调查研究结果显示，性别失衡背景下的大龄未婚男性的商业性行为比例逐年增高，调查结果显示大龄未婚男性的商业性行为的发生率高达37.2%，显著高于已婚分居男性中30.1%和已婚同居男性中17.2%的发生率（杨雪燕、王珺、伊莎贝尔·阿塔尼，2016）。另一方面，可能还会导致买卖妇女、强奸、猥亵妇女等案件的高发。

三、影响家庭安定

大龄未婚男性,长期处于"失婚"状态,一方面,其内心的心理变化非常引人瞩目。其长期"单身"状态容易导致其心理孤僻,形成内向型的性格,或者比较抑郁质的人格。具有这些性格和人格特征的人,往往在生活中表现为缺乏社会交往,不善于和别人打交道,缺乏基本的安全感,另一方面却对周边环境的敏感度非常高,多愁善感,容易陷入和他人长久的情感纠葛中。因此,在家庭生活中,也容易和家人产生龃龉,产生各种家庭矛盾和问题,最终导致家庭不稳定。

另一个方面,大龄未婚男性实际上是作为婚姻替补队员单方面大量存在。在当前农村地区大量青壮年劳动力人口纷纷离开家乡、外出打工的时候,村庄当中有很多留守妇女。而大龄未婚男性的存在,容易打破原有两性之间对婚姻心理预期上的平衡。比如,产生婚外性关系,影响到农村家庭的稳定。

四、影响个人发展

农村大龄单身男性一般都是来自比较贫困的家庭,或者本身有这样或者那样的心理、生理问题。与其他人相比,他们在婚姻历程中的坎坷经历,可能导致他们丧失生活信心和积极性,变得比较消极。因为在这样一个激烈竞争的年代,原本拥有的资源就乏善可陈的他们,对于未来生活的期望会随着岁月的流逝变得越来越小。在他们即将步入老年阶段的时候,这种失望的情绪会和缺乏养老保障的担忧重叠在一起,进一步引起他们对于个人生活的失望。因此,一些农村大龄单身男性往往在经历过一段时间的奋力挣扎之后,就几乎放弃了对于未来生活的憧憬。这并不是说他们没有想象的可能,而是说这种微小的想象,在他们看来,实现的可能也是非常渺茫的。所以,有些农村大龄单身男性走向了宗教以寻求精神的慰藉,或者走向了自我毁灭的结局,也是有着这方面的原因。

另一方面,贫困农村的大龄未婚男性并非一两个人,他们可能形成局部范围内的小群体。如此,在乡村环境中的大龄单身男性往往相互聚集,形成"抱团取暖"的团伙形势,但是在这种团伙中,消极的情绪容易互相传染,使得个人的健康发展受到影响。因为,在团体中存在着心理效应的互相模拟和群体压力。尤其是那些负向的、表现为反社会的情绪非常容易互相传染,使得原本尚不足以达到严重程度的个体，也在团体生活中表现出相同或者类似的情绪表现。即使有些个体可能拥有比较强的自我调适能力，却可能因为整个团体的情绪偏向于负向，而不敢主动调整和改善自己的心理和行为模式。生活在单身男性群体中的个体，内心深处已经自显渺小。随着未婚时间的延长，他会逐渐产生无用感，会觉得自己不被社会接纳，从而难免在这个群体内部滋长一种失落感和无用感，于是容易产生怨天尤人、不思进取的情绪。

第四节 贫困农村大龄单身男性社会失范行为与"单身"的关系

一、"光棍"污名化的历史

大龄单身男性，即通常社会大众所讲的"光棍"，或者我们也可以说大龄失婚男性、婚姻受挤压群体等，都泛指那些没有结过婚也没有后代的男人，俗称"没有老婆的男人"。

由于受中国历史文化传统的影响，"多子多福""不孝有三无后为大""男大当婚、女大当嫁"等俗语深入人心。也可以说，这些俗语已经成为老百姓心目当中基本的、甚为重要的、神圣的习俗，成为大家约定俗成的、必须要实践和经历的人生"法则"。如果某些个体或者群体的行为、生活方式和这些"法则"相违背，那么相当大的程度上可能会受到大众社会的质疑、鄙视、轻贱，甚至唾弃。

因此，尽管那些"光棍"在中国的不同历史时期、不同的社会文明中都有所存在和记录。他们因为各种原因，没有在应当娶妻生子的年纪娶妻生子，没有在社会"法则"规定的程序中完成自己应当完成的社会责任。所以，在一般人的认识中，对于"光棍"一词，多是怀有贬义的称谓。

由于这些人在乡土社会中，属于"离经叛道""不走寻常路"的一群人，加之一些社会失范行为的出现，也往往被人和"流氓""地痞""无赖"等贬义词复合使用，成为"不遵守乡规民约"的人的代名词，成为"光棍"污名化的起源，比如在中国古代，也称那些没有产业的流氓、闲汉为"光棍"。

明朝末年凌濛初编著的拟话本小说集《初刻拍案惊奇》中卷二七"顾阿秀

喜舍檀那物，崔俊臣巧会芙蓉屏"一章中，有这样一句"元来临安的光棍，欺王公远方人。"这里的"光棍"即指的是在文中拐骗临安王公妻子的"骗子"。

清代吴敬梓所著的《儒林外史》第四六回"三山门贤人饯别，五河县势利熏心"中，有一句"恐怕是外方的什么光棍，打着太尊的旗号，到处来骗人的钱。"这里的"光棍"，也指的是文中所说的季苇萧贸然前去拜见虞华轩，被唐二棒当作"招摇撞骗""骗子"之类的人。在清代，涉及光棍的一些犯罪事实，也往往是从重从快处罚。

老舍的代表作《骆驼祥子》第十四章中记着："（刘四爷）过惯了独身的生活，他原想在寿日来的人不过是铺户中的掌柜与先生们，和往日交下的外场光棍""刘四爷的脸由红而白，把当年的光棍劲儿全拿了出来。"这里的"光棍"也指的是虎妞的父亲刘四爷早年前单身一人，行为有些"混账""蛮横"，是个"无赖""泼皮"一样的人。

因此，在大多数老百姓的认知当中，"光棍"就被"污名化"了，就和前述的"流氓""地痞""无赖"等贬义词联系在了一起。在我国民间，"光棍"一词是老百姓口中明显带有贬义的一种称呼，专门用以称呼那些一方面独身一人，另一方面横霸乡里、欺善怕恶的单身男性，其潜在内涵几乎和"流氓"一词同义。

为了解决"光棍"问题，当然也是出于国家战略安全的需要，在中国历史上的各个朝代，长期流行实施"人口增殖"的措施。因此，在一些朝代出现了强迫适龄女子出嫁的政策。这些政策的初衷可能是出于增加国家总人口的考虑和需要，但是在客观上解决了那些朝代的"光棍"的问题。古代哲学家和思想家孔子曾提出"男子20岁应当娶妻，女子15岁即可嫁人"。魏晋时期规定女子到了17岁必须嫁人，否则由官府强制给予其婚配对象。南北朝时期，如果女孩子到了15岁还没有出嫁，甚至于其家人可能会因此受到连累而坐牢。元代以后，民间出现了专门负责给未婚青年男女牵线搭桥的"媒人"。所谓"父母之命，媒妁之言"，证实了"媒人"在解决男女婚姻问题上的关键作用和角色。在清代，甚至还有政府专职的人员负责解决大龄单身男性——"光棍"男人的婚姻难题，即"官媒"。

墨子也曾经提出"内无拘女，外无寡夫，故天下之民众。当今之君，其蓄私也，大国拘女累千，小国累百，是以天下之男多寡无妻，女多拘无夫，男女失时，故民少。君实欲民之众而恶其寡，当蓄私不可不节"，他认为有钱有势的王公贵族们，在私邸、内宅蓄养许多侍妾，可能导致普通老百姓中找不到配偶的男子增加，也就导致了民众生育数量的下降。因此，在明朝，朱元璋规定，亲王一级的"许奏选一次，多者止于十人"；世子及郡王"额妾四人"等措施，对于贵族的纳妾数量进行了强制规定（佟新，2010）。

二、贫困农村大龄单身男性社会失范行为与"单身"的关系

贫困农村的大龄单身男性，由于长期的"失婚"状态，生活上可能经历种种不幸福、不如意，陷入生活困境；情感上也可能长期面临着各种负面情绪的干扰和困惑，导致其情感困境的状态。在这两个方面的"困境"作用下，贫困农村大龄单身男性的身心备受煎熬。他们需要寻找脱离自身生活困境的途径，解决自身情感困境的方法。这种积极的想法有可能通过大龄单身男性自身的各种努力变为实现，即他们有可能在"困境"之中找到真正属于自我的"救赎之路"；也有可能因为各种现实因素的干预，并不能够得到完全实现，只能转而以各种越轨行为或者社会失范行为"转嫁"这些困境带来的伤害。

可是，由于在历史上相当长的时期内，人们对"光棍"已经形成了一些"污名化"的认识，把他们和"流氓""地痞""无赖"等贬义词联系在了一起，因此，目前大多数S村的村民也对此抱有同样的观念，即他们也认为这些大龄单身男性"并不太好相处""还是有些问题的"。人们往往将个别、少数的大龄单身男性的越轨行为或者社会失范行为，联系到了整个大龄单身男性群体身上。更重要的是，将这些行为的根源归罪于他们的"单身"。因此，形成了一种类似"光环效应"的现象，一旦有哪个大龄单身男性有这样或者那样不能被大家所接受和容忍的越轨行为或者社会失范行为，人们就会认为这是因为他们是"光棍"，继而就会产生"光棍都会有不好的行为"的偏见，这就是人们对大龄未婚男性的"污名化"的形成过程。

实际上，在S村的调查过程中，研究者发现了一些有着社会失范行为的大龄单身男性。但是，仔细考察这些社会失范行为的发生和发展过程，就会发现并不是所有的大龄单身男性都会因为"单身"而产生社会失范行为，二者之间并不一定存在完全的因果联系。比如此次调查中有着多次寻死自杀行为的ZQ、猥亵妇女的WWF、发生商业性行为的LS、非正常收养孩子的XXJ、买卖妇女的MDD等人，他们的这些社会失范行为都与其"单身"状态有着非常直接的关系。可以说，如果他们不是单身未婚，有配偶和家庭，这些行为的发

生概率将大大降低,几乎不会发生。正是由于他们在生活中不可避免地遇到了"单身"这样一个持续时间非常长的状态,因此才做出了应对这种状态的社会失范行为。而另一方面,有着偷盗行为的 ZX、整日游手好闲的 RXH、酗酒的 LW 和沉迷赌博的 HX 等,他们的社会失范行为却不一定是由于"单身"造成的,相反,在他们"单身"之前,这些行为就已经存在,并且影响了他们的婚姻求偶过程。及至他们真的成了大龄单身男性的时候,这些行为也依然存在,只是相比之前可能更加严重,人们也就将这些行为归罪于他们是大龄单身男性了。

因此,贫困农村大龄单身男性在生活和情感困境的双重压力下,并不一定会产生社会失范行为,即贫困农村大龄单身男性的"单身"状态与其社会失范行为之间不具有完全联系,不一定是因果关系。人们更有可能是由于"污名化"的认识,将贫困农村大龄单身男性与社会失范行为之间建立了虚假的,但是强而有力的联系。

第五章　解决贫困农村大龄单身男性问题的对策

第一节　造成贫困农村大龄单身男性的原因

贫困农村大龄单身男性产生的原因非常复杂，并不是由单一因素或者某个方面的因素所产生的，它往往凝合了个人、家庭、社会三个层面的因素，起到了"合力"的作用，最终显示为各种生活困境和情感困境。通过此次调查，可以看出S村的30名大龄单身男性的"单身"状态和原因，集中体现了这种综合性因素的作用。这些因素，通过各种显性或者隐性的作用，阻碍了部分贫困农村男性青年在适婚年龄阶段通过正常的途径或者方式完成人生的必要阶段，即"婚姻"。并且，随着年龄的增加，又进一步加强或者强化了这种作用，使得这些男性的"婚姻之门"越关越窄，最终导致了面对婚姻的"绝望"状态——即"永久性单身"状态的产生。

一、个人因素

个人因素导致贫困农村大龄单身男性产生的原因，主要指的是由于贫困农村大龄单身男性自身的外貌、气质、个性、心理素质、交际能力、行为等方面，存在着这样或者那样的一些问题，导致其在寻找配偶、解决婚姻问题的时候遇到各种挫折和困难。

（一）外貌问题

在老百姓的日常生活中，经常会听到关于"夫妻相"的说法，其实也是老百姓在长期生活中观察得到的经验,即那些成为夫妻的配偶在长期生活磨合过程中,往往表现出个性、气质上的相似性,甚至是外貌上的同质化。从行为科学的角度出发,这种现象归因于男女双方在配偶选择上的"选择性匹配"。来自远古祖先所遗传的择偶法则,要求人们在选择配偶时,选择那些"体健貌端"的对象,是为了优秀的"种"的繁衍,这一点已经在相关研究中得到了证实(王丽,2012)。

尽管在现今社会,影响人们择偶的标准更加物质化、更加多样化、更加内在化,但是对于"外貌"的考量,从来没有因为时间而改变。从 S 村的调查来看,有一些大龄单身男性确实是因为外貌的缺陷或者问题,相对他人而言丧失了更多择偶的可能性。

(二) 身体残疾

残疾人的生存能力决定了择偶的基本条件,身体是否残疾,在农村尤其是主要从事农业生产的农村地区,决定了一个男性劳动力的劳动价值,这也就间接决定或者影响了他的家庭财富积累情况和个人发展能力状况。多数资料认为,有一技之长,经济来源好、有住房的残疾人,成婚率较高;依靠家庭供养的残疾人,成婚率较低;生存能力差的残疾人,渴望婚姻更是"天方夜谭",残疾人的生活状况普遍比较困顿,能够自理的残疾人当然希望找到条件更好的伴侣,而残疾人中大多数并没有职业,靠父母或者社会救济生活。一个人无法实现自立的健全人谈婚姻都不可能,更何况残疾人,男性残疾人如果有点业绩,还可以找个农村女孩子,但是反之,贫困农村男性残疾人就形成了相对的婚配困难群体(中国残疾人杂志编辑部,2004)。

残疾人由于平常交友圈子较窄,所以结交异性、缔结婚姻的机会有限。有些行动不便的残疾人甚至很少走出家门。这就不可避免地形成了封闭式的人际关系,不利于建立和发展人际关系、沟通情感。残疾人人际关系之所以具有封闭性,除了残疾人生理上的缺陷外,更主要的原因来自社会对残疾人抱有歧视、偏见和陈腐的观念。信息渠道窄、身体条件不同、沟通不便、彼此顾虑较多,"有爱容易成家难"便成了不得不让社会考虑的问题。相比于残疾未婚女性,残疾未婚男性受到的婚姻挤压更加严重。因为在婚姻市场上,尽管身有残疾的女性可能不如其他正常女性处在明显的优势地位,但是在严重的男多女少的情况下,她们依然有机会成为其他男性竞争选择的对象。而且这样的女性家庭往往并不太主张太过昂贵的彩礼费用,所以进一步增加了她们成功进行婚配的可能性。与此相反,那些身有残疾的男性则在婚姻市场上处于明显的劣势地位,成功选择配偶的可能性很小,除非本身家庭财富对女方具有很大的吸引力。

(三) 个性不好

每个人都有与生俱来的个性,也有后天养成的气质。心理学上将人的个性分为多血质、抑郁质、胆汁质、黏液质四种类型,每种类型都具有非常特殊的人格表现。个性作为人的择偶标准之一,是基于两个方面的原因。一方面,对于特定的社会环境和自然环境,不同的个性将会表现出不同的价值特性。因此,虽然个性本身没有好与坏之分,只有合适与不合适之分,但是对于特定的社会环境和自然环境,人的生存与发展往往需要一个最佳的个性,越是靠近这个最佳个性的人,将会表现出越多的正向价值,越是远离这个最佳个性的人,将会表现出越多的负向价值。

另一方面,对于特定个性的对象,不同个性的配偶将会表现出不同的价值特性。一般来说,夫妻双方在个性方面如果有着较高的互补性,那么这样的家庭将会有较强的自我调节能力和社会生存能力(仇德辉,2001)。所以,在此次调查中也发现,在思想相对比较保守、比较安定的乡村里,那些脾气暴躁、个性不好的男性,是不太受到村民的欢迎的,也更不会受到适婚年龄阶段女性的关注。

(四) 人际交往能力差

现代婚姻的建立,已经脱离了早期"父母之命,媒妁之言"的阶段,进入了"自由恋爱"的阶段。因此,想要进入婚姻殿堂,首先得经过"谈恋爱"的过程。而在这一过程中,往往需要青年男女应用各种人际交往手段,达到相互了解的目的。试想,如果恋爱中的男女,因为不善于人际交往,怕见陌生人而拒绝见面,对方会怎样想?可能甲方只是担心自己不太会讲话,担心说错话而影响双方的关系;而乙方则可能因此误认为甲方是看不上自己,在借故疏远自己。如此,双方的信息沟通就会产生障碍,造成很多原本不应该发生的误会。长期发展下去,两人之间的龃龉和裂痕会难以修复,更不用说成功进行婚配。

另一方面,良好的人际交往能力也是现代社会必需的生存技能,它也间接证实着某个个体的社会适应能力和未来的生活能力。如果人际交往能力差,有可能被另一方认为不会给自己将来的生活带来幸福。因此往往农村地区那些天性羞涩、木讷、不善言谈的"老实人",被看作过于老实,而失去了在婚姻市场上进一步竞争的优势。贫困农村的年轻人,生活环境相对比较闭塞,缺乏足够的人际沟通和交流的锻炼机会,在男女之间的谈情说爱方面,有些人更是缺乏主动性。因此,尤其需要增强贫困农村男性青年人际沟通和交流的技巧学习。

(五)品行有亏

品行,是指人的行为品德。不管现代社会的现代性如何分裂和瓦解了中国乡土社会的基石,使得中国传统乡土社会的显性结构逐渐被各种隐性结构所替代,但是此次调查的S村,由于地处偏远,村庄依然保留着中国传统乡土社会的基本风貌,村民依然非常看重中国社会数千年来所遵守和教化的基本品行,比如诚实、孝顺、尊老爱幼、勤劳,等等。具体到最基本的行为上,至少不能有偷鸡摸狗的行为,更不能干那些违法的事情,否则会成为整个村庄,甚至十里八乡被鄙夷的对象。

有学者调查,甚至那些长年出外打工的女性,已经接受了都市各种思潮的熏陶,也依然将男方及其家庭的品行看作是非常重要的择偶因素(张胜杰,2015)。时代和生活经历虽然有所不同,但是这一基本的道德评判在S村村民的择偶过程中,依然起着非常重要的作用。因此,那些因为个人的原因,在品行上出过问题的人,尤其是那些"作奸犯科"的人,为了降低择偶难度,在择偶上会千方百计隐瞒真相。

(六)不愿意结婚

虽然当代中国人的主流价值观念中,"成家立业""结婚生子"依然占据着主要地位,但是随着社会的发展和进步,价值观念和生活方式的多元化发展不可避免。在此过程中,伴随着中国家庭结构和规模的变化,人们在原本大家庭结构下形成的对家庭观念和婚姻关系的认知也在逐渐发生演变。所以,近年来出现在中国社会中的"不婚族""隐婚族""独身主义者""丁克家庭",等等,证实了以上的说法。甚至在研究者调查的S村,也存在抱有这样想法的人。他们对于婚姻的恐惧,可能源于父母曾经的失败婚姻给自己投下的巨大心理阴影,也可能源于他们在恋爱挫折中身心受到的创伤,也可能源于成年以后他们对自身性取向的进一步确定和认识。

现代社会对于"不婚主义",一般有着相对以往更加宽容的态度。比如在欧美国家和日本,有些人对爱情、婚姻和性进行了分割和区别对待。他们不认同这三者之间必须是"三位一体"的存在,反而应当是可以独立发生、独立经历的过程。这些,也许说明了现代社会在爱情、婚姻和性关系的重新构建和认识。但是,处于传统的S村,如果有哪个人明确抱着"不愿意结婚"的态度,会被旁人看作是与周遭格格不入的"怪物"。他们要么是"不行",要么就是"有毛病"。因此,S村的"不婚者"只能想尽办法"逃离",因为他们认为,只有外面才有足够宽容的、接纳他们的"土地"。

二、家庭因素

此次调查中,S村的青年男女在选择配偶时,表现出了明显的对于配偶家庭的选择和看重,这可能与当地比较流行的"门当户对"观念有着极大关系。在青年男女结婚之前,当地有着"上门提亲"的风俗。这一习俗,延续于农业文明社会时期的"三媒六聘",也是当地比较重视的礼法。即使如今的青年男女可能在这之前已经确定了恋爱关系,当地也还是继续遵行着这一过程。一般是由男青年的家长及其长辈亲属,先带着一般性的礼物,如水果、糕点、烟、酒等到女方家去拜访,然后女青年的家长及其长辈亲属也会进行回访。实际上,这是双方家长在相互了解家庭底细的一个过程,也是为各自儿女考察未来家庭情况的过程。如果这一过程没有问题,接下来才会进行"送彩礼""定日子"等活动。但是,如果这一过程中任何一方出现了问题,或者一方对另一方家庭情况不满意了,接下来就完全有可能出现"棒打鸳鸯"的情况。这一习俗间接说明了家庭情况在缔结两个人的婚姻关系过程中,起着比较重要的作用。如果有一方的家庭家境非常困难、抚养负担过重、家庭关系紧张,或者在当地的名声不好,都属于另一方要慎重考虑的家庭范畴。

(一)家境贫困

调查过程中,村中一个老奶奶讲过当地的两句有关婚姻和家庭的俗语,一句是"贫贱夫妻百事哀",另一句是"夫妻本是同林鸟,大难临头各自飞",给研究者留下了深刻的印象。在相对经济比较落后的S村,大多数村民内心深处都希望能够通过婚姻,改善各自家庭的经济状况。男方希望娶得一个善良、贤淑、勤快、能干的媳妇,成为家庭生产的一份主要力量;女方希望自家女儿能够嫁到一个殷实人家,从此过上无忧无虑,不再为温饱问题发愁的生活,女婿家也能拿得出像样的彩礼,解决自己的养老问题。

因此,如果男性家庭的经济情况比较窘迫,就会导致双方家庭产生尖锐而且很难调和的矛盾,成为阻碍男性成功获得配偶及其家庭青睐或者同意的主要因素。这一点,在S村的不少大龄单身男性身上都得到了验证。很多被调查男性的家庭经济情况都一般,甚至在他们的主观感觉中,至今单身就是因为自己家里面"穷",以至于忽略和掩盖了其他主、客观因素的影响。

其实,社会学家布劳的交换理论在解释婚姻关系方面,能够让我们看到婚姻选择实质上也是一种典型的交换行为。不管是男性的"下向婚"还是女性的"上向婚",绝大多数人在进入到婚姻市场时,都会设置选择配偶的一些选项或者条件。男女双方都希望能够通过姻亲关系,满足自己或者自己的家庭某些方面的需求。从简单的方面来看,男性选择配偶时更加看重女性的外貌、气质、品行等主客观条件;而女性在选择配偶时则更加看重男性的文化程度、职业、收入、家庭背景等主客观条件。仅仅从经济因素来看,大龄青年婚姻失配的案例很多都发生在地处偏远的落后山区或者贫困农村。相对严酷的自然条件制约着当地的社会经济发展,也进一步制约着个人的生活水平。当地女性在选择配偶时,希望能够寻找到有足够经济实力或者致富能力的配偶,借此改变自己的命运,所以当地贫困家庭的男性基本上不在她们的考虑范围之内。当地的青年男性,只有"望女兴叹",看着本地女子外嫁他乡。经济贫困地区的男青年婚姻困难问题主要在于交换资源的匮乏、交换主体的改变及竞争和交换成本的增加。所以在传统农村地区,如果一个青年男性在25—29岁的年龄阶段不能顺利找到配偶,那么到了年纪更大一些的时候,择偶的困难程度就更加不能克服了。

(二)抚养负担重

家庭的抚养负担,主要指的是一个家庭中,能够从事生产劳动的人需要赡养的老人和抚养的孩子的数量情况。与通常人口社会学和经济学的抚养负担定义不同,这里的抚养负担是微观层面的,主要发生在某个家庭内部。同时,其赡养和抚养人口,即老人和孩子的年龄界限也可能有所不同。尤其是老人的年龄，确定为65岁及其以上的标准，在研究者所调查的S村显然偏低。因为自然环境的限制，当地主要从事农业生产劳动，靠天吃饭。所以，绝大多数S村的老年人，都一直在地里干农活，帮助家庭生产，有的甚至80多岁还在田间地头干活，除非遇到疾病或者其他因素才停止。

因此，除去儿童青少年，可以说，S村家家户户基本上全员都是劳动力。但是，一旦一个家庭里面有一个劳动力因为疾病或者灾祸，丧失劳动能力，那么就只能被归入被抚养人口中去，成为整个家庭的沉重负担。所以，这里所指的家庭抚养负担重，可能更多的是从广义上说，"只要一个农村家庭有个把不能从事农业生产劳动的人，这样的家庭就比较困难"，在这样家庭中的男性在婚姻市场上的困难程度也比较大。

(三)家庭关系紧张

在考察配偶或者对象的家庭情况时，其家庭关系是否和谐也是非常重要的一个方面。尤其是女方，非常看重男方家庭中可能已经存在的婆媳关系、妯娌关系。如果这些关系保持稳定，家庭成员相互之间能够和谐共处，说明整个家庭的家庭气氛良好。尤其意味着，将来若是自己的女儿嫁进这个家门，可能不会因此产生过多人际关系紧张方面导致的问题。相反地，如果了解到男方家里存在着家庭关系紧张的情况，女方通常情况下会进行慎重的考虑。

另一方面，考察对方的家庭关系，也是在考察对方老夫妻的夫妻感情。通常情况下，淳朴的村民认为"老的过得好，小的也过得好""上梁不正下梁歪"，甚至认为如果一个家庭的老夫妻之间的感情存在裂隙，可能会影响到下一代的感情观念。如果一个家庭在这些方面存在问题，也可能会影响子女婚姻的顺利。

(四)家庭名声不佳

家庭名声，即所谓的家庭声誉，指的是整个家庭在社区中的被认同感。非常重要的是，这种家庭整体的名声实际上是由每个家庭成员通过毕生的言行来得到整体性认定的，而且主要是由这个家庭的长辈和成年人建立的。一旦某个家庭的某位家庭成员出现了一些品行，尤其是生活作风上的问题，在这个偌大的村庄，往往会引发巨大的，如同"海啸"一般的效应，导致整个家庭形象和家庭名声在社区被完全破坏，甚至摧毁。

因此，大多数当地的"媒人"在接受"寻人"的任务时，主人家都会非常清楚地告诉他，"一定要找个好人家"。这句话当中的"好"字，其实就指的是家庭名声。人们甚至认为这种不良的品行，会具有"遗传性"，其后代也可能在某一天表现出相似的不良行为。有学者研究早期社会化是整个社会化中十分重要的一环，是基础环节。作为人们社会生活中最重要的初级群体——家庭，是早期社会化的主要场所，家庭社会地位的差异将影响到社会化的进行以及最终的结果（李欣欣，2007）。

三、社会因素

身处这个伟大变革的时代，贫困农村男性在寻求配偶、建立恋爱和婚姻关系的过程中，除了受到个人、家庭因素的影响，各种社会性因素也必然发挥极大的作用，包括各种社会政治、经济、文化因素，以各种结构性和制度性的作用影响着他们的婚恋过程。贫困农村的青年男性面临着社会和经济发展变化带来的巨大影响，这些变化使得传统乡村的婚姻圈发生变化、人口流动性增强、人们的养老观念和婚姻观念进一步发生变化，农村的婚姻成本越来越难以支付，加上受到适婚年龄阶段男女人口比例失调的影响，这些都加重了他们顺利走入婚姻殿堂的难度。

（一）婚姻圈变化

婚姻圈是社会发展的产物，它是在生产力提高之下逐渐产生的。它是指青年男女在择偶时往往根据自身的实际情况去选择那些和自己的各种背景因素尽可能相近或者相似的人选。通常情况下，会形成同一阶层内的婚姻匹配，目的在于稳固本阶层与其他阶层之间的"层间壁垒"。在当代中国，考察婚姻圈的变化，尤其是相亲择偶标准，可以透视当下中国社会转型期的一些内在特征和现象。比如，中国的城市中产阶层或者小康家庭，往往也会选择中产阶层或者同样小康家庭的配偶，而处于城市的低阶层则不会成为他们的考虑对象，被排斥于本阶层的"通婚圈"之外。与此相反，在贫困农村地区，由于地理位置和交通运输的限制，传统婚姻圈基本被限制在本村、本乡，围绕着中心城镇的几个临近村庄的范围内选择"结婚候选人"。

但是近年来，农民通过打工、第三产业等经济活动，使其经济地位发生了分化（余练，2013）。一些收入较高的农民在婚姻过程中，有意或者无意地抬高了当地的婚姻成本,使得当地的彩礼日益增加。那些收入较低的农民,只能将婚姻选择对象扩大到传统婚姻圈以外的地方,甚至是跨越县域、省域的范围。这种分化打破了传统的通婚圈,使得当地通婚层级化,进而形成了通婚圈内卷与扩大的双重趋势。S村40岁以上的光棍由于传统婚姻圈的存在,人数相对较少。但是随着传统婚姻圈的瓦解和宗族势力的退却,留守在贫困农村的那些经济收入低、社会交往能力差的男性,成为大龄单身男性的可能性就增加了。

(二)人口流动性增强

近年来随着经济活动的增加,原先受到传统农业活动限制的中青年村民,纷纷走出村庄外出打工。在调查期间,S村40岁以下的中青年人,80%以上都有过一次以上外出打工的经历。中青年男性主要是加入初级劳动力市场,从事一些建筑业、工厂流水线作业等工作;中青年女性则主要是从事一些家政服务业和餐饮服务业等工作。两者相比较,中青年男性的工作地点相对比较集中,主要分布在本省区域,但是也比较规律。他们一般是同村几个人结伙出外打工,年后出发、年前回家,其余时间不回家。而中青年女性的工作地点相对比较分散,可能分布在全国各地,主要在北京、上海等大城市。她们一般工作时间并不固定,有一半的女性外出打工以后经常更换工作地点,有些一出去就是两三年。因此,在相当长的外出打工过程中,女性有更多的机会认识外地的男性,并且因此发生更多的跨省婚姻;而男性的机会相对较少。

在S村的观察中,近年来也表现出了典型的"38·61·99"现象。由于外出打工的中青年人太多,村庄中的留守妇女、留守儿童、留守老人占到了相当大的比例,因此人们以特定的节日来指代特定的人群,比如"38妇女节"指代留守妇女,"61儿童节"指代留守儿童,"99重阳节"指代留守老人。因此,外出打工的中青年男性,在本村庄及邻近村庄结识同龄女性的机会减少,而在他们的打工地点,又由于他们的身份和经济能力限制,不会受到城市女性的"青睐",所以受到了双重的"婚姻机会"的被剥削,最终导致"不婚"的可能性增大。

(三)彩礼昂贵

自古以来,中国人在缔结婚姻关系的时候,有着"三媒六聘"的习俗。其中的聘礼，也就是今天的彩礼。有些地方习俗称为"纳征"，"征"是成功的意思，即送彩礼之后，婚约正式缔结，一般不得反悔。若女方反悔，彩礼要退还男方；若男方反悔，则彩礼成为补偿女方名誉损失的代价。在买卖婚姻关系中，所谓的"彩礼"实质上就是女子的卖身钱，所以有些地方也称之为"身价礼"。

改革开放以后，伴随着社会经济的发展，中国农村的彩礼也日益"水涨船高"，甚至超过了物价的增长。尤其在那些男多女少，婚姻挤压现象严重的地区，彩礼钱更是超越了一般家庭可以承受的程度。彩礼钱成为一些贫困家庭脱贫致富的手段和方法，甚至有些地方出现了一些不可思议的现象，比如用待嫁女子的体重作为标准，男方需要称量等重量的人民币作为彩礼。天价一般的彩礼钱，逼退了那些婚姻市场上的竞争实力不足的男性。

这一现象的出现，实际上正是由于贫困地区的大量女子外流，当地适婚年龄阶段的男女性别比严重失调造成的。随着城镇化进程的加快，农村人口出现了向城镇迁移的倾向，其中青年女性更是主要的群体。日渐稀缺的女孩资源，导致贫困农村性别比失调，进而助推农村彩礼"水涨船高"。

（四）婚姻挤压

婚姻挤压是由婚姻市场中可供选择的男女两性人口数相差较大、比例失调而形成的，反映了一个队列人口潜在的择偶压力。我国从20世纪80年代确定了计划生育的国策，并且开始严格执行相关措施，但是老百姓的生育意愿和这一政策之间存在着严重不平衡。许多农村地区的老百姓宁愿接受违规生育的"社会抚养费"处罚，或者四处流窜，也要生育一个男性后代用以传承家业和姓氏。为了生育一个男孩，很多人采取了非法胎儿性别鉴定的办法，来确保自己生育的孩子是个男孩，如果不是就进行人工流产。受此影响，1970年后我国出生的男性人口面临着严峻的婚姻形势。有研究发现，1989—2010年我国婚姻挤压突升突降，表现出轻度男性婚姻挤压；2011—2030年，我国婚姻挤压度随着时间推移逐年增大，到2030年将达到中度男性婚姻挤压，这期间会导致少数男性处于终身不婚的状态（孙炜红、谭远发，2015）。因此，改革开放之后，我国的城市和农村都出现了不同程度的婚姻挤压现象。"婚姻挤压"一方面导致中国近年来低素质人口中早婚现象较为普遍、结婚年龄提前，目的在于早讨老婆、早生男孩。另一方面，也导致了那些在婚姻市场上处于劣势地位的男性被排斥在社会底层，成为相对固定的"光棍阶层"。

S村所在的地区,是我国计划生育政策实施初期,国家试点"二胎政策"的地区。该地区从1984年开始,试点实施"二胎政策"。截至调查时,该地区的符合政策生育率一直保持在非常高的水平,但是人口出生率和增长率已经持续下降,同时该地区的出生人口性别比连续10年在104.29—108.81之间的正常水平。可以说,"二胎政策"比较符合当地群众的生育意愿,因此可以看到当地符合政策生育率高,出生人口性别比并未失衡。但是,即使是这样,随着社会经济的发展,当地的生育水平也开始下降,在贫困农村也依然出现了数量众多的大龄单身男性,说明当地的"婚姻挤压"的出现,主要有两个方面的原因。一方面是因为当前的人口性别结构不平衡,而这种现象又主要是由于人口流动增加导致的;另一方面因为对物质资源的占有程度不同,而这种现象又主要是由于个人及其家庭的发展能力不同所造成的。

(五)养老观念变化

中国几千年的传统农业社会形态,已经固化了非常稳定的"父系家族"制度。围绕着这一制度,相关的婚嫁制度也是为了保证"父系权威"的稳固和延续。因此,"娶妻生子""成家立业""传宗接代"等思想,决定了大多数农村家庭都以生育男性家庭成员、扩大家庭规模为主要家庭任务,也因此衍生出了"养儿防老"的核心观念。在S村的访谈过程中,也可以看到当地老年人对于自己儿子的看重程度远远胜过女儿。这既是因为这些老人重男轻女的观点由来已早,也可能是因为传统农村的老年人,并没有实际感受到社会养老保障带给他们的效果,他们更加看重"养儿防老"。与此相对应,长期以来"招赘婚姻"的形式,并不是婚姻形式中的主流,并历来被农村认为只有那些有女无儿户才采取这种婚姻方式而受到鄙视(靳小怡、李树茁,2003)。

但是,随着时代的发展,即使在偏远、落后的农村地区,老人们的养老观念也在发生变化。S村一些本身家境较好,但是只有女儿的家庭,考虑到老人的养老问题,近年来都开始采取了"招赘婚姻"的形式。村民逐渐熟悉了这种以往并不常见的婚姻形式,并且也认同了"外来女婿"在村庄中能够积极融入,家庭也比较和谐。其他相关研究也证明,招赘外地女婿上门的婚姻形式也能够完成类似"养儿防老"的功能。但是,采取"招赘婚姻"形式的家庭,往往要求招赘的女婿"尽量来自村外,家里面没有养老负担,有经济头脑……",

这对于 S 村的男性青年来讲，又形成了一个"婚姻挤压"的因素。

另一方面，"养儿防老"观念的淡化，间接影响了那些暂时在婚姻过程中遇到困难的个体。有研究表明，大龄未婚男性拥有的养老资源少于已婚男性，因此大龄未婚男性更容易采用消极的退行方式应对养老，即不为养老做任何准备（郭秋菊、靳小怡，2016）。如果在现实的"婚姻挤压"状态中，那些贫困农村大龄青年暂时性的在求偶过程中遇到了一些困难，但是就此放弃了"成家立业""养儿防老"的观念，则可能会非常容易对婚姻抱着更加失望，甚至绝望的态度，从而陷入更加困难的寻求婚姻的困境。

（六）婚姻类型多样化

中国人的传统观念当中，对于"家"的认知和重视程度非常高，比如"家国天下""家和万事兴"，等等。因此，"成家立业"都是头等重要的大事。在这种观念的影响下，通过缔结婚姻关系组建自己的家庭，对于个人而言，既有来自自我意识建构的行为准则要求，也有社会整体对此产生的深刻约束。所以，但凡中国人，总是在孩子成年以后，全家总动员操心着孩子的婚姻大事问题。

但是，随着时代的变化，目前的婚姻类型已经出现多样化的形态。这些多元化的婚姻家庭形式，伴随着文化交流和渗透，也影响着今天中国人的婚姻形式。随着整体社会的包容性和容忍度越来越高，人们对于婚姻的主流看法和已然发生的分流变化是共同存在的事实。比如，现代人会把奉行独身主义的人称为"单身贵族"。这一称呼表明原来这种不结婚的人往往不被社会所理解，但是当下社会却不再背地揣测个人行为的隐私性动机和原因，更愿意给予一种宽容和理解。"单身"也不再是"生活失败者""条件困难者"的代名词，也可能是只是在单纯描述一种生活方式和价值取向。

以上现象说明，随着时间的推移，可能会有更多的人采取了不同以往认知的婚姻形式，也有可能有更多的人并不把婚姻看作生活的唯一选择和出路。毕竟，婚姻相对而言还是个人隐私方面的行为，现代社会已经越来越将私有领域的活动和公共领域的活动区分开来，采取了不同的定义方式。对于婚姻这样的行为，人们采取了更加宽容的态度。在 S 村的调查中，那些 35 岁以下的人，即 80 年代以后出生的人，对婚姻多样化的形式有更多的认同感。与此相反，那些 35 岁以上的人则对婚姻采取了非常严肃的定义，他们中的绝大多数人认为"婚姻不是儿戏,一个人怎么能够不结婚呢?""结婚是每个人必需的,不结婚那也是身不由己""结不了婚,那一个人过得再好又有什么用?"

第二节 贫困农村大龄单身男性生活、情感困境与社会失范行为的关系

贫困农村大龄单身男性因为各种个人、家庭和社会因素,导致其长期处于"单身"或者"失婚"状态,这种状态将通过心理和社会因素的建构,导致他们处于各种生活困境和情感困境当中。实际上,这些生活困境和情感困境,原本可能已经存在于这些贫困农村大龄单身男性的生活中,成为他们"单身"的重要因素,有些甚至是决定性因素。

其中,生活困境起到了非常大的作用,这与当下的时代发展背景有关。经济因素在婚姻恋爱过程中,有着非常重要的影响力。尤其是在边远贫困农村地区,婚姻往往成为女性家庭解脱贫困状态的非常重要的途径和方法。因此,那些缺乏必要的社会交往能力和一定的社会支持的男性,加之本身家庭的经济贫困状态,势必成为婚姻市场上受到挤压的对象,比较容易成为"单身"群体的一员。但是,这并不是说"单身"的人就一定会持续处于生活困境中,因为还存在其他改善生活状态和命运的机会,从而使他们能够从生活困境中走出来。

另一方面,有些处于生活困境的贫困农村大龄单身男性,也可能同时处在情感困境中。这些情感困境,包括了心理健康问题导致的困境,也包括情感处理方式问题导致的困境。这两种情感困境,对于贫困农村的大龄单身男性来说,并不具有决定目前生活状态的意义。因为,相比于生活困境,这种困境比较容易伪装和转移。更多情况下,贫困农村男性的婚配成功与否决定于他的个人能力和家庭经济条件优劣。但是,因为各种原因而长期"单身"状态的出现,贫困农村的大龄单身男性有很高的可能性出现各种情感困境。因为,在相对封闭的乡村,不能结婚成家,对于男性来说是非常"失败"或者说没有自尊的事情,他们可能会长久困惑于个人、家庭和社区对此的诘难和可能并不存在的"讥笑"中。

贫困农村大龄单身男性如果在物质和精神上长期处于贫困和窘迫、紧张与

焦虑的过程中,容易形成巨大的负向物质导向和情绪导向,也就是说生活困境和情感困境之间也可能存在着叠加作用。因此,在这种巨大的压力下,贫困农村大龄单身男性可能有意或者无意地产生各种社会失范行为,这些行为有可能进一步标志了他们的"与众不同",可能转移了先前的负向情绪,也有可能暂时改变这种"困境"。也就是说,生活困境和情感困境有可能在贫困农村大龄单身男性的生活中扮演了催化剂的作用。如果说大龄单身男性容易产生社会失范行为,这种结论显然有失偏颇。在大龄单身男性与其社会失范行为之间,应该存在着"中介变量"或者"中介因素"。生活困境和情感困境就是这样一种中介变量,它们使得贫困农村大龄单身男性中那些能够克服自身问题,解决生活困境和情感困境的人,依然过着正常的生活,但是那些不能够从生活困境和情感困境中解脱出来的人,会有相当大的可能性产生各种社会失范行为。

贫困农村大龄单身男性的生活困境和情感困境,实际上既可能是他们长期单身的原因,也有可能是他们长期处于"单身"状态后的一种结果。而对这种结果如果不进行改善和遏制,任由其持续发展和恶化,就会导致贫困农村大龄单身男性产生社会失范行为,并在长期生活中固化或者塑形。(见图3)

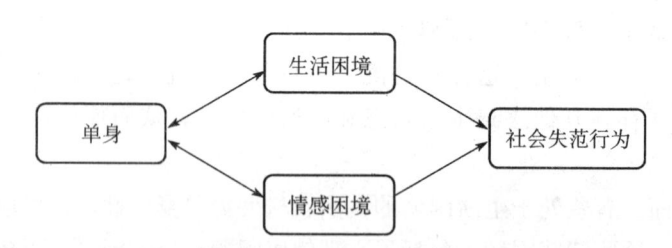

图3 贫困农村大龄单身男性生活、情感困境与社会失范行为的关系

第三节 解决贫困农村大龄单身男性问题的对策

如同前文所述,贫困农村大龄单身男性可能存在着各种各样的生活困境和情感困境,这些生活困境和情感困境既可能是他们长期单身的原因,也有可能是他们长期处于"单身"状态后的一种结果。这些生活困境和情感困境已经严重约束了贫困农村大龄单身男性脱离"单身"状态,而任由这些实际上可能已

经存在的生活困境和情感困境继续恶化下去，就会导致贫困农村大龄单身男性寻找其他可以替代性解决这些困境的方法，因此产生社会失范行为。

面对贫困农村大龄单身男性群体的问题，研究者认为应当找准产生这些问题的根源，从根本上解决这些困境，杜绝其后续的不良影响；怀着人文主义关怀精神，了解贫困农村大龄单身男性的生活和情感世界，理解他们的生活困境和情感困境，重视解决贫困农村大龄单身男性的生活和情感问题，帮助这一群体发展生产、改善生活、校正心理、适应社会。只有帮助他们摆脱目前的生活困境和情感困境，才能防止社会失范行为的发生，最终帮助他们步入正常人生活，也间接维护了贫困农村的社会稳定和和谐。

一、帮助贫困农村大龄单身男性走出生活困境

（一）加强贫困农村大龄单身男性的经济发展能力

贫困农村大龄单身男性产生的原因，以及使他们处于各种生活、情感困境和引发各种社会失范行为的原因，很大程度上归结于他们的贫困生活状态，归结于他们比较低下的经济发展能力。"经济基础决定上层建筑"，如果经济发展能力不能得到提高，那么生活水平就很难得到提高，相应在婚姻市场上也就缺乏竞争力。从布劳的社会交换理论角度来看，拥有优势资源的人在择偶过程中处于有利地位，反之处于不利地位（贾春增，2000）。从这一点出发，由于自身经济发展能力严重不足，就会导致经济地位的低下，使得他们在寻找对象的时候很难吸引女青年的注意。如果让贫困农村单身男性掌握一门手艺，就可以增加其社会资源的数量，丰富其社会资源，促使婚姻交换的强势资源（正资源）增加，他们的社会吸引力就较大。因此，应当为贫困农村的大龄单身男性提供改变自身经济发展能力不足的机会和途径。

第一，要使他们自己清醒意识到自己在经济发展能力上的问题，提高他们应对生活困境的信心。中国人自古流传的"勤劳致富"的名言，迄今为止也依然是值得倡导和尊重的生活准则。只有自己能够鼓足干劲，发挥主观能动性，才能去克服目前经济上的困境。可以利用目前乡村已有的"结对扶贫""新农村建设"等机会，请专家为他们进行脱贫教育，进行相关农业生产和手工业技能培训，提高他们的致富能力。

第二，应当鼓励贫困农村的大龄单身男性走出村庄，利用目前国家发展的

大好时机,去外面增长见识,通过进城务工赚取报酬,学得一技之长。尤其是学习那些将来可以帮助和带动村庄其他人共同致富的技能,比如建筑工程技术、新型农业生产技术、初级农产品加工技术等。这样既可以帮助贫困农村大龄单身男性开阔视野,又可以帮助他们建立更加广泛的社会交往环境,还可以为未来整个乡村的脱贫致富建立人力资源基础。

第三,扶贫开发的对象应当有意识地向这些贫困农村大龄单身男性倾斜,这样才能使得他们获得启动资源。所谓"万事开头难",如果只是给他们一个美好的前景展示,实质上却没有任何资金或者物质上的帮助,则很难让他们有一个顺利的起步。

第四,贫困乡村自身应当加快"脱贫"的步伐。只有整个乡村的经济都发展起来了,才能给予贫困的大龄单身男性更多发展机会。否则,大环境得不到改善,只是依靠个人自身的努力也是不切实际的。通过对贫困农村的投入,使得农村经济不断发展,基础设施得到改善,农村落后面貌得到改变,这样也能够"栽得梧桐树,引得凤凰来",吸引原本外出他乡的女青年返家工作和生活,给予农村单身男青年更多的寻找配偶的机会。

(二)提高贫困农村大龄单身男性社会交往能力

贫困农村大龄单身男性产生的原因,以及使他们处于各种生活、情感困境和引发各种社会失范行为的原因,还有一个方面要归结于他们社会交往能力有限,缺乏足够的社会支持。中国社会从本质上讲,依然是一个"人情社会",一个"关系社会",在相对封闭的村庄,情况更是如此。如果因为各种原因导致贫困农村大龄单身男性缺乏足够的社会支持,自身又缺乏社会交往能力,那么在这样的社会当中,他们只能是"形单影只",势必也会面临着生活困境。人是具有自然属性的,更是具有社会属性的。如果有人脱离现实社会独自生活,脱离各种社会关系和社会交往联系,其生活的艰苦和困难是难以想象的。部分贫困农村大龄单身男性,处在缺乏社会交往能力和社会支持严重不足的生活困境中,他们因为这种情况,导致了婚配过程的失败,也可能因为这种情况,进一步走向"离群索居"的生活状态,从而更加陷入生活困境。

人际交往能力是每个人一生当中十分重要的一项生存技能,它主要指的是个人与周边环境建立友好关系,妥善处理各种人与人之间、人与社会之间、人与环境之间的关系的能力。良好的人际交往能力能够使得一个人顺利完成自我思想和意愿的表达，和他人顺利进行有效的沟通和交流。同时，良好的人际交往能力也往往意味着一个人具有实际解决问题的能力，具体指的是个人能够独立完成人际交往的过程，不能过度依赖别人，应当能够独立解决相关问题。

因此，应当针对农村大龄单身男性的生活困境，解决他们的人际交往问题和社会支持问题。第一，应当积极鼓励这些贫困农村大龄单身男性积极参与社区生活，让他们逐渐适应和理解人与人之间的相处之道。在传统的S村，迄今为止还保留很多民间群体性习俗。比如在清明节、端午节、中秋节、春节等节日，村庄都会有集体性的祭祀活动和庆祝活动。在这些活动中，应当积极动员大龄单身男性主动参与，克服自己的社会交往恐惧，努力和他人进行人际交往。促进贫困农村大龄单身男性参与村庄活动，参与村庄事物的决策，走出孤僻的个人情绪和个人生活，洞察和理解社会，不断积累社会经验。这样会使得他们自我更加自律、更加宽容、更加融合，情感更加成熟。

第二，可以利用一些宣传形式，向贫困农村大龄单身男性进行提高社会交往能力的宣传教育。比如，在村社活动中，在集市活动中，当地的老百姓最喜欢的娱乐形式就是听秦腔。如果在这种活动中，能够融入一些社会交往技能的知识点，相信对于大多数老百姓都能起到潜移默化的作用。另外，S村的大龄单身男性很多都喜欢听收音机，因为只需要自己听，不用自己讲话。那么，可以利用广播渠道，在他们喜欢的节目中进行有关社会交往技能的信息传播，提供相关指导和帮助。指导他们善于体察他人的需求，学会"说话的艺术"。尤其是在男女交往过程中应当要懂得彼此之间的情感控制的需要以及包容的需求，对于对方的需求要有一定的了解，要想到他人之所需，在人际交往中才能更好地提高交际能力。

第三，在社会支持系统建设过程中，重点关注贫困农村大龄单身男性中的"孤儿"。这里提到的"孤儿"，指的是那些贫困农村大龄单身男性中既没有父母，也没有兄弟姐妹的人。他们在这个世界上真正是一个人生活，无依无靠，完全"独身"，因而也是最缺乏社会支持的人。相比其他人，他们的社交圈更窄，来自亲人的社会支持也几乎没有，因此这些人也可能因为长期过惯了一个人的生活而逐渐失去了社会交往能力，所以他们应当是社会交往能力建设和社会支持系统重建过程中重点关注的对象。

二、帮助贫困农村大龄单身男性走出情感困境

如同前文所述，有的贫困农村大龄单身男性可能因为长期单身，在自我认知层面上出现不自信和否定自我的情况，严重的可能会丧失生活的勇气。还有一些适婚年龄的单身男性，承受着很多来自外界的压力，包括自己父母的、家人的、亲戚的，周边邻居的，朋友的，等等。这些来自外界的压力，他们没有办法掌控，也导致他们无法真正专注于自己的需要。个人的婚姻失败，可能成为整个家庭，甚至家族的耻辱，成了对父母的不孝，成了亲朋好友的负担。这样的压力如果不能得到及时排解，久而久之就容易导致各种心理问题和疾患，而个人行为又会受到其内在因素的影响。大龄未婚男性长期处于心理和情感困境，是否会导致其产生社会失范行为，实施影响社会安全和稳定的攻击行为，在于其对自身无法婚配的挫折心理反应的接受和容忍程度。因此，应当积极采取措施帮助贫困农村大龄单身男性走出情感困境。

首先，应当让贫困农村大龄单身男性认识到心理健康问题及其可能带来的危害。很多在研究过程中遇到的S村村民，都会把"心理健康"或者"心理问题"简单理解为"心里有病"，因此回答自己"心里没啥毛病"，说明大多数村民并不能正确理解和认识心理健康的问题及其可能带来的危害。相比其他人，贫困农村大龄单身男性的心理问题更需要得到疏解，这样才能防止其逐渐积累以至爆发。让贫困农村大龄单身男性意识到心理健康问题的不同表现形式和危害性，可以有助于采取正确的解决办法。乡村医生是村民熟知和信任的医务工作者，如果他们能够针对大龄单身男性开展一些个性化的宣传教育，可以帮助其意识到心理健康的重要性。

其次，为贫困农村大龄单身男性提供解决心理问题的有效途径。心理问题的解决办法有很多种，大多要采取十分复杂和科学的步骤和过程。因此针对贫困农村大龄单身男性的心理问题，应当为其提供更加有效而方便的心理疏导途径和办法，增强贫困农村大龄单身男性对于心理问题的调控能力，化解和防范他们因为婚姻和恋爱问题产生过度负面的情绪。比如听音乐、唱歌、哭泣、聊天等，都是一些简便、可靠的心理压力释放办法。当然，如果有条件，也可以积极引入基层地区社会工作者的专业工作，为贫困农村大龄单身男性提供个性化的心理健康辅导、咨询和指导。通过这些途径，让贫困农村大龄单身男性重新拾起自己的生活信心。

最后，教导贫困农村大龄单身男性学会正确处理情感问题的方法。在现实生活中，处理情感问题，尤其是婚姻和恋爱问题，更需要针对问题的不同，采取不同的方法。此次调查的研究对象，大多数人性格都偏内向，他们处理情感问题的方式也大多偏向内敛。因此，很大程度上他们在处理情感问题时会一以贯之地采取一种态度、一种方法，这样就有可能造成情感双方的伤害，更无助于问题的解决。教导贫困农村大龄单身男性学会正确处理情感问题的方法，不仅仅是教会他们这些方法的不同，更重要的在于教会他们如何区分不同的情感问题。应当在他们的实际生活中，在他们与他人进行人际交往互动过程中教导他们，这样才会更加具有针对性。

三、防止对于贫困农村大龄单身男性的过度"污名化"

由于受中国历史文化传统的影响，"男大当婚、女大当嫁"的生活行为模式已经成为大家公认的行为准则，与这个行为准备相违背的"大龄单身男性"因此成为周边环境质疑、鄙视、轻贱、不齿的对象。贫困农村大龄单身男性由于长期处于"单身"状态，更容易成为村庄传统文化下"被排斥"的对象。如果在这个群体中，出现了一些社会失范行为的表现，那么更有可能将这种"排斥"扩大化。在S村的调查中，也可以感受到村民对"光棍汉"的叫法，明显带有"污名化"的倾向。这可能也与这些大龄单身男性有些存在着生活问题、情感问题，还有一些有着各种容易引起村民排斥的社会失范行为有关。

但是，贫困农村大龄单身男性的"单身"状态与其社会失范行为之间，并不存在直接的联系或者因果关系，这些社会失范行为实质上是由他们长期的生活困境和情感困境所诱发的。因此，单纯的以为"单身"会增加社会失范行为，会增加他们的不良行为，是一种"偏见"，也是对他们的"污名化"。美国纽约大学社会学教授艾里克·克里南伯格在《单身社会》一书中提出的观念，也提醒我们不要过度解读"单身"带来的社会危害，而应该将其看作历史和社会发展的必然产物。因此，在对贫困农村大龄单身男性进行生活困境和情感困境的帮助时，尤其要加强他们与周边环境的社会融合，纠正这种对大龄单身男性的"污名化"倾向，防止对于贫困农村大龄单身男性的过度"污名化"。

第六章 研究结论与讨论

本研究通过对我国 G 省 J 市 Q 镇的 S 村进行实地研究，以个案研究的方式了解了 30 名当地贫困农村大龄单身男性的生活、情感状况和社会失范行为，形成了基于村庄个案对比基础上的光棍问题研究，以此认识到光棍成因的复杂性及其类型的层次性。

第一节 贫困农村大龄单身男性的生活、情感困境

一、贫困农村大龄单身男性的生活困境

处在大龄单身状态的贫困农村男性，他们在贫困农村的生活相对比较贫困和拮据。他们中的很多人主要是因为经济因素的作用而单身，也可能因为单身使得他们进一步面临着经济上越来越拮据、精神上越来越孤单、发展能力严重不足的境况，最终呈现出贫困、压抑、生活低水平等样态。他们在现实生活中，缺乏自我改变和自我发展的能力，没有根本的办法解决目前生活的困境。尽管他们对于未来有些许期望，但是更多的是灰心和失望。他们没有足够的信心和能力保障自己的老年生活，因此有些人想到了收养儿童作为将来的依靠，有些则完全处于得过且过的状态。也有部分贫困农村的大龄单身男性，通过自己的努力改善了家庭经济情况，脱离了经济困境的束缚。

有些贫困农村大龄未婚男性，存在着社会交往障碍，主要表现为对异性的恐惧，因此导致了恋爱、婚姻的失败，进入"单身"状态。这种长久的"单身"状态，却容易进一步加剧和恶化其社会交往能力，从而陷入更深层次的社会交往困境，形成双向恶性循环的过程。但是也有另外一些研究对象，没有完

全放弃自己的幸福追求,还是尽可能与身边人,与其他村民友好相处,积极拓展自己的社会交往空间,锻炼自己的社会交往能力,未来很有可能积极走出社会交往困境,结束自己的"单身"生活。

部分贫困农村大龄单身男性的社会网络非常局限,因而容易导致缺乏社会支持的情况出现。他们在寻求配偶的过程中,也相应地缺乏各种情绪支持、物质援助和相关信息的获取,容易发生婚配困难的情况,成为"单身"人群。也有一些处于社会支持困境的大龄单身男性,正在通过自身的积极努力,打破以往乡土社会简单依靠血缘和亲缘关系来建立和扩展自己的社会交往网络的传统。

因为经济因素,很多贫困农村的男性早在成为"光棍"之前,就已经存在着各种生活困境,比如家庭经济困境、社会支持困境、社会交往困境等。这些生活困境极大程度影响了贫困农村男性的婚配过程,是使他们成为婚姻挤压对象,长期单身的主要原因。这些生活困境在他们成为"大龄单身男性"之后,可能进一步得到延续,甚至强化,即他们的生活困境又由于"单身"而进一步加剧。当然,处于"单身"状态的贫困农村大龄单身男性,却不一定会因为"单身"而继续处于这种困境。在世代剧烈变化的今天,有部分贫困农村大龄单身男性的确深深陷入了生活困境,但是也有一些人通过自己的努力改变了窘迫的生活现状,走出了生活困境的泥淖。

二、贫困农村大龄单身男性的情感困境

贫困农村大龄单身男性,大多数曾经在适婚年龄阶段,试图能够寻找到合适的伴侣,实现组建家庭的梦想。但是,这种追求圆满生活状态的愿望,因为社会、家庭、个人的原因,被现实无情撕碎了。当他们因为个体的生活经历和情感追求遭遇严重的挑战或者创伤时,往往会产生各种负向情绪体验,如压抑、抑郁、沮丧、失败、挫折、羞涩、逃避等。如果这些负向情感在堆积过程中,并没有合理和合适的途径得以宣泄和解决,就将严重影响到贫困农村大龄单身男性的正常社会交往和人际关系的处理,削弱他们的社会交往能力和社会支持网络,降低了他们再次投入感情生活中的可能,使得他们陷入情感困境。长久的"单身"状态,会进一步损害他们的自信心,使得他们在情感处理方式上继续处于困境。

生活困境和情感困境中的贫困农村男性,因为生活困境而"单身",却不

一定会因为"单身"而继续处于生活困境。相反的,他们不一定因为情感困境而"单身",但是可能因为"单身"累积更多的情感困境。

第二节　贫困农村大龄单身男性的社会失范行为

一、贫困农村大龄单身男性社会失范行为的原因

贫困农村大龄单身男性产生社会失范行为的原因,包括微观层面和宏观层面的原因。

从微观角度来看,这些贫困农村大龄单身男性的适婚年龄阶段,他们处于个人、家庭和社会诸因素的影响下,没有顺利完成婚姻配偶的匹配,较长时间处于"单身"状态。这种状态,加之周围环境如社区和社会文化的影响,可能导致男性个体对于婚姻的失望,进而演化为情绪上的焦虑、抑郁、紧张、孤独感。这些主观情绪体验,在相当长的时间里面产生累积效应,往往自觉或者不自觉地导致这些男性在生活中采取了比较消极、抵抗的行为方式,用以转移这种负面情绪。

从宏观角度来看,有些农村大龄单身男性产生社会失范行为的原因,是期望能够顺从婚姻择偶梯度模式,使自己能够成为选择机会较多的"上层"婚配对象。处于经济相对落后的农村地区的"资源贫乏"的男性,如果意识到自己的"单身"或者"失婚"状态,主要是由于物质化程度不够,是由于个人或者家庭经济能力不足,就可能在目前尚无有效"致富"手段和门路的情况下,产生迅速"致富"的想法,借助其他非法、非正常的手段获取经济利益和财富,以摆脱目前的这种境况。

二、贫困农村大龄单身男性社会失范行为的影响

长期处于单身状态的贫困农村大龄男性,面对现实生活的缺憾和内心的期望,又身处比较传统和保守的乡土社会,处于中国农村特定的社会秩序、原则、规范和道德约束下,处于各种风俗习惯、乡约民规的束缚中,他们对自身的评价偏低,对家庭的温暖感受不足,对社区和社会的融入感不足。因此,他们中有一些人采取了一些越轨行为和社会失范行为来"显示"自我的存在。这

些社会失范行为包括自杀倾向、嫖娼、猥亵妇女，等等。这些行为，如果不能引起足够重视，可能会影响到他们进一步的社会排斥，还可能引起社会治安问题、家庭安定问题，以及个人发展。

三、贫困农村大龄单身男性社会失范行为与"单身"的关系

由于在历史上相当长的时期内，人们对"光棍"已经形成了一些"污名化"的认识，把他们和"流氓""地痞""无赖"等贬义词联系在了一起，因此人们往往将个别的、少数的大龄单身男性的越轨行为或者社会失范行为，联系到整个大龄单身男性群体身上。更重要的是，将这些行为的根源归罪于他们的"单身"，最终形成一种错误或者并不全面的认识，即贫困农村大龄单身男性容易产生社会失范行为，容易导致各种社会问题的发生。

贫困农村大龄单身男性在生活和情感困境的双重压力下，并不一定会产生社会失范行为，即贫困农村大龄单身男性的"单身"状态与其社会失范行为之间不具有完全联系，不一定是因果关系。人们更有可能是由于"污名化"的认识，将贫困农村大龄单身男性与社会失范行为之间建立了虚假的，但是强而有力的联系。

第三节 解决贫困农村大龄单身男性问题的对策

贫困农村大龄单身男性可能存在着各种各样的生活困境和情感困境，这些生活困境和情感困境既可能是他们长期单身的原因，也有可能是他们长期处于"单身"状态后的一种结果。这些生活困境和情感困境已经严重约束了贫困农村大龄单身男性脱离"单身"状态，而任由这些实际上可能已经发生和存在的生活困境和情感困境继续恶化下去，就会导致贫困农村大龄单身男性寻找其他可以替代性解决这些困境的方式和方法，因此而产生社会失范行为。应当重点从解决贫困农村大龄单身男性的生活困境和情感困境入手，才能防止社会失范行为的发生。

一、帮助贫困农村大龄单身男性走出生活困境

贫困农村大龄单身男性产生的原因，以及使他们处于各种生活、情感困境

和引发各种社会失范行为的原因，很大程度上归结于他们的贫困生活状态，归结于他们比较低下的经济发展能力。因此，应当为贫困农村的大龄单身男性提供提升自身经济发展能力的机会和途径，使他们自己清醒认识到自己在经济发展能力上的问题，提高应对生活困境的信心。鼓励贫困农村的大龄单身男性走出村庄，通过进城务工赚取报酬并且学得一技之长。在扶贫开发过程中，优先向贫困农村大龄单身男性提供帮助，同时贫困乡村自身应当加快"脱贫"的步伐。

解决贫困农村大龄单身男性问题的另外一个途径，是针对农村大龄单身男性的生活困境，解决他们的人际交往问题和社会支持问题。鼓励这些贫困农村大龄单身男性积极参与社区生活，让他们逐渐适应和理解人与人之间的相处之道。促进贫困农村大龄单身男性参与村庄活动，参与村庄事务的决策，走出孤僻的个人情绪和个人生活，洞察和理解社会，不断积累社会经验。向贫困农村大龄单身男性进行提高社会交往能力的宣传教育，指导他们善于体察他人的需求，学会"说话的艺术"。在社会支持系统建设过程中，重点关注贫困农村大龄单身男性中那些没有父母，也没有兄弟姐妹的人，他们是最缺乏社会支持的人，应当成为社会交往能力建设和社会支持系统重建过程中重点关注的对象。

二、帮助贫困农村大龄单身男性走出情感困境

贫困农村大龄单身男性可能因为长期单身，在自我认知层面上出现不自信和否定自我的情况，严重的可能会丧失生活的勇气。还有一些适婚年龄的单身男性，承受着很多来自外界的压力，持久性的压力如果不能得到及时排解，久而久之就容易产生各种心理问题和疾患。应当积极采取措施帮助贫困农村大龄单身男性走出情感困境。

首先让贫困农村大龄单身男性认识到心理健康问题及其可能带来的危害，提高他们应对心理危机的能力。针对贫困农村大龄单身男性的心理问题，为其提供更加有效而方便的心理疏导途径和办法，增强贫困农村大龄单身男性对于心理问题的调控能力，化解和防止他们因为婚姻和恋爱问题产生过度的情绪，转化被压抑的情绪。教导贫困农村大龄单身男性学会正确处理情感问题的方法，尤其是婚姻和恋爱问题的方法。在他们的实际生活中，在他们与他人进行人际交往互动过程中教导他们，这样才会更加具有针对性。

三、防止对于贫困农村大龄单身男性的过度"污名化"

贫困农村大龄单身男性由于长期处于"单身"状态，更容易成为村庄传统文化下"被排斥"的对象。如果在这个群体中，出现了一些社会失范行为的表现，那么更有可能将这种"排斥"扩大化。在S村的调查中，也可以感受到村民对"光棍汉"的叫法，明显带有"污名化"的倾向。这可能也和这些大龄单身男性有些存在着生活问题、有些存在着情感问题，还有一些有着各种容易引起村民排斥的社会失范行为有关。

但是，贫困农村大龄单身男性的"单身"状态与其社会失范行为之间，并不存在直接的联系或者因果关系，这些社会失范行为实质上是由他们长期的生活困境和情感困境所诱发的。因此，单纯地以为"单身"会增加社会失范行为，会增加他们的不良行为，是一种"偏见"，也是对他们的"污名化"。在对贫困农村大龄单身男性进行生活困境和情感困境的帮助时，尤其要加强他们与周边环境的社会融合，纠正这种对大龄单身男性的"污名化"倾向，防止对于贫困农村大龄单身男性的过度"污名化"。

第四节 本研究的不足

本次研究，主要采用了实地研究的方法，通过描述性研究对贫困农村大龄单身男性的生活、情感困境和社会失范行为进行研究，但是尚存在着以下一些不足，需要通过进一步研究补足。

一、研究个案相对较少

简化论是社会调查过程中常常出现的一种研究错误，指的是用个体层次的资料揭示宏观层次的现象，即用比较低的分析单位来测量，而做出的是比较高的分析单位才能得出的结论。

本次研究中，试图对贫困农村地区的大龄单身男性的生活、情感困境进行描述和研究，以此揭示对他们社会失范行为的影响。但是，基于研究对象的特殊和研究本身的困难，本次研究选择了个案调查。选择了我国西部地区的一个村庄作为研究地点，对其中的 30 名研究对象进行了观察和定性访谈。虽然这

30名贫困农村大龄单身男性有各自不同的生活、情感困境，也有各自不同的社会失范行为表现，但是在总结概括时，可能将他们的研究结论扩展到其他研究对象身上，导致"简化论"的倾向。在研究过程中，研究者选择使用较多的个案来弥补单一案例说明的不足。但是受制于样本量的限制，结论只能揭示的是这30名贫困农村大龄单身男性的情况。在进一步的研究过程中，可以选择更多的研究地点和研究对象，以此扩大样本量，进一步说明研究结论的相似性或者不同。

二、资料收集过程存在回忆误差

实地研究过程中，研究者采用了观察和访谈的方法进行资料收集，许多研究对象及其身边村民的访问记录，成为重要的研究基础。但是，这些研究记录的内容，大多是访谈对象的回忆性内容。相较而言，回忆性内容容易受到两个方面因素的影响。一个是时间因素，另一个是舆论压力因素。众所周知，人们对于近期发生的事情记忆比较清晰，回忆起来比较准确，而对于远期发生的事情则可能记忆比较模糊，回忆偏差比较大。

此次研究中，一方面，为了了解每个研究对象的相关情况，让每个被访问对象回忆了研究对象的生平情况，因此必然存在着各种回忆误差。另一方面，在村庄当中进行访谈的时候，有些访问对象不善言谈，容易受到周边环境的影响。尤其是在访谈过程中，如果有周边的村民回应了访谈内容，更加容易使被访谈对象受到舆论压力而改变既有的想法。因此，在实地研究过程中，对于相同的访谈内容，应当尽量进行多人次访谈，这样可以验证访谈结果的真伪，也可以进一步减少回忆误差。

三、缺乏解释性研究策略

本次研究，目的是通过剖析贫困农村大龄单身男性现在的生活、情感困境以及他们的社会失范行为，了解二者之间的关系和相互影响。实际上，虽然整个研究经历了近两年的时间，但是收集到的很多研究对象的相关情况，都属于横断面研究资料，因而难以准确理清前因后果关系。部分研究对象的生活和情感困境，既可能是其发生社会失范行为的原因，也有可能是其结果。因此，还需要进一步的研究证据，来证实二者之间的因果关系。

参考文献

1. 艾里克·克里南伯格. 单身社会 [M]. 沈开喜, 译. 上海：上海文艺出版社, 2015.
2. 安治民. 我国城乡光棍现象对比研究 [J]. 武汉理工大学学报（社会科学版）, 2011, 24 (5)：762-769.
3. 毕晓哲. 光棍问题是不可忽视的农民问题 [J]. 乡镇论坛, 2009, (5)：32.
4. 陈梦飞. 第三次单身浪潮 [J]. 决策和信息, 2008, (6)：56-57.
5. 陈友华, 米勒·乌尔里希. 中国的男性人口过剩——规模、结构、影响因素及其发展趋势分析 [J]. 市场与人口分析, 2001, (3).
6. 陈友华. 中国和欧盟婚姻市场透视 [M]. 南京：南京大学出版社, 2004.
7. 陈再华. 北京城市非婚姻状态居民结婚难易程度分析 [J]. 人口研究, 1994, (4).
8. 陈占江. 社会转型期农村女性青年的社会流动——以皖北C村为例 [J]. 青年研究, 2005, (8).
9. 仇德辉. 数理情感学 [M], 湖南人民出版社, 2001.
10. 大龄青年婚姻问题调查组. 大龄青年的婚姻问题对社会的影响 [J]. 青年研究, 1985, (5)：40-52.
11. 邓力. 光棍普查 [J]. 数据, 2007, (12)：40-41.
12. 董志强. 婚姻的经济学分析 [J]. 改革与理论, 2000, (8).
13. 杜双燕. "单身"热潮的社会学解析 [J]. 西北人口, 2008, 5 (29)：49-55.
14. 段青. 哈德逊的"光棍理论"与中国性别比失衡 [J]. 国外理论动

态,2008,(11):72-76.

15. 范晓光,袁日华. 社会变迁视野中的青年单身:一种社会学的解释[J]. 中国青年研究,2006,(12).

16. 风笑天. 社会研究方法. 北京:中国人民大学出版社,2013.

17. 冯乐安,马克林,西北农村地区的婚姻挤压现状——基于青海省HY县S乡婚姻市场的实证研究[J]. 中国青年研究,2010,(4):48-54.

18. 中国学者评点《光棍》逻辑[N]. 国际先驱导报,2004-08-04.

19. 顾宝昌,彭希哲. 伴随生育率下降的人口态势[J]. 1993,人口学刊,(1).

20. 郭秋菊,靳小怡. 婚姻挤压对农村流动男性养老意愿的影响——基于压力应对理论的分析[J]. 人口学刊,2016,(02):29-39.

21. 郭显超. 中国婚姻挤压研究的回顾与评述[J]. 西北人口,2008,29,(1):72-77.

22. 郭志刚,邓国胜. 婚姻市场理论研究——兼论中国生育率下降过程中的婚姻市场[J]. 中国人口科学,1995,(3).

23. 国家人口发展战略研究课题组. 国家人口发展战略研究报告[J]. 人口与计划生育,2007,(03):6-11.

24. 国家卫生和计划生育委员会流动人口司. 中国流动人口发展报告2014[M]. 北京:中国人口出版社,2014.

25. 国家人口计生委培训交流中心,世纪佳缘交友网. 2012—2013年中国男女婚恋观调研报告[R]. 北京:国家人口计生委培训交流中心,2014.

26. 国务院办公厅. 人口发展"十一五"和2020年规划[Z]. 2006-12-29.

27. 海田. 单身经济 商机无限[J]. 生意通,2007,(4).

28. 韩璐. 政府发文抵制天价彩礼:有些家庭甚至因婚致贫[N]. 重庆晚报,2015.

29. 何海宁. 贵州牌坊村:282条光棍的心灵史[J]. 乡镇论坛,2007,(9):20-24.

30. 何绍辉,曹述蓉. 非理性选择单身与青年社会化[J]. 山东省团校学报,2008,(6):19-21.

31. 何绍辉. 社会排斥视野下的农村青年婚配难解读——来自辽东南东村

光棍现象的调查与思考 [J]. 南方人口, 2010, 25 (4): 18-26.

32. 侯秀娟. 浅析拐卖妇女形成的违法婚姻 [J]. 社会, 1989, (11): 31-33.

33. 黄佳豪. 西方社会排斥理论研究述略 [J]. 理论与现代化. 2008, (11).

34. 贾春增. 外国社会学史 6 (修订版). 北京: 中国人民大学出版社, 2000.

35. 贾兆伟. 人口流动背景下农村欠发达地区男青年婚姻困难问题分析——以分水岭村为例 [J]. 青年研究, 2008, (3): 37-43.

36. 靳小怡, 李树茁. 中国农村社区招赘婚姻研究——松滋县婚姻模式深访和个访分析 [J]. 人口与经济, 2003, (01): 44-49+73.

37. 康建英, 朱雅丽, 原新. 中国出生性别比偏高及未来女性赤字预测 [J]. 青年研究, 2000, (12).

38. 李霁光, 吴聿宏. 关注民生体察民情. 着力破解大龄未婚男青年择偶难问题 [N]. 伊春日报, 2012, 003 版.

39. 李南. 高出生性别比及其婚姻后果 [J]. 中国人口科学, 1995, (1).

40. 李树茁, 姜全保, 伊莎贝尔·阿塔尼, 费尔德曼. 中国的男孩偏好和婚姻挤压——初婚与再婚市场的综合分析 [J]. 人口与经济, 2006, (4).

41. 兰鑫. 酒泉, "人口特区" 30 年 [N]. 酒泉日报, 2015.

42. 李欣欣. 家庭的社会地位与子女早期社会化 [J]. 当代青年研究, 2007, (01): 68-71.

43. 李艳, 李树茁, 彭邕. 农村大龄未婚男性与已婚男性心理福利的比较研究 [J]. 人口与发展, 2009, 15 (4): 2-13.

44. 李艳, 李树茁. 中国农村大龄未婚男青年的压力与应对——河南 Y C 区的探索性研究 [J]. 青年研究, 2008, (11): 15-24.

45. 李艳, 帅玉良, 李树茁. 农村大龄未婚男性的社会融合问题探析 [J]. 中国农村观察, 2012, (06): 71-79+94-95.

46. 李致江. 对我国光棍与光棍村现象出现原因的解析与对策研究 [J]. 法治与社会, 2010, (4): 217-218.

47. 刘成斌, 风笑天. 中国人口性别比: 我们知道什么, 还应该知道什么 [J]. 人口与发展, 2008, (2).

48. 刘爽. 男多女少无助于妇女地位的提高 [J]. 人口研究, 2003, (5).

49. 刘涛. 农村男青年单身问题不容忽视 [J]. 乡镇论坛, 2008, (12): 35.

50. 栾雅淞, 曹建琴, 周郁秋. 青少年社交焦虑障碍的病因及发病机制研究现状 [J]. 中国学校卫生, 2014, (07): 1115-1118.

51. 刘兴华, 钱铭怡. 社交恐惧症的评估方法 [J]. 中国心理卫生杂志, 2003, (03): 179-181+215.

52. 刘芷伊. 单身群体心理健康与人格特质的调查研究 [J]. 西安文理学院学报 (社会科学版), 2010, 13 (2): 113-117.

53. 刘中一. 大龄未婚男性与农村社会稳定——出生性别比升高的社会后果预测性分析之一 [J]. 青少年犯罪问题, 2005, (05): 19-24.

54. 穆秀华. 20世纪80年代以来江浙沪农村婚姻观念变迁考察 [D]. 上海: 华东师范大学, 2005.

55. 彭远春. 贫困地区大龄青年婚姻失配现象探析 [J]. 青年探索, 2004, (6): 18-20.

56. 齐麟. 单身家庭的现状和成因 [J]. 西北人口, 2013, 1 (91): 34-36.

57. 任方真. 社会失范下的行为选择——对邱兴华案的解读 [J]. 中山大学研究生学刊 (社会科学版), 2008, 01: 74-81.

58. 任强、郑维东. 我国婚姻市场挤压的决定因素 [J]. 人口学刊, 1998, (5).

59. 三夏. "光棍第一村" 的救赎路 [J]. 农家之友, 2010, (2): 13.

60. 申端锋. 农村青年单身问题的个案分析 [J]. 中国青年研究, 2006, (12): 16-18.

61. 沈卫泉. 婚姻性别比指标及其应用 [J]. 人口与经济, 1994, (4).

62. 石人炳. 青年人口迁出对农村婚姻的影响 [J]. 人口学刊, 2006, (1).

63. 孙炜红, 谭远发. 1989—2030年中国人口婚姻挤压研究 [J]. 青年研究, 2015, (05): 78-84+96.

64. 唐美玲. "剩男" 与 "剩女": 社会性别视角下的婚姻挤压 [J]. 青年探索, 2010, (6): 5-10.

65. 田先红. 碰撞与徘徊打工潮背景下农村青年婚姻流动的变迁——以那西南山区坪村为例 [J]. 青年研究, 2009, (2).

66. 佟新. 人口社会学 [M]. 北京：北京大学出版社，2010.

67. 王丽. 未婚与已婚女性的择偶标准研究 [D]. 石家庄：河北师范大学，2012.

68. 王晓欧，韩轩，及金子，李国栋. 中国光棍威胁论登场 [N]. 国际先驱导报，2004.

69. 王跃生. 十八世纪后期中国男性晚婚及不婚群体的考察 [J]. 中国社会经济史研究，2001，(2).

70. 王跃生. 我国当代农村单人户研究 [J]. 中国农业大学学报（社会科学版）. 2008，25（2）：64-77.

71. 王宗萍. 高度集中的婚姻挤压最令人担忧 [J]. 人口研究，2003，(5).

72. 韦艳. 出生性别比升高及其婚姻拥挤测度 [J]. 西北人口，2005，(5).

73. 邢成举. 男性光棍构成差异的地域性解释——基于凤城和新县两个村庄的比较分析 [J]. 青年研究，2011，(1)：72-79.

74. 杨博，阿塔尼·伊莎贝尔，张群林. 大龄未婚男性流动人口的风险性行为及影响因素 [J]. 西安交通大学学报（社会科学版），2012，32（1）：69-76.

75. 杨华. 婚姻市场中的结构性因素——基于对湘南水村的调查 [J]. 江西师范大学学报，2008，(2).

76. 杨华. 农村婚姻市场中的结构性因素——基于湘南水村"光棍汉"的调查 [J]. 江西师范大学学报（哲学社会科学版），2008，(2)：7-9.

77. 杨雪燕，王珺，伊莎贝尔·阿塔尼. 婚姻挤压和流动背景下大龄未婚男性的商业性行为：基于中国西安的调查发现 [J]. 西安交通大学学报（社会科学版），2016，(02)：91-99.

78. 殷海善. 山西省晋西北贫困地区某乡镇光棍问题的调查研究 [J]. 山西农业大学学报（社会科学版），2010，9（4）：438-443.

79. 尹艾连. 丧钟因何而鸣——农村换亲现象的一个视角 [J]. 唯实杂志，1993，(5)：50-54.

80. 于学军. 论我国婚姻市场"挤压"的人口学因素 [J]. 人口学刊，1993，(1).

81. 于长江. 单身的"危"与"机" [N]. 中国新闻周刊，2005.

82. 余练. 农民分化与通婚圈结构变迁——基于皖中大鼓村婚姻市场的考

察［J］.华中科技大学学报（社会科学版），2013，（01）：114-121.

83. 岳岭. 姻缘难觅——中国农村"光棍"大军的形成［J］. 社会，1995，（3）：39-40.

84. 翟振武，杨凡. 中国出生性别比水平与数据质量研究［J］. 人口学刊，2009，（4）.

85. 张慧茹. "单身浪潮"汹涌背后［J］. 中国报道，2006，（10）：68-72.

86. 张胜杰. 鲁西南农村青年女性的婚恋与家庭［D］. 北京：中央民族大学，2015.

87. 张思锋，唐燕，张园. 农村大龄未婚男性社会保障需求与供给分析［J］. 人口与经济，2011，（6）：86-93.

88. 张自华. 当前农村青年婚恋观念变化的调查［J］. 青年研究，1995，（10）：18-21.

89. 赵春凌. 农村娶个媳妇要花四万八［J］. 农村.农业.农民，2006，（09）：17.

90. 赵晓峰. 农村青年单身为哪般？［J］江西师范大学学报，2008，（2）：5-7.

91. 郑辉. 统计学揭开"大龄单身"之谜［J］. 中国统计. 2005，（10）：47-48.

92. 郑晓丽. 贫困山区大龄青年成家难现象探析［J］. 中国青年研究，2008，（1）.

93. 中国残疾人杂志编辑部. 关注大龄未婚残疾人［J］. 中国残疾人，2004，（06）：60-61.

94. Austrom, D. The Consequence of Being single［M］. New York：Allerie an University Studies，1984.

95. Cotten, S. R. MaritalStatus andMentalHealth Revisited：Examining the Importance ofRisk Factors and Resources［J］. Family Relations，1999，(48)：225-233.

96. Das Gupta, M. S. Li. Gender bias in China, South Korea and India 1920—1990：The Effects of War, Famine, and Fertility Decline［J］. Development and Change，1999，30（3）：619-652.

97. Das Gupta. Monica. Avraham Ebenstein. Ethan Jennings Sharygin. China's Marriage Market and UpcomingChallenges for Elderly Men [R]. The World Bank Policy Research Paper WPS, 2010, 5351.

98. DL Poston. KS Glover. Too Many Males: Marriage Market Implications of Gender Imbalances in China [J]. Genus, 2005, 61 (2): 119 - 140.

99. Eck, Beth A. Compromising Positions: Unmarried Men, Heterosexuality, and Two-phase Masculinity [J]. Men & Masculinities, 2014, 179 (2): 147 - 172, 26.

100. Fan, Cindy C. Youqin Huang. Waves of Rural Brides: Female Marriage Migration in China [J]. Annals of theAssociation of American Geographers, 1998, 2: 227 - 251.

101. Gelber, Alexander M. Mitchell, Joshua W. Taxes and Time Allocation: Evidence from Single Women and Men [J]. Review of Economic Studies, 2012, 79 (3): 863 - 897.

102. Kamann TC. Wit MA. Cremer S. et al. Health, drugs and service use among deprived single men: comparing (subgroups) of single male welfare recipients against employed single men in Amsterdam [J]. BMJ Open [BMJ Open], 2014. 4 (2): e004247.

103. Keith, P. M. Nauta. Adapt and Single in the City and in the Country: Activities of the Un-married Family Relations [J]. Journal of Gorontalogical Social Work, 1988, 37 (1).

104. Keith, P. M. Resources, Family Ties, and Wel-Being of Never-Married Men and Women [J]. Journal of Gorontalogical Social Work, 2003, (42).

105. Klasen, Stephan. Claudia Wink. "Missing women": Revisiting the Debate [J]. Feminist Economics, 2003, 9 (2 - 3): 263 - 299.

106. Littlewood, P. Herkommer, S. Identifying Social Exclusion: Some Problems of Meaning [M]. Social Exclusion in Europe: Problems and Paradigm. London: Ashgate, 1999.

107. Seccombe, Karen. Ishii-Kuntz, Masako. Gender and Social Relationships Among the Never-Married [J]. Sex Roles, 1994, 30 (7/8): 585 - 603.

108. Skinner, G. William. Family and Reproduction in East Asia: China, Korea, and Japan Compared [J]. The SirEdward Youde Memorial lecture, Hong Kong University, 2002.

109. RS Weiss. The Emotional Impact of Marital Separation [J]. Journal of Social Issues, 2010, 32 (1): 135 - 145.

110. Susan A. Ostrander. Single Life: Unmarried Adults in Social Context by Peter J. Stein [J]. Contemporary Sociology, 1982, 11 (6): 698.

111. Zhang & Hayward, M. D. Child lessens and the psychological well-being of old parents [J]. Journal of Gerontology, 2001, 56 (5): S311 - 20.

致　　谢

2010年，经过辛苦努力，我考取了南京大学社会学院人口社会学方向的博士研究生，师从陈友华教授。在攻读博士研究生期间，我有幸跟随诸位在国内社会学学界有着高深造诣和研究影响的学者、师长，较为系统地学习和接收社会学理论、研究方法、前沿研究方向的新知识。同时，在各种非常宝贵的学科讲座、讨论会上丰富了自己看待社会问题的角度，理解了社会问题的复杂性，了解了有效解决社会问题的机制和途径。

在这期间，导师陈友华教授曾多次和我们探讨了中国出生人口性别比失调导致的社会问题及其影响，也提到了这一现象可能导致中国未来大规模的"单身男性"群体的出现，以及他们在未来的婚姻市场上可能受到的挤压问题。陈老师的介绍和分析，使我关注到了以往未曾关注到的一个新群体，也对这个群体存在的社会问题及其原因感到非常有兴趣。但是，对于出身于自然学科训练的我来说，尝试进行这样一类特殊人群的研究，采用实地研究的方式，又感到非常棘手和茫然。陈老师给了我很多有益的启发和引导，他和我的每一次沟通和交流，都使我逐渐放下了心理负担，并且使我看待问题的维度更加广泛和发散，同时也更加全面和系统。非常感谢陈老师在研究期间给予的指导，他在百忙之余还亲自带领我们进行了实地研究和个案访谈。在他身上我学到的不仅是社会学研究当中的理论和方法，更加重要的是对待科学研究的严谨态度，这将是我在博士研究生阶段获得的最大财富。

在此，也感谢在进行实地研究过程中，一直和我搭档进行研究的同学彭大松，他为我的研究提供了许多有益的建议。在研究和论文撰写过程中，也得到了我的同事孙晓明教授、温勇教授、毛京沭教授、周建芳教授、宗占红副教授的帮助和支持，在此一并表示深深的谢意！

最后，感谢我的家人支持我考取博士研究生并且完成研究工作。他们的物质、精神支持和鼓励，使我心存感激并永志不忘！

舒星宇于杜厦图书馆

2016 年 11 月

图书在版编目(CIP)数据

茕茕孑立的人生:农村大龄单身男性的生活困境/舒星宇著. —南京:南京大学出版社,2018.12.
(人口发展战略丛书/沙勇主编)
ISBN 978-7-305-21280-2

Ⅰ.①茕… Ⅱ.①舒… Ⅲ.①农村-男性-生活状况-研究-中国 Ⅳ.①D422.7

中国版本图书馆CIP数据核字(2018)第265233号

出版发行	南京大学出版社
社　　址	南京市汉口路22号　　邮　编　210093
出 版 人	金鑫荣
丛 书 名	人口发展战略丛书
丛书主编	沙　勇
书　　名	茕茕孑立的人生——农村大龄单身男性的生活困境
著　　者	舒星宇
责任编辑	张倩倩　吴　汀
照　　排	南京理工大学资产经营有限公司
印　　刷	江苏扬中印刷有限公司
开　　本	787×960　1/16　印张 12.5　字数 207千
版　　次	2018年12月第1版　2018年12月第1次印刷
ISBN 978-7-305-21280-2
定　　价	48.00元
网　　址	http://www.njupco.com
官方微博	http://weibo.com/njupco
官方微信号	njupress
销售咨询热线	025-83594756

* 版权所有,侵权必究
* 凡购买南大版图书,如有印装质量问题,请与所购图书销售部门联系调换